模倣と他者性

マイケル・タウシグ

模倣と他者性

――感覚における特有の歴史

井村俊義訳

水声社

本書は
《人類学の転回》叢書の一冊として
刊行された

目次

謝辞

私は書くという行為自体を、世界との模倣的交流と考えるのが好きだ。そのような気質のせいで、プリミティヴィズムに関係する模倣の能力についてのこのような独特の本が、いかに深くニューヨーク大学ティッシュ・スクール・オブ・ジ・アーツ（芸術学部）内のパフォーマンス研究学部の学生と教員から恩恵を受けているかを理解できた。ここにおいて、私はこれまでにないほど、見せかけに関する政治的技術と社会的権力、明らかに作り上げられた現実――換言すれば、近代の社会学、文化人類学、そして、批判的な自己認識の根拠について考えるよう促されたのである。

ヴァルター・ベンヤミンについて驚くほど独創的な作品を書いたスーザン・バック＝モースに、私も多くを負っている。とりわけ、近代のプリミティヴィズムに関する模倣の扱いについてである。このきわめて重要な関係については、ガートルード・コッホの映画に関する作品もまた、私に感銘を与えた。マーガレット・コーエンは、ベンヤミンのマルクス主義におけるシュルレアリスムのもつ力について、正しく認識させてくれた。チャールズ・メルウェザーは、パナマとコロンビアの海岸沖に居住するクナの治療者が使用する、木製の小さな像に宿る模倣による治癒の力について思考を促してくれた。そして、ドロシア・ウィットンとノーマン・ウィットンは、シャーマニズムに関するシンポジウムで、私の最初の反応を一般に公表する機会を作ってくれた。その反応は、芸術史の彼らの同僚に引きあわせてくれたアナ・ブルームによって明確化されたものだ。近く出版されるゾラ・ニール・ハーストンについて執筆したリンダ・ヒルとの議論は、複写がもつ遠ざける効果をよりよく理解させてくれた。マーク・サスマンからは、穏やかで変わらない援助を受けた。ローナ・プライスには、また今度も、細心の注意をもって編集作業をしてもらった。意志疎通の必要性からというよりもこのプロジェクトへの共感からだ。

クナの人々には、民族誌学者に対するのと同じくらい、ルベン・ペレス・カントゥレとアーランド・ノルデンショルドをはじめ、とてもお世話になった。彼らには私のいきすぎた解釈を理解してくれることを望む――あたかも解釈ではない何か他のもののようにして。私はこれまで、クナの人々の現在の故郷であるパナマにも、サン・ブラス諸島にも訪れたことはない。そのため、クナの治療に関するN・M・チェーピンのとても優れた博士論文や、クナの言語に関するジョエル・シャーザーの啓蒙的な研究から多くを引用させてもらった。カルロ・セヴェーリは、ニアの歌に関して温かい返答をくれ、同時に戒めてもくれた。ダリエンのエンベラの生活に関するステファニー・ケインの作品は、私をコロンビアの太平洋岸へと橋渡ししてくれた。現地を最初に訪れたのは一九七一年だった。彼女はまた、ジム・クリフォードが「民族誌的権威」と呼ぶもので構築されたものではない、刺激的な筆記のモデルを提供してくれた。チャーリー・ヘイルの中央アメリカについての豊富な知識のおかげで、当初のアメリカがパナマに対してとっていた態度を描いたマンガの存在を知った。パイラ・サンカーとポール・レインボウは、指紋と模倣について考えるよう促してくれた。

模倣の呪術に関する私の訓練（「訓練」という言葉は堅苦しく聞こえるが）は、一九七五年からコロンビアのプトゥマヨ州モコアにおけるサンティアゴ・ムトゥンバホイ指導のもとおこなわれた。アフリカ系コロンビア人の歴史とパナマを含む南アメリカ北部のアフリカ人奴隷の遺産に関する私の理解は、カウカ県北部にある奴隷を使った大農場と奴隷制度廃止の歴史にとりくんできた数年から得られた。カウカでは多くの人々のご厚意でプエルト・テハダに住むことができ、とくにマルレネ・ヒメネス、ギリェルモ・リャノス、エウセビオ・カンビンド、フェリペ・カルボネラ、トマス・サパタ、オリビア・モスタスィーリャ、そしてホセ・ドミンゴ・ムリーリョにはお世話になった。ジュリー・テイラーとジョージ・マーカスは、ポストコロニアルにおいて、文化的な感性を援用し、意味作用を目的とした人類学は可能であり、必要であり、間違いなくエキサイティングだという励ましをくれた――私にとっては、現代の重要な実践それ自体の中に組み込まれている文明と残虐という二項対立を理解することになる研究課題である。これにおいては、コーネル・ウェストとポール・ギルロイからの、口頭や著書の中にある、不安と洞察が越境しながら合流する思想から恩恵を得た。

書くこと自体は世界との模倣的な交換である、と宣言することは、比較的明らかにされていないけれども、日常的に「他者」(たとえ他者にはなれないとしても)を想像する能力を含むことも意味している。ベンヤミンは「古代の」呪術的な実践と考えていたこの能力のお手本を、子供たちがおこなうゲームの能力と同じものとして探し求めた。ここで私は議論を豊かにするもう一つの実践を付け加えなければならない――言うまでもなく、一人の作者に帰するのは不可能なことなのだが、とくにレイチェル・ムーアの考えからは非常に多くのことを引用させてもらった。ベンヤミンは模倣の能力との関連の中で「類似の知覚は、いずれにしても、一瞬の閃きに結びついている。それはさっと過ぎ去る。これを再び手にすることはできるかもしれないが、他の知覚のようにしっかりとどめておくことは本来できない。類似性の知覚は、星の配置と同じように、束の間、眼前に現れ、そして過ぎ去ってゆく」と書いた。この本はまさにそのように提供されるものだと考えたい。

イラストへの謝辞

Erland Nordenskiold and Rubén Pérez, ed. Henry Wassén, *An Ethnological and Historical Survey of the Cuna Indians* (1938); Gerardo Reichel-Dolmatoff, “Anthropomorphic Figurines from Colombia, Their Magic and Art” (1961); Alfonso Díaz Granados in Leonor Herrera and Marianne Cardale de Schrimpff, “Mitología Cuna: los Kalu” (1974); R.O. Marsh, *White Indians of Darien* (1934); National Anthropological Archive, Smithsonian Institution, Washington; British Museum; Bibliothèque National, Paris; Quinta de Bolívar, Bogotá; Ann Parker and Avon Neal, *Molas: Folk Art of the Cuna Indians* (1977); Frances Hubbard Flaherty, *Robert Flaherty, The Odyssey of a Film-Maker: Robert Flaherty's Story* (1984); Les Blank and James Bogan, *Burden of Dreams* (1984); Museum of Anthropology, University of Cambridge; Alexander Buchner, *Mechanical Musical Instruments* (1978); Francis Galton, *Finger Prints* (1965); Oliver Read and M. L. Welch, *From Tin Foil to Stereo: Evolution of the Phonograph*, (1976); Herbert Cole (1967).

あるアカデミーへの報告

率直に申し上げれば、イメージで私自身をできるだけ表現したいのですが、率直に申し上げれば。アカデミー会員のみなさま、猿としてのあなた方の人生は、あなた方が何かそのようなものを背景にしている限りにおきましては、あなた方にとって、私が私にとって遠い、という以上に遠いわけではありえないのです。けれども、地球上の誰であってもかかとがむずむずするものです。ちっぽけなチンパンジーも、偉大なるアキレスも同様です。
――フランツ・カフカ「あるアカデミーへの報告」

さて、カフカの言う人間によく似た猿が猿によく似た人間に対して言及している「かかとがむずむずする」とは何であろうか。私はそれを模倣の能力と呼ぶ。文化が第二の自然を作るために使う性質であり、コピーをし、真似をし、模型を作り、違いを探索し、他者へと変容し、他者になる能力である。模倣の驚異は、表象がその性質と力を引き受けさえするであろう程度に応じて、オリジナルのもつ性質と力を利用している複製に存在している。古代の言語では、これは「共鳴する呪術」であり、アイデンティティーの形成とそれに続く自然化において必要なのと同じくらい、知識を得るまさにその過程にとって必要である、と私は信じている。しかし、もしそれが能力だとするならば、それはまた歴史でもある。歴史が模倣の能力の機能の一部となるように、模倣の能力はそれらの歴史の一部となる。この相互的な関係を越えるための可動性を欠けば、模倣に価値があることはまったく理解できない。とくに、野蛮への、すなわち猿まねへの文明化の過程という感覚的な関係にある、欧米の植民地主義に関してはそうである。

＊＊＊

この相互関係を越えていく私の方法は、私を少し変わった歴史へと導く。それは一九世紀後半において、カメラのような模倣的に影響力のある機械の発明によって引き起こされた模倣の能力の、興味深く印象的な再活性化から始まる。したがってこの歴史は、模倣を使った野蛮性の方程式において基礎となる瞬間を探るために、やがて逆方向へと後転する――すなわち、若きチャールズ・ダーウィンが一八三二年にティエラ・デル・フエゴの海岸で経験したことである。つまり、未開の人々がもつ模倣の優れた能力への驚きに満ちた経験である。とりわけ、未開の人々が彼を真似るときはそうである。この歴史は北方の地域から出港する彼らとはまた別の船乗りの形をして前方に広がる。彼らは、二〇世紀初めにスウェーデン人が、パナマ運河とコロンビアのあいだにあるダリエン半島に居住するあるインディアンについて残した民族誌の中の、木製の治療用の像の形に彫刻されているように見える。ヨーロッパ人のイメージを作り出す、というこのような呪術的な可能性について驚くことで、私はまず、ダリエンの人々のように、霊が物質的な現実をコピーしている模倣の世界に住むとはどういうことだろうと考えた。つぎに、白人としての私がグレートマザーの子宮から現れる呪術的な力に接近するために、インディアンによって使用される白人のイメージの歴史をたどることにはどのような意味があるのかと考えた。このことは私を前転させ、海岸でのダーウィンとの「ファーストコンタクト」から、模倣する機械の発明を経由して、二〇世紀の終わりの「リバースコンタクト」から今にいたるまでの自分自身へと誘う。それはどのような時代かというと、他者の目と手仕事の中で描かれる第三世界と第四世界の他者に関する西洋の研究が、西洋とそれ自体との落ちつかない対立に取って代わられる時代である。そのような接触は、ある種の植民地的バランスの中にあった模倣と他者性の呪術的な経済を維持し続けてきた、当初の西洋人が抱いていた共感を混乱させる。歴史は、再現描写の安定性に対して復讐を企てる。いまや窮地に立たされている第二の自然を作るために文化が使う自然は模倣である、と主張する激しい闘いの中で、歴史は本質主義と構築主義のあいだで激しく揺れ動く。このことは、私を（私の）歴史の終わりへと誘い、この死闘にともなう模倣的な感受性の高まりは、同一であるという他の方法、他者であるという他の方法を暗示しているのだろうかと考えさせる。さらに、このことは、作り話をでっちあげる「構築主義」という厄介なテーマへと私を導くのである。

＊＊＊

というのも、このような歴史の中で私はしばしば次のような物思いに耽ってしまうからである。模倣のもつ呪術という驚嘆は、かつてのどうにも落ちつかない見方、つまり、人生で重要だと思われるものの大半は作り上げられ、いわば「社会的構造」とまさに同じだという見方を再活性化することができるだろうか、と。私にとっては、模倣の能力の問題は、こうして直立の姿勢をしているかかとをくすぐり、もう一度、興味深いものにしようとしているように思える。正当な理由があって、ポストモダニズムはまだ私たちにしつこく、現実とはごまかしであると教え続けている。だから私には、虚構を生きるのではなく現実を生きる――模倣の能力のおかげ――というふりをしながらなんとか生き抜くことに関して、驚きを表明するには値しないのである。構築されたものと習慣的なものが融合する曖昧な交差点である慣習は、じつに神秘的である。なんらかの力は私たちに路上でのショーを続けるよう駆り立てる。簡単にはものごとの速度を落とすことはできず、立ちどまって人工物のこのとてつもなく確固とした分野を調べることは、私たちにはできないように思われる。人種、ジェンダー、国家……はとても多くの社会的構造物、発明、表象であるということが、現代の学問の記憶の内部で積極的に指摘されたとき、窓は開かれ、分析の重要な課題と文化的な再構築を始めるための材料が提供される。たとえ発明以上のなにものでもないとしても、人はいまだにその力を感じている。一般的には、探求の端緒は、次のような結論へと変換させられてしまっている――「性は社会的構築物である」「人種は社会的構造物である」「国家は作り事である」などの創造物としての伝統である。このような表明のすばらしさは目くらましに過ぎない。誰もそれでどうなるのだろうとは尋ねないし、古くなってしまった洞察力で私たちはいったい何をしているのか、とも尋ねない。人生が構築されたものなら、なぜそれはそんなに変わらないように見えるのだろう。なぜ文化はこんなにも自然に見えるのだろう。粗野でありながら繊細なものが構築されたとしたら、きっとそれらもまた再解釈され得るのだろうか？　ここでヘーゲルを引用するならば、知識の始まりは実践の知識で通用するように作られた、のである。

＊　＊　＊

構築物はもっと尊敬に値すると私は思う。存在の是非で中傷することはできず、その力を放棄するよう冷笑されたり、名誉を汚されたりはできない。そして、もしまさにその性質によって私たちが注視しないようにしているのなら――私たちもまた社会的な構築物ではないのか？――アカデミーへの報告でいつも実践されるように、まさにそのような性質は分析以上の何かをも切に必要としている。構築がおこなわれる場所のために――それは何か？　作り事はもういらない。あるいは、さらなる作り事？　もし後者ならば、たしかにその場合には、作ることを始めようではないか。その理由は、現時点では、批評家は経緯をうまく扱えず、社会科学と歴史学における「文学的転回」が、詩の分野でのさらなるメタ注釈以外には何も生み出していないから？　あらためて作るという方法では生み出すものがないからか？

＊　＊　＊

しかし、新しい世界を再発見し、新しい虚構――社会学はどうなってしまうのだろう！――を生きる勇気を獲得したように、もう一つの方向から激しい力が訪れて、真実を切望するような感情を刺激し、私たちを誘惑している。それはおそらく明らかにする、いや必ずやすべてを明らかにするだろう、この真実を。私はその一瞬の認識を心から欲しており、自然界の本質と共犯の立場にある。しかし、求めれば求めるほどそれは私のためではないことに気づく。あなたのためでもない……このことが私たちに残してくれるのは、このような愚かで、不可能なものをひどく求めるしばしば絶望的な場所である。私たちは、それは私たちの正当な運命である、と信ずる一方で、その不可能なものは真実の共犯者としてふるまう。私たちはまた、心の中で思い描いたり話したりする方法は、再現描写のからくりの稠密集合に束縛されていることを知っている。そのからくりは、新しい表現を作り出すために、理解可能な光景をそっと抜けでてしまう不安定な指示対象と気まぐれな関係しかもっていないのである。

＊＊＊

真実と、真実のように作られたもののあいだの絶望的な場所、とまではいかなくても、いまやこの他愛のないものについての奇妙な事実は、私たちの多くがほとんどいつも、認識的に誤謬がなく、社会的に構築されたもので、そして、ときに独創的な存在である場所として見えている、ということである。私たちは本心を偽り、隠しているのである。真実の王国の中で悪戯が進行していないかのように、そして、地面のすべては確固としているものとして私たちはふるまい、ふるまわなければならない。それは、社会的なものではあるが、公然の秘密、すなわち社会的事実の事実性がそのすべてである。私たちの実践の構築された恣意的な性質について、私たちがいかに洗練されているとしても、そこには私たちの表現の実践も含まれているのだが、実践の中でも私たちの実践は、何かを求め、または、何かを話そうと口を開くときはいつでも、そのような悪戯を積極的に忘れようとする行為の一部である。ソシュールが「記号の恣意性」と呼んだものを積極的に忘れようとするこのような企みを、日々の実践でもししなかったならば、何が起こるのかを想像してみよう。あるいは反対の実験をしてみよう。記号がまったく「自然なもの」である世界に住んでいる、と想像してみよう。

＊＊＊

気分が悪くなるような何かが現れ、積極的な忘却という口に出してはいけない世界へと撤退するよう忠告される。そこでは、社会による強力な力に奉仕するよう強制され、模倣の能力は次のような忠実な作業を実行する。まず、かつて共感呪術と呼ばれたものを用いて自然を巧妙なものへと縫い合わせ、感覚に訴える能力をただの感覚へと引き戻す。さらに、コピーにオリジナルの性質と力を与え、表現に表現されたものの力を付与する。

＊＊＊

けれども、この模倣の能力自体が、思考されてきたものに関するそれ自身の歴史とそれ自身の方法でないわけではない。たしかに、人間によく似た猿が猿によく似た人間によって私たちの注意を引いてきたカフカのむずむずするかかとは、文明にその野蛮性を埋め込む野生との植民地的な交換によって、数世紀にわたって紡がれてきた情熱に満ちたイメージの網にからめとられた知覚であろうか？模倣を目撃すること、その不可思議さに驚嘆するか、その二重性に憤ることは、まさにそのような歴史を知覚的に呼び起こし、表現の毎日の実践に深遠な影響を残すことになる。それによって「模倣の歴史」は、これらの力が融合する乱気流に立っているカフカの猿である「歴史のミメーシス」へと流れこむ。そして、シニフィエのもつある呪術とヴァルター・ベンヤミンが模倣の能力ととらえるもの――すなわち、他者になりたいという衝動――を呼び起こす私が正しいとするならば、あるいは、新しい社会状況と新しい複製技術（映画やイメージの大量生産など）のおかげで、近代が本物の再生、つまり再び充電し、新しく生まれる模倣の能力を導き入れるならば、そうすれば、模倣の謎のより内部にある神聖な場所へと入るよう強制されないとしても、私たちは即座にある場所へと招かれるように思われる。その場所は、模倣することにおいて、模倣されるものからの距離に私たちは気づき、それゆえ「構築主義」の息の詰まるような支配からいくらかの解放を得るだろう。同時に、構築主義が維持している自然への恐ろしく受け身な見方からも解放される。

第一章　人は精霊をなんらかの方法で描写することによって自らを守る

彼は化石化した物質たちの中で凝固した生命を目覚めさせるよう促されただけではなく——アレゴリの中で——生物を観察するよう促された。そうすることで、生命は古代、つまり「原始的な歴史」に属する自らを出現させ、突如として自らの重要性を解き放ったのである。

——T・W・アドルノ「ヴァルター・ベンヤミン」

ベンヤミンは化石化した物質たちの中で凝固した生命を目覚めさせるよう……促される。そうして彼は、資本主義下での物質がもつ物神的性格を述べる際に、さらなる崇拝の対象となっている呪物の神秘性を取り除き、再び魔法をかけた。もしこのことが必然的に反対方向への動きを含んでいるのならば、生命を目覚めさせるのではなく化石化し、崇拝する代わりに具体化させ、アドルノが生物の精査として書いていることをおこなう。その結果、原始的な歴史に属する自らが出現し、したがって、自らの重要性を突如として解き放つために生命を観察するならば、やがて、パナマの沖合にあるサン・ブラス諸島のクナのシャーマンに関する私の文章との奇妙な類似点が見つけられるだろう。シャーマンは難産の状態にある女性と直面し、彼女の魂の復活のために歌った。彼女のハンモックのそばで歌い、見つめ、注意深く見つめて、女性を宇宙に例え、それを通して、世界の産道を通る旅を構想させる——まず最初に、彼の化石化した物神的な対象の中の硬直した生命を目覚めさせることによっておこなわれる行為である。物神的な対象とはいまや、分娩中の女性の横に立っている彫刻された小さな木像たちである。それらを使って彼は旅をする。それらに向かって彼は歌う。

> 呪医はきみに生きている魂を与える。呪医はきみのためにきみの魂を変える。まるで複製（レプリカ）のように、双子の彫像のようにして[1]。

複製（レプリカ）という言葉に着目しよう。複製から引き出される呪術的なもの、魂のこもった力に注目しよう。というのも、このことから私たちは始めなければならないからである。複製のもつ呪術的な力から始まる。それが何かのイメージに影響を与えるイメージ（像）。そこにおいて、表現は表現されたものからの力を共有し、あるいは、受け取る——呪術として知られている科学の裏側（もしかつてあったとしても見捨てられてしまったもの）を理解するというのではなく、むしろ、生命を複製することが魂を奪い返すことにつながる場所としての自然の魔力。それを新たな形で見ること。それこそが、模倣の能力のもつ力の証明なのである。

物質の物質性

サン・ブラス諸島のシャーマンであるクナがそうではなくても、私の関心は、アドルノやベンヤミンと同じように、普遍的で文脈を無視した啓蒙運動の虚構に立ち返り、それに抵抗することにある。抽象に対する具体的なものへの抵抗だけではなく、私たちを動かし、自らも変わる思想にとってきわめて重要だと私が見なすものである——すなわち、その感覚に訴える性質と模倣性である。ベンヤミンの考

ルベン・ペレス（『クナ・インディアンの歴史的民族学的調査』1938年より）

エルランド・ノルデンショルド男爵（『クナ・インディアンの歴史的民族学的調査』1938年より）

える「動くものに関する動いているもの」とはまさにこのことである。アドルノはベンヤミンの著作を次のように説明している。「思想が対象へとぐっと近づき、あたかも触れたり匂いをかいだり味わったりしているかのようだ。思考がみずからを変容させようとしていた」。スーザン・バック＝モースはこのまさに感覚に訴える性質が、その著作の中の記憶にとどまる部分がどれほど恩恵を受け、かつ必要としていたかを指摘している。つまり「ファンタジーそのもの」を作りだそうとする絶え間ない試み、物質を言葉へと変換すること、言語における物質の物質性を維持し続けること。ここでの変換とは、翻訳以上であり説明以上のものであり——模倣の能力がもつ特有な力を動かすとてつもない天啓のようなものである(2)。

物質

著者の死後六年たった一九三八年に、スウェーデンのイェーテボリ民族学博物館から出版された、エルランド・ノルデンショルド男爵収集の『クナ・インディアンの歴史的民族学的調査』から始めようと思う(3)。ヘンリ・ワッセンによって編集された扉には「クナ・インディアンのルベン・ペレス・カントゥレとの共同作業による」と記されている。ルベン・ペレスは、クナのネレ・デ・カントゥレの二四歳の書記である（ネレは首長と預言者を意味し、ノルデンショルドとペレスはときにこの固有名詞を使用した）。著書に掲げられたノルデンショルドとルベンの肖像写真から、スウェーデン人の男爵と首長である書記のあいだにある人類学的共感の暗示を受け取ることができるだろう。その写真は第一章のタイトルの上におかれている。どちらも身なりがよく、スーツを着て、ネクタイを締め、同じポーズをとっている。クナのことを調べる二人はリラックスしつつも用心深い面持ちである。

クナの治療用の木像。ギリェルモ・アヤンス作（1948 年頃）

クナの治療用の木像

男爵は一九二七年の時点でまだ一カ月しか調査をしていなかったが、病気のためにクナの地を離れなければならなかった。クナの人々によるパナマ政府に対する革命が成功した二年後のことだった。男爵はクナの絵画を解釈するのを助けてもらうために、ルベン・ペレスを書記としてスウェーデンに六カ月間滞在させた。ペレスがスウェーデンに到着したとき、彼はノルデンショルドがとても価値のある写本だと評価したものを持参していた――「歌、呪文、病気の記述、処方箋、すべてがクナの言葉で書かれ、おもに私たちの表記法と同じだった」――偉大な預言者ネレ自身が筆記した、クナの伝説と歴史に関する英語とスペイン語の大量のメモもあった。

私が取りくみたい問題は、治療に使われる木像と関係があった。クナはそれらをヌチュカナ（複数形はヌチュ、歌という意味）と呼び、ノルデンショルドとペレスのテクストの中から私は、次のような注目すべき主張を発見した。「これらすべての木像はヨーロッパ人をモデルとしている。服装の種類によって判断するならば、一八世紀あるいは一七世紀のものである。あるいは少なくともその時代の古い絵からのコピーである」（345）。

ペレスはそれまで鼻にリングのついた木像を見たことがなかった。女性だけがリングをつけている。しかし、ヘンリ・ワッセンは編集者の立場から、そのような像は現に存在している、と付記した。読者への参照として「かなり古い」木像について述べておく。一九三五年にバルボアでダヴ・レ・プレイサー女史から譲り受けてコレクションに加えられたものである。インディアンだけがヌチュを収集しているわけではない。

ノルデンショルドはカトリックの聖人の観察から、木像はクナの人々のあいだでの比較的新しい発見なのではないか、という疑問を抱いた（426）。像が比較的近代の創造物であり、おそらく一九世紀以前ではないことを示唆するたしかな理由がある。アメリカの人類学者、ディヴィッド・スタウトは一九四〇年代に「ごく最近まで、クナの歴史に関する一次資料はヌチュについて何も触れていなかった[4]。ワッセンが一九四〇年に出版した記事によると、アフリカ人奴隷がクナの人々とチョコ・インディアンの「魔法の杖」に与えたであろう影響について、彼は次のように推測した。「クナのメディシン・シンガーによって使われる杖の彫刻は、昔から、服を着たヨーロッパ人の像につけられ、その像は聖人などの容姿に影響を受けてきた。このことは、クナの人々がこれらの杖を比較的最近になってから採用したという私の意見を補強してくれる」。補足として「例えば、杖をもつスペイン人たちの像は力の象徴として説明される[5]」と書いた。たしかに、海賊の船医であるライオネル・ウェーハーが、一六八一年にダリエン半島のインディアンとともに四カ月間滞在した経験からしたためた詳細な記事には、そのような像への言及はまったくない。ウェーハーはインディアンの医術や治療の儀式にとりわけ関心があったにもかかわらず、である。実際、インディアンのあいだでの彼への敬意や安心感は、そのような豊富な知識に因るところが大きかった。ヒーラーと言葉を交わす精霊の声だと彼が考えるものの模倣を含め、彼は生き生きとした治療の儀式を鮮やかに報告している。しかし、木像を示すものは何もない[6]。

　ともかく、ヨーロッパ人による植民地主義との一時的な関係がどのようなものだったにせよ（そして、そこから学んだものがどのようなものだったとしても）、ノルデンショルドはあるひとつのことを確信していた。「クナの人々が木像を、精霊を助けるための持続的な場所として彫刻し使ったことは確かである。もはやそれはインディアンにも悪魔にも見えず白人そのものである」（426）。さらに、人類学者で前アメリカ平和衛生兵のノーマン・チェーピンは、半世紀後の一九八三年、クナの人々と四年間を過ごした経験から同様の指摘をした――木像は「だいたいいつもインディアンではない姿で彫られる。たとえそれらがインディアンを表しているとしても、いくらか風変わりで、スーツを着て、てっぺんにギザギザのある帽子をかぶり、ときには馬にまたがっている」[7]。

問題――解き放たれた模倣

クナ社会にとって、治療をするためにきわめて重要なこれらの木像がなぜ「ヨーロッパ人の型」の形式で彫られるべきだったのかについて、現段階でも語れることはかなりある（もちろん、一定の驚きはあるが）。簡単に言えば「なぜそれらは他者なのか」そして「なぜそれらは植民地的他者なのか」ということである。この疑問は、依然としてとても独特で詳細に調べるべき価値がある。なぜならば「ヨーロッパ人の型」である私は、インディアンの像の形式の中の私自身の文化と直面せざるを得ないからである！　力を込めるために、私が理解できない言語で歌われる私自身の姿をした木像に、どのような魔力が潜んでいるのだろうか？　いったいこれは誰なのか。私の知識の及ばぬところで具象化されたものなのか。シャーマンの歌声に魔法をかける海風と焼けたココアの煙がただよう物質を、私は懸命に調べてみた。いったいそれは誰なのか？

分析を試み徐々に知識が増える中で何かが揺れ動く。人類学の旅全体が新たな段階へと動く――やっとそのときが来た。というのも、もし私がそれらの木像について真剣に考えるならば、欧米の人類学のもつ分析的な構造にとって価値のあるさらなるプリミティヴな人工物をよく調べることで力への防御的な操作をするのではなく、それ以外の方法で自分自身の模倣に応える必要があるように思えるからだ。まさにこの擬態は、私がよく知っている科学を繁栄させる他者というものを浸食する。いまのところ、私もまた研究対象の一部なのである。インディアンは、私を私自身に変容させてくれた。私自身のささやかな歌を歌うときだろう。

ここは、海賊たちとダリエン・インディアンが腕を組んで散策した場所／彼らの骨はサンゴでできている／啓蒙のための精霊を私は歌って呼び出すことができるのか？／考える自己を再び考えるために／自己がもついくつかのヨーロッパの歴史や自己がもつその他の未来を再び考えるために

具象化

これらの疑問は、治療のために使われる木像の外部に彫刻された形と、その内部の物質のあいだに根本的な分裂がある、という不可解な事実の中にある。というのも、民族誌によれば、信仰に関するクナの記事として、木の精霊は外形とは別に、木像の効き目を決めていると断定的に述べているからである。したがって、私たちは、なぜそれがインディアンではなくヨーロッパ人として彫られる必要があったのかを考えさせられるのである。呪術的な力が木自身の精霊に注ぎ込まれているならば、なぜわざわざ彫刻するのだろうか。そして実際、困惑はさらなる困惑を生む。なぜ具象化自体が必要なのか？

この疑問は次に、曖昧な問題へと向かわせる。すべての中でもっとも基本的なものだ。つまり、それらの木像はどのようにして治療において機能すると考えられるのか。私が調べてきたクナによる治療の調査で、治療の効能はもちろん、木像への直接的な記述がほとんどないだけではなく、なぜそれらは存在し、使われるのかという問題が提示されていないことに、きわめて奇妙な思いをした。

たしかに人類学者たちはムー・イガラ（ムーの方法）やニア・イガラ（悪魔の方法）のような有名

な治療の歌を記録し、思索することはできた。これらの木像によっておこなわれる知的探求の旅が両者の方法の中心にはある。というよりもむしろ——これが重要なのだが——病者の抜き取られてしまった魂を探すのは、彼らが「描写する」精霊によっておこなわれるのである。さらに人類学者たちは木像のもつ他の働きについても述べている。ノルデンショルド（427）は、すでに亡くなった人々の夢を何度も見るナルガナ・コミュニティの少女のケースを紹介している。ルベン・ペレスは、彼女が手にもっていた木像をほんの数分間だけシャーマンに手渡した。シャーマンは彼女が見た光景は死者ではなく邪悪な精霊だと突き止めることができた。そして、もし特定の薬を浴びなければ気が狂ってしまうだろうと告げた。もうひとつの例は、ウラバ湾の開拓地で病気になった男が、これらの木製像のうちの一つを譲り受け、燃えるココアの先端の煙にさらし、その後、友人にそれを占い師に渡してもらった。その占い師はしばらくのあいだ、うちにそれをおいた。すると夢の中で魂が、ウラバから遠く離れたそのインディアンがかかっている病気の種類を彼に告げた（348）。あるいは、木像がおかれていた水に頭をつけると、新しい技術、とくに外国語を身につける力を獲得することができた（365）。さらに木像は、ヒーラーに助言を与えることができる。ルベン・ペレスは、さまざまな病気にどの薬を使うべきかについて、占い師やネレが指示を受け取るのだとかつては信じていた。しかし、ネレがのちに語ったところによると、彼は病気の悪霊自身からこれらのことを学んでいた、ときには木像が彼にアドバイスを与えることはあったけれども（348）。木像は占い師の前に邪悪な精霊の姿を出現させる力を持っている。その力はまさに奇跡のようで、男爵とルベン・ペレスのテクストには次のように列挙されている。

ウストゥプのネレが知っていることはじつにたくさんあり、彼に相談をしにきたすべての人にどの病気が影響を与えているのかを見ることができる。病気の人を診察するときは患者に向かって座り、患者がまるで硝子でできているかのように見抜き、身体のすべての臓器を見る。彼はまたヌチュ［木像］の助けを借りて、会ったこともない患者がなんの病気で苦しんでいるのかについても判断することができる。ネレは人がいつまで生きるのか預言をすることもでき、人間の魂が精霊によっていつどのようにして運び去られるのかを伝えることができる。(83)

占い師は「ヌチュ［木像］という守護者の働きをする精霊のおかげで」これらの神秘的な力を所有している、とテクストは結論づけている (83)。

一方でまた、島や地域全体の深刻な霊的騒乱が共同体規模で起こったときの悪魔払いにおいて、人間と同じかそれよりも大きい五〇体以上の驚くべき彫刻が使用された。これらの悪魔払いは数日間続く。一九四〇年代後半における悪魔払いでの中心となる木像は、あるアメリカからの訪問者によると、七フィートの高さでダグラス・マッカーサーに似ていたそうだ（プリミティヴィストのパロディーと西洋との模倣的関係――西洋の視点から――の意味について考察する際に、マッカーサーの表象については再び考える機会があるだろう）。

インディアンは服装に関する軍事規律に詳しくなかったので、いくつかの重大な過ちをおかした。カーキ色を身につける代わりに、ピンクの紐とひとつの白い星のついた緑色の帽子を身につけたかのようにその像は塗られていた。上着は二つのピンク色の胸のポケットがついた淡青色のものであった。左のポケットの下にはドイツの鉄十字に見えるものがついていた。インディアン自身は小さくて平べったい鼻をしていたので、高くて尖った鼻に憧れていた。そのため、彼らは顔か

ら三インチもある尖った鼻の像を作った。(8)

もちろん、観察者に最終的な決定権があることは言うまでもない。マッカーサーの描写に私が満足していないとしても、彼は私たちにこう言えるはずだ。インディアンは鼻にコンプレックスをもっていたから、マッカーサーの鼻を長くして尖らせたのだと——ここにおいて、啓蒙主義の最終的勝利、つまり、他の人々の生活に鼻を突っこみ「説明」しようとするおせっかいと執拗な願望に人は気づく。しかし、具象化自体はけっして問題にはならないのである。なぜ鼻なのだろう。なぜ全体ではないのか。なぜそこが引っかかるのだろう。しかし、そのままの外見をもつことが難しいのは言うまでもないが、それを心に描くことは可能なのだろうか?

医術はおとりと混同されるべきではない

ノルデンショルドとペレスの本には、模倣について、また、どのようにして模倣が現実と関係しているのかについて、あなたの頭を混乱させることが数多く書かれている。治療のための木像やヌチュは別にして、おそらくカメの模倣について彼らが述べていることほど好奇心をそそるものはない。「イエーテボリ博物館におけるさまざまなクナの医術」という見出しの下に、彼らは目録と番号をつけたリストを載せている。その中には木で彫られたカメの像も含まれている。ペレスは、それらはインディアンによって医術として使われた、と書いている。「彼らは自分たちで作ったこれらの像と一緒に水浴びをする。一人で一〇〇もの小さな像を所有しており、それらは海岸沿いで見られるさまざまな種類の木で作られている。そして、水浴びはカメをつかまえる技術を獲得するために続けられる」

（492）。著者たちが添付する絵でそれらを確認できるのだが、その実物そっくりのカメはいまにも動き出しそうな形をしている。

しかしその一方で、編集者のヘンリ・ワッセンは明確な注釈を足すべきだと感じていた。彼が私たちに明確にしたかったのは、これらの「医術的に」使用されるカメの像は本物の生きたカメをつかまえるためのおとりとして彫られるバルサ材のカメと混同すべきではないということだ。彼はこれらのおとりの使用について説明しているある宣教師の言葉を引用する。それらはメスで、その宣教師はトルトゥギリヤスと呼び、その意味は、カメっぽいかわいらしい子という感じである。オスのカメ、あるいはメスのカメさえも惹きつけるために網にくくりつけられる。オスあるいはメスも夢中になってネットまで泳ぎ、このおとりの誘因力という網状の現実にからみとられてしまう（429-93）。

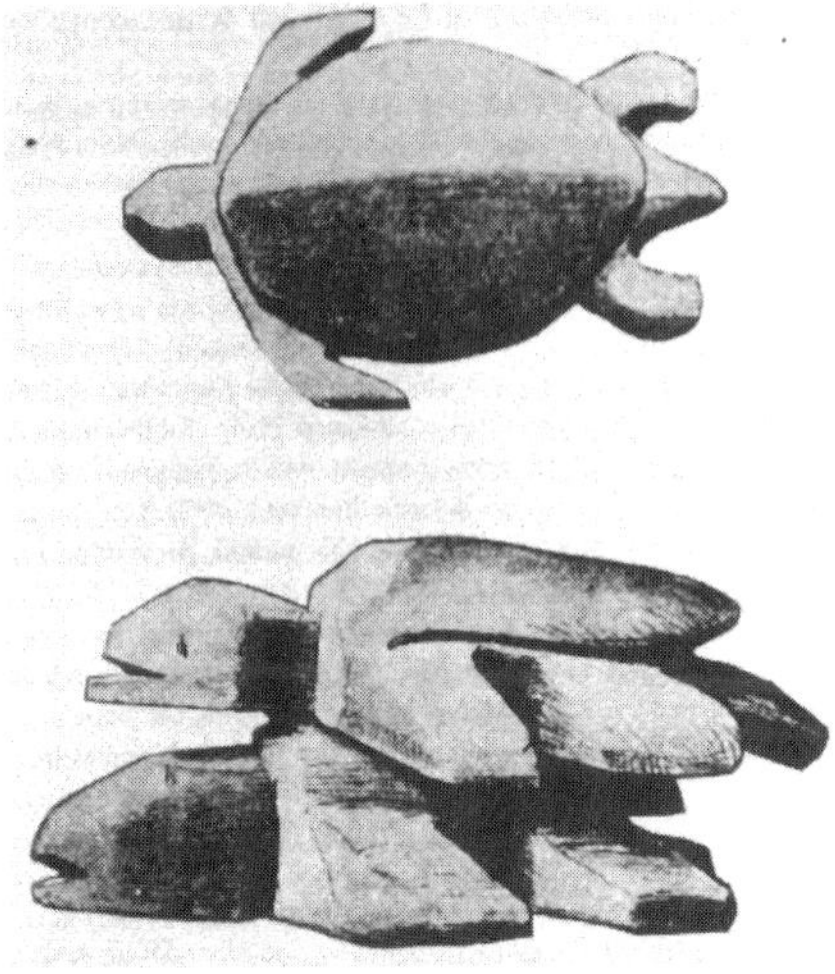

狩猟用の呪術に使われるカメの模型（『クナ・インディアンの歴史的民族学的調査』1938年より）

　ワッセンはこれらのおとりの内のひとつの絵を掲げている。それは頭と首である「べき」場所のずんぐりしたところのまわりにロープが巻きついており、頭も首もヒレも持たないカメは、私には「モダニズム的」で、非現実的な印象を与える。私の見方では、カメと混同することはけっしてありえない。それにもかかわらず、それはまごうことなくカメのようであり、非常に魅力的なのである。とはいえ、結局のところ、おとりなのである。しかしそれは私の見方に過ぎない。私の目は、呪術的に効果のあるカメであると見ようとし、そしてふたたびおとりへと戻ってくる。私の目には、心の目においては、カリブ海の緑っぽい青色の水の中を楽しそうに進む「本物」のカメが見える。そのおとりは呪術的に効果のある模倣物というよりもより本物のカメに近いだろうか。あるいは、そのおとりは、本物のカメならば見まちがうとインディアンが思っているものに近いのだろうか——その場合には、なぜ呪術的なカメの像はそれほど「リアル」に見えるのだろうか。

「人は精霊をなんらかの方法で描写することによって自らを守る」

「ヨーロッパ人の型」として彫刻された治療のための木像の使用について、男爵とそのインディアンの記述ほど多くを教えてくれるものはない。しかし、彼らのテクストは、まるで当然のように、具象化の問題を無視している。物質を作り、そうすることでそれを霊的なものにすること（具象化と崇拝化）は、彼らの注意を引かない。たとえば、彼らは単純に次のように言う。これらの木像の使い方を人間に教えてくれるのは、ある神秘的な像のイベオルグンである。さらに「守護のための精霊を木像の中に込めようとするときに歌われる歌は、神に由来する」（345）。

しかし、なぜ人はそれを望むのだろう。なぜ守護のための精霊の居場所を提供するために、物質としての像を必要とするのだろう。

同様に、一九六一年の論文「コロンビアの擬人化された像——その呪術と芸術」の中で、オーストリアとコロンビアでの偉大な人類学者であるジェラルド・レイチェル・ドルマトフは次のように述べている。「治療のためのある儀式で、邪悪な動物の魂を表象する彫刻（あるいはペイント）が何より

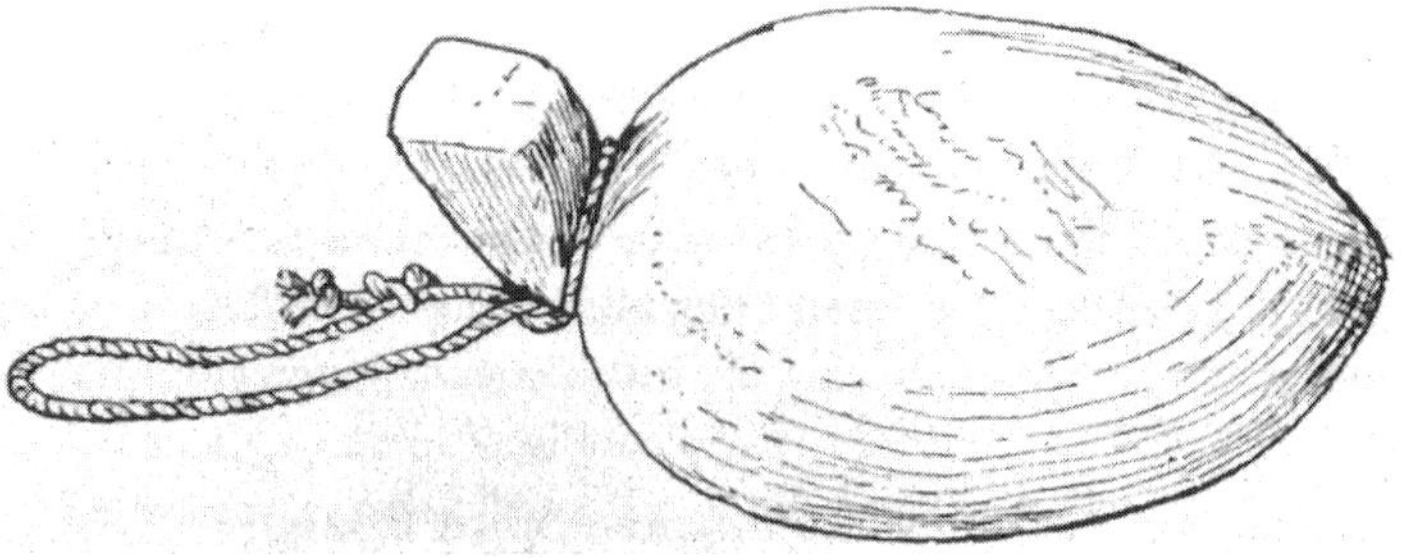

おとりのカメ（『クナ・インディアンの歴史的民族学的調査』より）

も重要で、それゆえシャーマンはそれらの像を作り、木製の細長い板にペイントする場合もある」。彼は読者にノルデンショルドの初期の論文を参照するよう勧める。そこには次のように書かれていた。「人は精霊をなんらかの方法で描写することによって自らを守ることができる(9)」。この参考文献は、クナの人々の治療や、治療用の像についてではなく、クナの南方にいるチョコ・インディアンについても述べている。彼らはクナの人々とも大いに交流があり、その中には、呪術や呪術的な観念も含まれていた。けれども、私が模倣の呪術と呼ぶものにおける重要な点は、同じである――すなわち「なんらかの方法で」何かを表現する人工物の創造と存在は、表現されるものにある力を与える。しかし、ふたたび論点が（注で）挙げられているにもかかわらず、結局抜け落ちてしまっている。著者は問題にもならないような注釈の中で次のような考えを提示するのである。「善意ある人間の霊魂（先祖から伝わる植物の霊ではあるが）の具象化としてつねにイメージされている木像は、魂を再び取り戻そうとするシャーマンを助ける(10)」とし、クナの人々にとって具象化自体は当然のことと把えられている。

他の具象化――霊魂の船

レイチェル・ドルマトフによるこの論文の二五年後に、ステファニー・ケインはチョコ・インディアンにおける、私たちがとりあえず「マッカーサー効果」と呼んでいるものを鮮やかに思い出させてくれた（クナの物語を念頭におきつつ）。それはエンベラのシャーマンの話である。そのシャーマンは白人の魂の出現によっておびえて口がきけなくなったが、その後、果敢にも彼の霊的援助者の集団に加えるために、白人の魂をつかまえることに決めた。ケインは一九八〇年代に、パナマ南部にあるダリエン半島の森の近くの河畔で、植民地にいたエンベラの男からその話を聞かされた。彼らはカトリックの司祭から進歩と共同体のもつ美徳を推奨する講義を受けた民衆の一部だった。チョコのバレンティンはこの長々と続く話の中で彼女に語っている。

まだ子供だった頃、イースターの時期に、祖父［シャーマン］と一緒に埋められた金庫を探しにコンゴ川まで旅をしました。私たちは「魔力」と呼ばれる島を経由して大きな湾を横切らなければなりませんでした。月がくっきりと見え、いとこのベルナベもいました。私たちはカラフルな一隻の船を見つけ、そこには、まぎれもないグリンゴが乗っており、月に照らされていました。警笛の音がし、カヌーに乗った私たちは進路を変更し、その船に追いつこうとしました。私たちはその船の横につけて寝たかったのです。でも、船は海へと出ていってしまい、私たちから遠ざかっていきました。そのときガソリンのにおいがしました。私たちの視界はもう煙に耐えられなくなっていて、祖父が言いました。「戻るんだ。これは船じゃない。悪魔の仕業だ」。

この時点で、ステファニー・ケインは――物語られた物語を語っているのだが――グリンゴの乗っていた魅力的な船は、霊魂が作りあげた幻であると告げているわけである。また別の場所では、この船は両側で色のついた光を放ち、まるで赤で塗られたようなきれいなものとして描写されている(11)。その煙は目をヒリヒリさせる。シャーマンは誰かと、よくわからない言葉で何かを話している。ウインチで丸太を引き上げるような大きな機械の音と、どこかの国の言葉でのおしゃべりが混ざり合っていた。その人類学者の語り手は、この霊的な船を「典型的な誘惑（おとり）であり、霊的に動機づけられた欲望の幻」と説明している。特定の場所における模倣としての物質以上のものである、と彼女は述べる(12)。

インディアンたちは必死で船を漕ぐが、どこにもたどりつけない。船は消えてしまった。彼らは深刻な病に陥り、話す力を失い、熱によって消耗した。大変な困難を経たあと、なんとか自宅にたどり着き、シャーマンは彼らが癒しの儀式の準備をおこなうのを指導した。ごちそうを食べ、飲み物や食べ物の交換を通して、シャーマンは霊的な世界へと入っていくことができる。

バレンティンは話を続ける（彼がいま話そうとしている物質に注意してもらいたい――三つの具象化だ。ボディーペイント、バルサの像、そして、インディアンの服装をして処女の女性の格好をすること）。シャーマンは彼らに説明した。

（……）ジャグア［チブサノキからとれる］と呼ばれる黒い塗料を使って特定の模様を描く方法。バルサの木の使い方。チチャのための若い女性を描く方法。彼はその少女たちに床まで届くパルマス［エンベラの女性たちが着る膝丈のスカート］を着せた。

その人類学者はここで、シャーマンは重要な選択をした、と私たちに告げる。彼は自分たちを守るための儀式をおこない、自分自身と仲間たちを癒し、あとはそれっきりにすることもできたはずだ。実際にはその代わりに、彼はイニシアチブをとり、自力でグリンゴの乗組員の霊を身につけることを大胆にも決断した。霊的な力を増大させるために、それらを捕まえるのである。では、どのようにして彼はこれをおこなうのか。彼はそれらを複写するのである。

祖父には船に乗っていたすべての乗組員が見えていました。彼は船［の模型］を作ってそこに乗組員を乗せました。頭や首がない船長、足のない乗組員、船はヤビサから持ってきました。彼は自分の知識を駆使して潮流を作り、モーターのように下から流れを起こし、そうして、船はここに打ち上げられ、ひょうたんの木の下に結びつけられました。隣にはアビベバの家があり、船はまだそこにあります。(13)

他の具象化――具象化された再話としての民族誌、具体的であるということ

表象において多くの民族誌が採用している方法とは異なり、その中には、私がこれまで暗に示してきた民族誌のいくつかを含むのだが(模倣の能力の探求においては必然的にそれらに頼り続けるだろう)、私は次のことを強調したい。ステファニー・ケインのやり方は「エンベラの人々のあいだでは～が信じられている」のような、抽象的で一般的な言い回しには頼っていない。その代わりに、イメージに満ちた細部に焦点を置いている。その方法は（私のメインテーマを予期するように）それが表象しよ

うとするものと一体になって模倣するように、彼女は呪術的な模造品や、実物を思い起こさせるような感覚を創造する。つまり、ある例を挙げ、実例を示し、具体的に示すことはすべて「模倣の呪術」の例となる。その過程で、複製やコピーが表象されたものの力を獲得する。そう言えるのではないか。さらに、この具象化する呪術的な力は、そのような例を解釈する際に、私たちがそうすることによって、それらのイメージの中へと入り込むという事実に内在しているのではないか。シャーマンがグリンゴの精霊の船と乗組員のモデルを作ることによって力を生み出すように、その民族誌学者は彼女自身のモデルを作る。「模造品を作り出す呪術師の技術」と私が考えるものとの類似性が正しいとするならば、そのモデルがもし機能すれば、模倣の感覚に訴えるようなすばらしさを通して、何らかのパワーとモデルになっているものの魅力を獲得する。私たちがこれを「呪術」と呼ぶかどうかはあまり問題ではない。書くという特徴的な実践を呪術になぞらえることが私の目的ではない。むしろ、私は書くこと自体を遠ざけたいのである。あらゆる種類の「書く」という行為を。そして、ページの上の記号という再現描写のためのメディアを通して、他の世界へと移動させる想像力を考え直してみたいのである。

その際にまず、シャーマンの作るモデルの元が、霊的世界からの亡霊、錯視、ごまかし(そのように私たちは聞かされている)であることを考慮に入れるとき、これは驚くほど複雑なものになると予想できる。亡霊自体は以前の(つまり「元」の)船とグリンゴの乗組員である。つぎに、その民族誌学者は、私や多くの読者と同じように、グリンゴの土地から来たと想像でき、さらに、シャーマンがおこなう私たち自身の呪術的な模型の民族誌を言葉でモデル化することを考慮に入れると、さらに複雑なものになるだろう！——ページから鏡に映った自己をはがしながら、それとともに出航する私たちはいまや、瞬間的な存在に導き入れられ、一瞬が永遠に続く状況の中、眼球の見張り台の中で自己を求め続けるのである！

頭も首もなく

模倣、あるいは少なくとも私の模倣の使い方は、対立しているけれども相互に接続した意味のあいだで、どんどん速く回転し始めていることに、私は十分気づいているが、さらに、あなたに対して、頻繁に現れる中断と挿話、声や参照するものの変化を観察するようお願いすることによって、この不安定な性質をもう少し前に推し進めたいと思う。明らかに私たちについても書かれているエンベラのこのテクストは、批評と発見に対して模倣的表象という免疫を与えるであろう途切れのない流れの暗示を壊す。バレンティンは、模型の船のキャプテンは頭も首もなかったと言ってなかっただろうか――彼の短くて簡潔な描写について考えるとき、実際いつも的を射ていることがわかる――さらに、乗組員の一人は足がなかったとも言っていなかったか。船とグリンゴの精霊の乗組員のレプリカによって、私たちははなはだ不完全だけれどもそれにもかかわらず（そのように推測せざるを得ない）とても効果的な複写を手にするのである。それはオリジナルのパワーを有しており、コピーとはもはや呼べないコピーで、しかし「ほとんど完成されていない表意記号」なのである。アンリ・ユベールとマルセル・モースは二〇世紀初めに、フレイザーの模倣に関する理論についてしばしばおこなわれた批判的な討論の中でそう述べている(14)。

写真のような忠実さとファンタジーのあいだ、肖像性と恣意性のあいだ、全体と部分のあいだに滑り落ち、私たちは模倣の観念はなんと奇妙で複雑であるかと感じ始める（生存競争で暗示されるように、どちらに転ぶかわからないリスクがあることを覚えておいてほしい）。シャーマンによるさらなる欲望の中に――現実の模倣（幻影で分裂している）による攻撃にさらされている力への意志を見る。模倣の能力が使われる作業は、それとまさに同じ精霊の力を獲得することである。エトノスを図式化する民族誌学者にとって、リスクはやはり重要なのである。

具象化と断片化（「頭も首もなく」）のこのような興味深い出来事は、民族誌的再現の方法によって実践される。というのも、ケインが物語を再び語るだけではなく、それらの物語をさまざまな種類の相反する背景へと具象化することによって、私たち読者を具象化するからである。彼女は集団の傍らで、善意のカトリックの司祭によって語られるグリンゴの船の物語を座って聞いていた。そのようなすでにばらばらになった背景は「近代」の具象化である。そこでは、異教徒的精神と家父長的なカトリックの近代化が、とりとめのない支配権を求めてせめぎ合う。これを具象化するもう一つの具象化は、白人たちの魂の歴史についてのエンベラの男の語りである。白人がシャーマンの死によって解放したあとにもたらした破壊は、明らかに彼のいとこの話と食い違っている。その話というのは、精霊を解放したという理由で、キリスト教の宣教師たちを非難するものであったが、その理由は、宣教師たちは文明化の過程に突き進む儀式の中で、シャーマンに治療のための杖を燃やすよう命じたからである。「（いとこの）ベルナベはそこにいた」と彼女は書いている。「グリンゴたちは立ち上がって、いくつかの治療のための杖にガソリンをかけた。もう一人のエンベラは、彼らの家であり家財道具だった燃える「幻影」から走り出てきた目には見えない精霊を見て、逃れた[15]」。

魂の肉体からの離脱

私が注意を引かれるのは、魂の肉体からの離脱であり、その解放と飛翔である。私が啓蒙主義を総括するのはこのときなのであり、その理由や重要な実践は野蛮性の関係と同等である。それは心という身体的な地下道における、植民地的征服と、その後の浸水を通しての、切断というよりはむしろ温存された関係である。森林のはずれの小さなかがり火の近くで、グリンゴたちはいかに熱心に抽象的な普遍性を得ようと努力したことか。しかし、グリンゴによって解放された致命的で制御できない、炎の中を踊り続ける魂はどうなるのか。彼らのパワー、呪術的な模倣のパワーは、どこで再び現れるのだろう。

第二章　視覚世界における観相学の側面

自然はさまざまな類似性を生み出す。擬態のことを考えてみるだけでよい。しかし、類似性を生み出すもっともすぐれた能力をもっているのは人間である。人間がもっている類似性を見るという才能は、似たものになりたい、また似たふるまいをしたいという、かつて圧倒的にわれわれに強く迫っていた力の残骸に他ならない。人間の備える高度な機能で、模倣の能力によって決定的に規定されていないものはおそらくないだろう。

――ヴァルター・ベンヤミン「模倣の能力について」（一九三三）

ベンヤミンは冒頭の段落で、人間の備える「高度な機能」の中の「模倣の能力」の重要性を指摘していることに注意しよう。この四ページ足らずのエッセイは、けっして奥義を伝える秘密の話といった風ではない。この文章においての基本は、人々が使う伝達言語と、事物がもっている伝達手段に関する理論から構成されている。ベンヤミンの驚嘆すべき考えは、歴史、機械生産の時代における芸術、そしてもちろん、それらのもつ非常に魅惑的な憧れに関するものである。弁証法のイメージによって照らされる非宗教的な明るみは、連鎖する調和を乱す一方、模倣的なスナップ写真と調和しながら再び星座に布置しようとするものである。

ベンヤミンが模倣に魅了されたのは、他者性、プリミティヴィズム、近代における模倣の復活という三つの考察が重なり合った結果である。ベンヤミンは躊躇うことなく、模倣の能力は「何かほかのものになりたい、ほかのもののようにふるまいたい」という人々がかつて所有していた衝動の根底にあると述べている。真似る能力、つまり、上手に真似るということは「他者」になるという潜在的な可能性なのである。

模倣のもつ重要性のこのような発見は、ベンヤミンがずっと追い続けてきたテーマであり、近代の直接の結果として現れた、近代における「プリミティヴィズム」と関係がある。とくに、カメラや映画のような模倣する機械によって可能になる視覚的無意識の発現とともに、日々の生活におけるモンタージュとショックのリズムの直接の結果である。本質的には、模倣の再解釈あるいは再評価という考えは「古代の」人々が模倣の達人であったという想定に基づいている。この点において、ベンヤミンはとりわけ、舞踊、ミクロコスモスとマクロコスモスの宇宙論、動物の内蔵と星の位置によって明らかにされる一致を用いた占星術を援用している。古代や「プリミティヴ」な社会の儀礼的生活における模倣がもつ広範囲の役割は、さらに大きなものがあると考えられる。

近代における模倣の能力の重要性に関するベンヤミンの考えは、とても古いものと新しいものが突然に再配置される近代の（欧米）文化に関心を向けていた彼の感性と適合している。このことは、特段、歴史的連続性を必要とはしない。その代わりに、近代は模倣の能力の——継続ではなく——復活のために、原因、背景、手段、必要性を提供する。スーザン・バック＝モースは、ベンヤミンの洞察力のある理論の中からまだあまり認識されていない子供たちが与えた影響を取り出し、きわめて明快に論じている。彼女によれば、私たちの時代の大衆文化は、知覚における模倣の方法を刺激し、それを前提として成立している。大衆文化は、思考と行動を結びつけ、感性と知性を結びつける自然発生的な運動、物質の生き生きとした動き、そして、身体の言語が何よりも重要である。カメラと映像によって開かれた視覚的無意識と身体的な知識に関するベンヤミンの考察を、スーザン・バック＝モースは見事に咀嚼し論じている。拡大やスローモーションのような機能によって、映像は「私たちの模倣の能力について新しい教育を施している」と彼女は端的に述べている[1]。

触覚性の器官としての眼――視覚的無意識

日ごとに、物質を手に入れたいという欲求は類似や再生を通して強くなっている。
――ヴァルター・ベンヤミン「複製技術時代の芸術作品」

類似を通して何かを手に入れること。これこそが模倣の能力の復活においてきわめて重要なことだ。つまり、模倣が二層になっているという考えであり――コピーすることや模造品と関係している。また、知覚する者の身体と知覚されるもののあいだの触れることができるという感覚的なつながりである。のちに私たちは、フレイザーによって『金枝篇――接触の呪術と模倣の呪術』で語られた、共感する呪術の二つの種類を発展させて、この結びつきがどのようなものかを見ていく。初歩的な物理学と生理学がわかれば、コピーと接触の共通する特徴が同じプロセスをたどることがわかるだろう。つまり、光線を例にとるならば、朝日からの光が人間の眼に差し込む。そのとき光は網膜と接触し、中枢神経を通って朝日の（文化的に波長が合った）コピーを形成する。この論理的思考のラインに関して、接触とコピーは融合してほぼ同じものになる。それは、何かを感知する一つのプロセスの異なった瞬間である。何かを見たり、何かを聞いたりすることは、そのような何かと接触することである。

それにもかかわらず、コピーと接触のあいだの違いにはやはり根本的なものがある。それらの相互関係の性質は曖昧なままであり、その豊かな基盤は私たちの想像力を自由に羽ばたかせてくれる余地を残している——かつて人は、共有する感覚の習慣に慣れ親しんだ自己満足から飛び出したのだ。共感呪術の認識論に関するフレイザーの議論の中で、ごく簡単に記されている膜についての少し変わった理論を見てみよう。これは有名な写実主義の作家であるバルザックに端を発する、というよりもギリシアの哲学者にまで遡ることができる理論である。フレイザーは現物から引き離され、空気を通してレンズと写真乾板によって捉えられる膜の結果としての写真のイメージを説明している[2]！　これ以上にうまく説明することはできるだろうか。模倣について考えると、指紋照合の機械を使う警察や近代国家のように、コピーと接触、イメージの中で知覚する人によるイメージと身体的関与で張り巡らされた吸着力のある蜘蛛の糸にやがて捉えられることになる。知覚する人が描くイメージは、私たちが秘密めいたものはないとしてあまりにも簡単に無視してしまう複雑さや表現などである——それらの表現は、模倣の概念によって魔法をかけられた関連性の網の目の中で影響力があり、曖昧なものすべてに依存すると同時にそれらを消し去る言葉である。

カール・マルクスは「商品の物神崇拝[3]」を論じる中で、光線と網膜の喩えを使い、コピーと接触に関する複雑な関係を巧みに論じた。彼は物神崇拝を、市場が人間生活と想像力に与える興味深い影響からもたらされたと考えた。その影響は、商品に宿る物神崇拝と人々の接触を微妙にずらした。それによって、物神崇拝は独立した存在としての商品である亡霊性にまで増大していったのである。マルクスは次のように書く。「生産者の労働の生産関係は社会関係として提示される。彼ら自身のあいだでは存在しない。生産者が労働をした生産物のあいだに存在するのである」。このような状況が商品を神秘的なものにしている。「というのも、人間の労働の社会的性格が労働生産の客観的性格として彼らの前に現れるからである」。そうして「人間の労働の社会的性格」が商品の中へと入り込み、商品自体の客観的な性質として現れることによってそれは意識から消しさられる。コピーによって接触が飲み込まれることは、コピーという私たちにまたがっている力の動きを確保することである、と言えるだろう。

マルクスによる視覚的類比は次のようである。私たちが何かを見るとき、透明な膜の通り道やまたは光の道筋としてではなく、その外側でそれ自身が自己浮遊されたものとして見る。すなわち、たとえあなたがコピーを観相学的、または、細胞電気的に光る空気であるとして、網膜の上の「接触」を概念化しようとしても、網膜は身体的反応として、さらにコピーとして、認識されるべき神経視覚繊維に沿ってさっと動くのみである。受け取られるものと受け取るもののすべての接触は、受け取られるもののちらちら光るコピーの中へと、それ自体となるまで完全に消えてしまう。だから、商品に関してマルクスが言った亡霊のような実体は、命に限りのある人間に対して上位に立つ。人間は実際、市場に組織化された人間間の労働接触と、感情に訴える物質世界との相互作用の錯綜した分離の中で、個別的かつ集団的にこのような商品を生み出している。

私たちは次のことも記しておく必要があるだろう。商品は、市場の循環における交換価値の道筋を通り抜け、また、それによって維持されているので、商品はさらにそのもっと奥底に、価値と価格の社会的に構築された性質の謎だけではなく、すべての微粒子から成る感性を隠している。市場の循環は、一般的に等価とされるものが支配しているので、すべての特殊性や感覚は抽象的なアイデンティティーと数量化できるお金の価値の等質的な実体へとばらばらにされてしまう――感覚的なものの知覚可能と不可能のあいだのこの微妙な相互作用は、物に宿る神の特質、商品のもつアニミズムと霊的な輝きが存在する理由となっている。それらは、一九世紀後半以来、広告（前衛派はいうまでもなく）によって巧みに活性化されているのである。

私の解釈において（読解についての私の風変わりなやり方は認めるが）ベンヤミンによる近代の複製技術の分析の側面、とりわけ、広告のイメージの中で競われている模倣の力に関して、取り上げたいのではけっしてない。ベンヤミンの見方は、フェティッシュを作動させる接触の感覚の特異性にあり、消されてしまった感覚と戯れ、回復さえさせる機械の特性にある。この不思議でまったく異質な世俗的な感覚を再び作り出す力をもつ機械の働きは、彼が「アウラ」（ここで、私が商品のフェティッシュとしているもの）と呼ぶものを変質させる。

商品化された世界の亡霊の中に入れられた接触の感覚（触覚）を顕現させるこの複製する機械は、まさに視覚の無意識を発見させることを可能にした。それは、現実を探求するための新しい可能性を開き、また、それらの可能性とともに、変わりゆく文化と社会のための手段を提供する。いまや芸術作品は、再フェティッシュ化するために科学的な成果と一体となるけれども、市場化された現実を利用することで、その結果「世俗的なイルミネーション」を獲得する。それは「弁証法的なイメージ」における身体的な衝撃へと「長いあいだ待ち望まれていたイメージ領域」を開く際に、唯一のもっとも重要なショックであり、唯一のもっとも実効性のある対策である。接触がきわめて重要な、そのようなイルミネーションの例は、ベンヤミンの「シュルレアリスム」というエッセイの中にある(4)。ここで彼は、個人的にも集団的にも、イメージの領域にとって、笑いによって身体を開くことができるような方法での革命的な潜在力を見出している。彼はイメージを操作するものとして考えている。シュルレアルを通して加工されたものとして、イメージは精神ではなくむしろ具象化された精神に従事すると彼は仮定する。具象化された精神において「政治的な唯物論と物理的な本質が精神、プシュケ、個人を共有している」。身体とイメージは、革命的な緊張が身体的な神経支配となるために相互に浸透しなければならない。たしかに、世俗的なイルミネーションの理論は、模倣のつながりのきらめくような瞬間と正確に連動している。意識的というよりも身体的、社会的というよりも個々人のつながりである。

三番目の意味

模倣に関するベンヤミンのエッセイは、表象の歴史や、カメラのような模倣する機械が発明される以前の芸術作品や崇拝の対象がもっていた「アウラ」と彼が呼ぶところのものについて触れている。簡単に言えば、これらの機械は、新しい主観的客観関係を含む新しい感覚中枢を作り出しているのである。崇拝の対象や芸術作品のアウラを破壊するときに、これらの機械は、神秘的な雰囲気をある種の対象に関与する活動によって置き換える。たとえば、外科手術のように、テレビなどで見ることができる身体ではなく現実の身体に侵入する。

　これらはすべて視覚的無意識を切り開く機械であるカメラに関するベンヤミンの考えにまとめられているけれども、技術的なものを理由とした世俗的な世界での活発な啓蒙運動の信念であるという結論にはならない。また、カメラのよく見える目が、イデオロギーの視覚的錯覚にとって代わるだろうという結論にもならないだろう。もっと吟味してみるならば、視覚的無意識についてのベンヤミンの考えは、「科学」を支持することで「呪術」が必然的に消え去ると述べているわけではないことがわかる。私の意見では、これはまさに模倣の二層的性質のゆえである。つまり、コピーをするということであり、見る者と見られる者を結びつける知覚表象の直感的な性質である――二層的性格はベンヤミンのある言葉によって的確に捉えられている。視覚世界の観相学的側面である。細胞組織のような構造の詳細な描写は、画家による魂のこもったアウラに満ちたものよりも、カメラの方がより自然に近い、と記してから彼はさらに観察し、細心の注意をもって文章を残している。

写真は同時にこのような物質の中に、視覚世界の観相学的側面を明らかにする。それはもっとも小さなものの中に潜んでおり、白日夢の中に隠れ場所を見つけるに十分なほど意味があるけれども隠されている。しかし、それがカメラによって拡大され、明確に述べられるようになった。歴史の影響を受けて変わるものとしての技術と呪術の関係は違いを生んだのである。[5]

しかし、実際には、どこに落ち着くのか？　技術と呪術——あるいは、他の何かを合わせることで、身体化された知識の脱物神化／再呪術化する近代主義者の呪術的技術を作り出すために、どこで科学と芸術は融合するのか。このことについて、ベンヤミンは何度も強調している。この観相学は、活動しながら（目覚めながら）新しい模倣の機械によって白日のもとへと引き出される白日夢の中で「弾丸のように見物人を打ち、触覚の特質を獲得した」とベンヤミンはダダの作品について指摘した。彼はそのことは映像への需要としての「触覚がもつ人の心をかき乱す要素」[6]を促進したと考えた。

ここでの分析でベンヤミンが何度も強調しているのは、ショックのようなリズムとともに、知覚する人の心の目と身体による感覚の対象が絶え間なく融合することである。「私はもはや考えるために何を欲しているかを考えることができない。私の思考は移りゆくイメージになろうとしている」とベンヤミンはあるところで訴えている。[7]以前は目が横滑りする傾向があった映像をじっととどめることによって、また、焦点を合わせることによって、拡大することによって、現実の動きを遅くすることによって、科学的な知識は多様な方法で模倣の再生産を通して獲得された。慣れ親しんだ対象の隠された細かな点を見て、理解する。これまで私たちの生活を目に見えないところで支配してきた思考パターンや、生活に必要なものに、気づくようになった。しかし、見ることおよびそれに関係する理解の本質とは何なのだろうか。

自動操縦

習慣は、触覚に関する知識の奥深い例を提供している。ベンヤミンがとても気にかけていたことだ。なぜなら、根本的な変化は習慣の深部でのみもたらされるからである。そこでは、文化の無意識の層が身体の傾向として、社会的に繰り返されるものへと組み込まれる。革新的な課題——ベンヤミンは時代が求めるすべての緊急性について、この言葉を書き記していたが、二〇世紀の終わりにいる私も再び記しているように——革新的な課題は「習慣」がそれ自体に追いつかなければならないものとして考えられるだろう。寝ているあいだに働いてくれる自動操縦は、それ自身の自動性に目覚めなければならない。そして、新しい観相学による新しい方法で移動し続けなければならない——「一〇分の一秒のダイナマイトでバラバラにされたこのとらわれた世界」を吹き飛ばす。(8)

ベンヤミンは建築を、習慣づけられた観相学の認識の例と考えるよう求めている。私たちはどのようにして建築物の部屋や廊下を知るようになるのだろうか。これはどのような種類の認識なのか。おもに視覚的なものなのか。きっと建築家が描いた抽象的な設計図のようなものではない。そこでは、接触とやがて混ざり合う天使と飛行機による移動可能なキュビストの集まりの方に近い。そこでは、おそらく、三次元の空間が、眼球を移動しながら五感で知覚する身体の拡張とするのだろうか？　つまり、視覚の言葉では説明できない触覚がここでは作動している。そして目はそのチャネリングにとって重要であるという事実にもかかわらず、この触覚は私たちが知っている空間の配置にとってずっと重要である。その言葉の非触覚的な意味のビジョンである身体的かつ社会的な両方の側面においてそうである。

もちろん、何かを「認識する」というまさにその概念は、「関係する」にとって変わられるということが起こっている。さらに、煩雑で刺激的なのは、私たちはまさにこの用語が私たちの目の前で分解するときに「ビジョン」が何を意味するのかを再考するよう迫るだけではなく、なぜビジョンが思考の問題としてそれほど特権的であるのかについて考えるよう仕向ける。一方で、少なくとも欧米文化では、他の感覚の様式はとても言語的に貧しいけれども、実際は人間や社会生活にとってきわめて重要である。私は触覚と触覚の認識について考え、そしてその中に固定された認識の大きな地下道と私が捉えるものについて考えている。「固有受容」のような言葉のミステリアスな用語で伝えられるように。それだけでなく、世界史的に前例のない国家と自警団による拷問の時代で、痛みの視覚的沈黙についても考えている——これについては、エレイン・スカリーによって要点が明確になり、私たちにとって重要テーマとなった(9)。

ベンヤミンは統覚作用のほとんど意識していない方法と習慣によって構築された「観相学の認識」の仕方をわかってもらいたいと思っていた。その主張は壮大である。「歴史の転換点にある人間の感覚器官が直面している課題は、視覚的方法、すなわち凝視のみによっては解決されない。それらは触れることで得られる導きのもと、習慣によって徐々にマスターされていく(10)」とベンヤミンは書いている。

もちろん、今までのところ、模倣の機械が促すとベンヤミンが考えたような転換を歴史は迎えていない。そうならなかった原因の大半は、さらなるイメージの力によって未来を制御する模倣の機械のまさにその力(以前は夢にしか思えなかったものだ)のせいであるという皮肉は、もし彼が長生きしたとしても通じなかっただろう。しかし、彼が書き記しているように、私たちはサウンドバイトが鳴り響く余韻の中で、歴史の不完全さにつねに脅かされて生きているのである。

「私は急降下し、身体は落下しながら飛ぶ」

「まるで船酔いのようになるよ」とアメリカ空軍の二等空佐は静かなプライドとともにコメントした。一九九一年、湾岸戦争が始まって二日たとうとしていた。米国のニュース番組で彼は、神経質そうに長めのビデオを流す。それは、イラクの上空をゆるやかに波打ちながらターゲットを目指して進む精密爆撃のひとつによって映されたものだ。「私が見ているのは映画ではない。私自身が飛んでいるのだ」。このように『戦争と映画』の中でポール・ヴィリリオは、ニューヨークのビデオ・アーティスト、ナム・ジュン・パイクの言葉を言い換えている。そして、急降下するイメージという五感をともなう映像の関与が、戦争のような大量破壊へと切り開くカメラの役割と視覚化の型についての彼の主張へと導く(11)。同じ作品でヴィリリオは、ロシア人の映画界のパイオニアであるジガ・ヴェルトフの言葉を引用している。

私はカメラの目だ。自分だけに見えるような世界を人にも見えるようにする機械だ。私はこれから先どこまでも人間の不動性から自己を解放する。私は永遠の運動の中にいる。事物に近づきそして離れ——その下に腹這いになって進むのだ——それによじ登り——疾駆する馬のたてがみに掴まる——全速力で走りながら群衆の中に飛び込む——走る兵士たちを追い越す——私はひっくり返る——私は飛行機と一緒に高く舞い上がる——空に舞い上がり落下する物体と一体となって

飛び、降下する。(12)

すなわち、ハリウッド映画の最近の解説を例に挙げれば、ヴィンセント・キャンビーによる、一九九〇年の『ニューヨーク・タイムズ』のレビューである。デヴィッド・リンチ監督の『ワイルド・アット・ハート』は「すべては方向感覚を失わせる大きさと、調子の狂ったものへの強調がすべてである。同じ物体が遠くからのショットでは、まるで月面のようであり、クローズアップすると皺がよってぽつぽつと穴の空いたバスケットボールに見える」。長回しにした信号機の光はもはや原形をとどめていない。タイトルバックの後ろでマッチが擦られると「スクリーンは溶鉱炉のようにうなりを上げて爆発する。炎は熱をもち、キャデラック・セヴィルを溶かすほどになる」。さらに、見事な演技で彼はお化け屋敷の幽霊列車の旅と比較する。「悪夢は現実になる。動かなければ、人は真っ暗闇の中へと真っ逆さまに落ちるだろう」。

ソ連の前衛芸術家から資本主義の幽霊列車まで例に漏れず、どこまでも広がる。

タトリン、一九一三――「目は触覚のコントロール下におかれるべきだ」。

ハリウッド、一九八九――映画で燃えるキャデラックが爆発、ワイルド・アット・ハート。

デュシャン――「私は芸術における網膜の原理の支配を壊したいのだ」。

アメリカ空軍の二等空佐(一九九一)は、彼の機械の目が空中で素早く死のダンスを踊ったときに、お腹がかき回される気がした。そして、大量の爆発物と地上でプログラム化されたターゲットを関連づけた。

もちろん、非常に優秀な理論家で、あるときは（彼が許されたときには）映画監督であるセルゲイ・エイゼンシュテインの名前も足さなければならない。ヴェルトフやタトリン（ベンヤミンに多大な影響を与えている）と同時代の人物で、言葉とイメージで何度も、模倣の能力に魅惑されているベンヤミンの中心にある原理を表現した――他者性、プリミティヴィズム、機械による複製の模倣の復活である。とりわけ、関連性があるのは、エイゼンシュテインが理解するようになった方法と、それらの原理の結果としての、視覚世界の観相学の側面によるモンタージュの相互依存である。

前近代の日本の歌舞伎からヒントを得て、エイゼンシュテインは「視覚の含意」という彼の概念によって映画製作におけるモンタージュの理論を複雑なものとした。その概念は一九二八年の『古きものと新しきもの』の制作でまず確立された。この作品の情緒におけるたぐいまれな生理的特質は、そのようなニュアンスによるものだと彼は説明した。「映画の四次元」が「生理的感覚」になると彼は結論づけた。

音楽の含意（鼓動）にとっては、厳密にふさわしいとは言えない――「私は聞こえる」。
視覚の含意でも同様――「私は見える」。
どちらにとっても、新しい調和した言葉が私たちのボキャブラリーの一つとなる――「私は感じる」[13]。

そして、まさしく、歌舞伎のもつこれら尊敬に値する技術は、モダニストの理論とモンタージュ自体の映画の実践にとって、刺激になったのと同時に特別なアイディアを提供した。エイゼンシュテインは歌舞伎の演技を理解していた。たとえば「映画にとって本質的」として、ある描写から次の描写への突然の展開である「カット・アクティング」と強調された点である。また「私たちが見てきたすべての点を越えて」いままでないような遅くなる動きもあった。そして「崩壊した」演技。亡くなる直前の女性の描写に関して、それぞれがばらばらに演じられる役割が互いに分離していた。右腕だけで演じられ、足だけで演じられ、頭と首だけで演じられた（あたかもブレークダンスのように）。死ぬ間際の苦痛にあるそれぞれの演者は、一人で演じた。エイゼンシュテインが上機嫌に書いているように「場面の分離」であり、どんどんリズムのスピードを上げていく[14]。模倣の機械に関する初期の理論家によって取り上げられた自然主義のくびきはこのようなものであり、ますます呪術の性質を開発するためにおこなわれた。

「良い映画のテンポで、本物の広告は私たちに事物を投げつける」

模倣の能力を一新するような探求をしようと、私は映画に集中してきた。しかし、一九世紀後半から視覚イメージに関してもう一つの大きな展開を迎えていた。広告はどうだろうか？　それは、映画よりもさらに多くの模倣の能力のための日々の訓練を提供していないだろうか。

アドルノの「映画に関する透明性」という論文で、彼は抑えた調子で次のように批評している。ベンヤミンの映画についての理論は、彼が前提としたカテゴリーのいくつかが「彼の理論が反対する商品特性で折り重なりあっている[15]」ことの深さを詳細には述べなかった、と。けれども、まさしく商品、もっと明確に言えば商品の物神的性格の中に、ベンヤミンは資本主義自体を解き放ち、資本主義自体を超越するために、資本主義の文化によって提供された超現実的で革新的な可能性を見ているわけではなかったのか？　商品に反対するどころか、ベンヤミンは移り変わる幻影のような潜在力を利用するために、商品を受け入れようとしている。彼の一九二八年のモンタージュ的一節「この地所貸します」を例にとれば、彼が「今日、中心となる部分へのもっともリアルで商業的なまなざしは、広告である」と宣言したことに関してこう書いている。

広告は、自由な考察の余地を取り払い、事物を私たちの鼻先へ危険なまでに近づける。事物は、いわば映画のスクリーンから自動車が振動しながらぐんぐん大きくなって迫ってくるように、私たちに迫ってくる。

(『一方通行路』)

最大限に視覚的無意識を開発しようと切望する広告は、現実を広げ、ぐらつかせ、固定する。その現実は、拡大され活発に私たちを驚かし、知覚する自己の揺らめきを飲み込むために内部で崩壊する。肉体での理解——あなたは見るというよりもむしろ打たれる。「真正な広告は良質な映画のもつテンポで、私たちに向かって事物を投げつける」。モンタージュ。イメージの破片で十分である。たとえば、鞍頭《くらがしら》の光沢のある革の表面と往来の頭上に吊された掲示板を占めるマルボロの男の投げ縄である。奇妙なリズムで——ベンヤミンが述べたように「執拗で、愚かで、身近」——モンテールのリズムは、商品自体の幻影のような物体の世界の内部にある、欲望された欲望を連打する。そして、シャーマンに関係する儀式の想像上のモデリングや、たとえば、クナのシャーマンの小さな像とエンベラのグリンゴの船のようなものによって、広告のこのようなコピーと接触する視覚的触覚性には、カタルシスを起こし、病気さえ治す機能がある。

「即物性」は最終的に引退させられる。家々の壁に描かれた、巨人に手頃な大きさの歯磨きや化粧品の商標がついた商品の大きな画面を前にして、健全なるセンチメンタリティーが、アメリカ的に自由になる。ちょうど映画館の中で、もはや何にも感動せず、何からも感銘を受けなくなっていた連中が、再び泣くことを学ぶように。

広告自身の重要な言語である模倣の力で驚かせるならば、映像と、映像を越えたものである広告が、模倣の能力を再び訓練するという考えにおいて、以下のような観察、つまり、もはや何にも心を動かされず感動しない人々は映像によって再び泣くよう教えられるよりもより説得力のある言葉などあるだろうか？　模倣と接触の相互に連結する次元がいかに可動的（流動的）でいかに複雑であるかが、真実性の問題をこのように送り出すことで明らかになるだろう！　模倣と同じくらい創出をおこなう模倣と、見ることのもう一つの方法である知覚できる接触、なかなか触れられない場所を捉えようとする凝視。ただ大きさを変えるとか模倣を寸断するという問題ではなく、それと同時に、ジャーキーのエーテルを通してのそれへの接触は、力を集め、目のあいだ（中ではない）で私たちに衝突する類似を主張する。再び心が動かされるという問題である。再び触れられるという問題。模倣の再生。短絡化。接触と融合する模倣。アスファルトの中の火。通りにいる人にとって、感覚性を引き起こすのは金である、とベンヤミンは言う。健康なアメリカ人の感情を自由にするのは金であり、人をものとの知覚された接触へと導くのも金である。したがって「この地所貸します」への格言のような捨て台詞はこうだ。

何が結局、広告をかくも批評より優越させているのだろう？　赤い電光ニュースが語る内容ではない——それを映すアスファルトの上の輝く水たまりなのだ。

外科医の手——認識的な逸脱

視覚的無意識を開くというプロセスから私たちは、身体の中に入り込み、臓器のまわりを慎重に進む外科医の手になぞらえるベンヤミンを思い出すべきだろう。というのも、ジョルジュ・バタイユが主張するように、議論を引き起こしてきた物質主義が近代的認識論の襞へと取り入れられることで、大きな暴力とユーモアを生んだからだ。禁忌は侵犯され、身体は侵入され、臓器は触診される。けれども、バタイユの禁忌と侵犯に関する知的作業によれば、禁忌の機能が暴力を抑制し、禁忌の不合理によって提供されるこのような制限がないならば、科学の理性は不可能になるであろうと教えてくれた⑯。したがって、視覚の新しい形式は、触覚の認識でありつつ、その中で包みこまれた触診するかたまりを触診するために、現実の身体に切り込み、入り込む外科医の手のようである限りにおいて、また、押しよせる間欠性と蠕動《ぜんどう》の巻き戻しによる、それらの乱れている内部のリズムを共有するようになる限りにおいて——下半身から頭を動くような、現実を逸脱しない身体に沿った優雅な旅として知られるような、調和のとれた弁証法的急転換や寓話とは反するリズムである——この具現化された知識という触覚性の知識はまた、禁忌によって抑えられた恐怖と欲望によってないまぜになった危険な知識でもある。したがって、もし科学が遍在する現実の暴力を沈めるために禁忌に頼るのならば——これは白衣の白さがもつ機能であり、実験室の機能、科学的に準備され必要な処理がおこなわれた社会学的な質問などの機能である——もし科学がもう一つの暴力を押しとどめるために、真正な暴力を必要とするならば、視覚的無意識によって開かれた新しい科学は科学を終わらせるための科学である。なぜならば、それ自体、何よりもまず、侵犯がもとになっているからである——模倣的に機械化された目と外科医の手のメタファーは非常にうまく理解を容易にしている。外科手術という劇場（映画館）の純粋性の内部に閉じ込められて、科学はその手順（手術）の暴力にもかかわらず、穏やかに事を進めることができる。しかし……世俗的に日常的な手術の劇場では、そこでは、模倣的機械の遍在のおかげで、視覚的無意識はいまや彷徨い残りものをあさっているのだが、そのような白さが穏やかに欲望と恐怖の連鎖を覆い隠すことはないので、禁忌と侵犯のあいだのギャップをテコのように動かす貫通する手は、見つけ出し――そして、感じる。さらにベンヤミンが指摘するように「日ごとに、物質を手に入れたいという欲求は類似や再生を通して強くなっている[17]」。

したがって、視覚的無意識の暴露によって開かれた科学的割合である視界もまた、幻覚を起こさせる目であり、科学を分解する感覚が次々と急激に変化することであり、真実の追究と現実の検討の新しい形式へと変わってゆく芸術（技術）である――現実に対する私たちの科学的理解を広げるための達成に言及する際に、ベンヤミンは舌の根が乾かぬうちに次のように指摘した。映画は「この牢獄のような世界を一〇分の一秒のダイナマイトでばらばらに爆破してしまった。その結果、広範囲に散らばった瓦礫の真ん中で私たちは静かに、そして大胆に探索の旅に出る[18]」。そうして、模倣的に容量が大きい機械から知覚の新しい暴力が生まれるのはこの場所である。この侵犯されながらも奇妙に静かな瓦礫でできた新しい場所である。

第三章　空間から出るということ

彼は似ている。何かに似ているのではなく、ただ似ている。そして彼は、痙攣的な所有物である空間を作り出す。

——ロジェ・カイヨワ「擬態と伝説的精神衰弱」（一九三五）

プリミティヴィズムとともに他者性は、模倣の能力を論ずるベンヤミンによる評価の主要な要素となっている。「他者になること」が、今日の議論の中に含まれているような形で、暗黙のうちに語られているよりも、他者性ははるかに遂行的で物質的であり、はるかに現実主義的で空想的でもある。実際、それは驚くべきものである。ベンヤミンは「似たものを見るという才能は、何かほかのものになり、ふるまいたいというかつて私たちがもっていた力強い衝動の基本に他ならなかった(1)」と書いた。似たものを見るということは、とても知性的であり、世俗的な人々が日々の生活から得た知識に基づいた関心事のように見える。ではいったいどうして、実際に他者になりたいという強い欲望をもつことはもとより、「衝動」となるような「他ならない」ものになるのだろうか？　あるいは、似たものを識別する能力も含めて、思考についてはどうだろう。考えることは、劇場のように分化した空間での、視覚や触覚で感知できるものに囲まれた実践の配置であるとは言えないだろうか。その空間は、思考それ自体がまっ逆さまに落ちてゆく仮想のシナリオの中に存在するような場所である。さらに、そのような他者になりたいという衝動は、自己意識にとってはどういう意味があるのだろうか。

人はこのようにして境界線を越え、異質なものへと滑り落ち、大きさに応じて他者を身につけることができる、とは考えられないだろうか。これはどのような世界なのだろう。

もっとも極端な場合、世界は「伝説的精神衰弱」のようなものになるだろう。ロジェ・カイヨワは一九三五年（ベンヤミンもパリで同じように模倣について文章を書いた二年後にあたる）(2)に、有名なシュルレアリストの雑誌『ミノトール』に寄せた模倣に関する印象的なエッセイの中でそう書いていた。自己を形成するカメラとして、昆虫生物学、過剰の美学、共鳴する呪術の理論、そして、真似る身体などのテーマを貫く目眩がするような論述の旅の中で、カイヨワは、模倣は「空間によって囚われる」という問題と、自己は他者の中で自己を傷つける特質をもつに過ぎないとするドラマであり、その有界性を失うと述べていた。カイヨワは、空間によって誘惑される真似る自己が空間から出ていく、もっとも極端な形式でのドラマを描写しようとしている。

> 「私は自分がどこにいるかわかっている。しかし、私は正確にはどこにいるのかわかっていない」。これらの疎外された魂にとって、空間はとてつもない力をもつように思える。空間は疎外された魂につきまとい、取り囲み、巨大な食作用で飲み込む。やがて、それらを飲み込むことによって終わる。身体は思考と分離し、個々人は皮膚の境界を壊し、感覚の反対側を占領する。空間のあらゆる場所から自分自身を見つめようとして、自分自身が空間になっていくように感じる。事物がおかれることのない暗黒空間へと。(30)

ぞっとするような話だ。この話の結末はこうである。

彼は似ている。何かに似ているのではない。ただ似ているだけだ。そして、彼は自分がその空間の発作的な所有物に過ぎない、まさにその空間を発明する。（30）

模倣の能力に関してもっとも重要なことを教えてくれた極端な例を挙げてみたのだが、これは、世界の形と生命の形に直面し、言葉では言い尽くせない柔軟性をもつ、似姿の「ゼロ度」である。それゆえ、私は模倣が、人が何かになるという問題だけではなく、カイヨワが私たちを誘惑する形式と空間の、緊迫しているけれども流動的で演劇的な関係という二つの問題の方法にも惹かれている。とりわけ私は、模倣が、自分自身が発作的な所有物であるように発明された空間としての「存在」という観念に強い印象を覚える。したがって、存在は「空間から出る」という興味深い現象に密接に関係している――この柔軟性と演劇性は、私があとで、二〇世紀後半のポストコロニアルの時代における「模倣の過剰」として分析しようと思っているものだ。柔軟性と演劇性はまた、歴史の転換期にある人間の知覚が直面している課題に関して、いま私が考えたいものである。というのも、ベンヤミンは光学――すなわち、凝視だけ――によってはマスターされない課題は、徐々に触覚の導きのもとでの習慣によってマスターされるようになりつつあると断言したからだ。

これは何も歴史を説明するのに、風変わりなマルクス主義者とともに、風変わりな心理学もまた持ちこもうとしているのではない。それはまた、子供がお母さんの身体を通して、これから歴史になっていくであろうまっさらな新しさをもつ姿を描くようかき立てる。後の章で詳述する民族誌について、関連性を説明する予定の、明らかであると同時に奇妙なある力の呼び出しである。模倣の器官としてはずば抜けて優秀な子宮は、母親の水面下で一定の環境の身体の中で、複製としての出産と生殖という二重の再生の意味を神秘的に強調している。

後述する民族誌の分析を離れて、ここで私はベンヤミンの認識論の中の、このような母親の存在を持ち出したい。まず、母親の身体を呼び覚ますことは、子供を呼び出すことでもあるとベンヤミンは記しているが、この点に関して、ガートルード・コッホはアドルノの言葉を引用している。それは、近代において再び生まれた模倣の能力は「一定の形をもつ自我になる前の子供時代の最初期」ときわめて密接な関係がある。子供がクラウンや動物たちと饒舌におしゃべりができるように、問題となるのは、意味を生み出そうとしない言語である。[3] ここでのエゴは流動性があり、実際、多孔性でもある。そして、彼女がためらいがちに述べているように「イメージと動きを混ぜ合わせ、分解するような、なめらかで共生を可能にする感覚」によって達成される、圧倒的に力強い現実の効果があるという理由で、映像は刺激となり、影響を与える。さらに彼女はこう繰り返している。「動きに関するきわめて重要な経験は、ハイハイするよりも直立歩行を学ぶときに、すべての人間がおこなう最初の骨の折れる努力に関係している。この過程において、見つめる先は手が掴もうとするけれども結局届かない物体に向けられている[4]」。

　このことは視覚的触覚性の鮮やかなイメージを提供し、物質世界と視覚のコピーが融合する水準へと私たちを一気に導いてくれる。「日ごとに、物質を手に入れたいという欲求は類似や再生を通して強くなっている」と「複製技術の時代における芸術作品」での映像に関する部分の冒頭にベンヤミンは書いた。これは、物語作者の時代におけるベンヤミンの芸術に関する論文がもつ急落下するノスタルジーに逆らってでも読まれるべきだ。その時代というのは、強力な模倣の機械が登場する近代が始まるずっと前のことである。そこでは、経験について対話する能力は、近代性によって悲惨なまでに減退させられていると主張される。さらに、近代における経済的な複製品で、手がもつ隠された役割が徐々に増え、そのような場所では、目、手、魂の集合体は労働の分離によってばらばらにされていると述べられる。というのも、たとえジェスチャーで語る手の役割が今というよりは過ぎ去った時代のものであるとしても、またそれとともに、語り部となるべき経験豊かなコミュニケーションをもつ完全なる職人芸であるとしても、それにもかかわらず、この新しくて現代的な「語り部」は存在する。それが映画である。映画は触覚性のある目という形式を使って、ジェスチャーで表現する手を維持することができ——実際、再活性化し——視覚的無意識が生まれることによって、手、魂、目は新しい配置が提供されるのである——それらは、おそらく、フロイトの無意識のスキームのある側面からそれほど離れているわけではないことがわかるだろう。というのも、事物との感覚的なつながりとしての模倣という、大人の中にある子供時代の感覚を探求するコッホの文章には「イメージとその働きを混ぜ合わせ分離するなめらかな共生の感覚」というものがある。間違いなく、含意される内容は、身体の知識としての子供の感覚中枢だけではなく、子供の母親の身体との関係もまたある。ジュリア・クリステヴァの「セミオティック・コーラ」という不安定な概念は、アドルノやコッホの「模倣性」と著しく重なり合っている。それは、言語の中の身体との関わりへと正確に向けられたものである。そこにおいて、主体は客体との境界が不鮮明になり、子供と母親の境目がなくなっていく。コーラは言語それ自体を獲得する以前の発達に注がれる、身体自体が駆動し、脈打つように水面下で絶えず力強く動く力である。シンタックスや本来の記号が形成される前だけれども、それらが機能するためには必要不可欠なものだ。[5]

ヘーゲルの精神現象学を想起するのは、知識が物体に浸透していく内的必然性について彼が主張している部分である。「手にした物体の中へと染み込み、その後、そのような物質は次の段階へと進む。真の知識がそれ自体へと戻っていく」。何かほかのものになる、他者になるという技術としての模倣へのベンヤミンの洞察は、物質そのものへと浸透するヘーゲルの認識論のこのような側面にとってきわめて重要である。他のものになるという動き、すなわち、それ自身の内在する中身、それはヘーゲルの言葉で言えば「他者性の中にある純粋な自己のアイデンティティー」[6]へと、明確に発展していく動きとして描かれる認識論である。もちろん、クリステヴァ、アドルノ、ベンヤミンがヘーゲルと異なるのは、他者の具体性の中へと浸透していく最終結果を形成する際のネガティヴな機能についてである。彼らが考えているのは、家父長制社会や商品の結果として現れるネガティヴは越えられないという信念を前提にしていて、他者性の具体性の中での模倣的な浸透は、確固とした知識としっかりとした概念形成ができずにただふらふらとしているに過ぎないということである。残りの部分は、情動の不安と、永遠に続く矛盾である。そのような状況の中で、どんなときも、模倣は感覚の断片や動き続けながら変形する再生へと荒々しくスピンオフする。

頭の中ではなく私たちがそれを見る場所

模倣の基盤としてはきわめて意義のある、母親の脈動する地勢を、広範囲な視点からよく考えてみると、私はベンヤミンのあまり注目されてこなかった二つの文章に引きつけられる。ミリアム・ハンセンによって書かれたベンヤミンと映画理論に関する論文から私が最初に引用したのは、近代の経験についてのベンヤミンによる理論は「母親の身体のまわりを彷徨っている」と書いているところだ。母親の身体の記憶は「すべての認識力あるいは批評的思考の尺度となる強度をもっている」と付け足すことによって、このことの重要性を強調していると感じている。ベンヤミンが『パサージュ論』に記した初期の記述から彼女は引用する。「子供が（そして、おぼろげな記憶の中で成人した男が）母親のスカートを握りしめていたその古い衣服の襞のうちに見つけるもの――そういうものこそがこれらの一枚一枚のページに含まれるべきものなのである」[7]。

「それは、これらのページに含まれるべきものだ」――看過できない一節である――全体の仕事、生涯の仕事を左右するものである。さらにそれに引き続いて、ハンセンが、ベンヤミンによる母親の身体からスカートの布へのフェティシズム的引き出しだと考えているもので、『パサージュ論』の「流行」という項目のためにベンヤミンが自分自身へと書いたさらにもう一つのメモがある。そこでは、フェティシズムは死へと直接つながり、「無機物の性的魅力」は「(女性の) 身体がもつ景観」を通した感覚に導く。けれどもベンヤミンの文章では、このような景観への曖昧さのない関連が記される。それはベンヤミンが夢中になった若い女性に献げた「一方通行路」の中で呼び出されている。マルクス主義に関心のあったベンヤミンに高い評価を得た舞台演出家――アーシャ・ラツィス。「リガ出身のロシア人の革命家。私がこれまでに会った中でもっとも心に残る女性[8]」と彼は書き残している。このエッセイには奇妙な献辞がある。ベンヤミンは、彼女が彼を切り開いた(一方) 通行路を通って、彼女にある言葉を送った。私が思うにその献辞は、家父長制度における男性支配かつ国家を転覆させる知覚の言説であるとハンセンが考え、ほかでも言及しているものへの宣誓書である。「一方通行路」というタイトルのすぐ下には次のような献辞がある。

この通りはアーシャ・ラツィス通り
と名づけられている
彼女が技師として著者を切り開いた
その道にちなんで

エッセイの中程には、滅多にないことだが、ベンヤミンは率直に知覚の理論について述べている——それは目もくらむほどに、人々を慣れ親しんだ場所から遠ざけ、そして、模倣の理論にとってとてつもなく重要なものである——私たちは再び、女性の身体に関する劇的なことばを目にする。もし感情は頭に位置していないという理論が正しいのならば、と彼は書く。

> そして僕らが窓なり雲なり木なりを感覚するのは脳髄においてではなくて、むしろ対象の見られる場においてである、という学説が真実だとするなら、僕らは恋人を見るときにも、自分の外に出るわけだ。しかもこの場合には、痛いほどに緊張し、我を忘れて。感覚は鳥の群れのように羽ばたいて、女の光輝の中を飛び交い、目をくらまされる。そして鳥たちが木の葉陰に保護を求めるように、感覚は恋人の、影を作るしわや、ぎこちない身ぶりや、肉体の目立たない欠陥の中に逃げ込み、そこに隠れてほっとしてうずくまる。ほかならぬそのような場に、欠点や難点に、讃美者の矢も楯もたまらぬ愛情の機微が潜んでいること——このことは、通りすがりの者などの腑に落ちることではない(9)。

自分自身から外に出ること——世俗的なイルミネーションがもつ実在と問題をつかまえること

「直覚は私たちを自分自身から外へ連れ出す」——模倣の働きで知覚するものと知覚されるものを結びつける直感的な（内蔵の）結びつきを理解する際に、これほど基本的な命題はないだろう。そしてこの一連の文章において、ベンヤミンによる詳細にわたる感覚的な認識論を導くのは、女性の独特な姿であることを見てきた。ベンヤミンは「一方通行路」に関してのコメントでこう言っていた。「歴史の中の永遠の観察者としてアクチュアルをつかむこと、メダルの隠された側の磁気を読み取ること」[10]。敬慕の対象（母親）から導き出され、またそれ以降、照明を当てられた細かい部分（スカートの布）へと結実した思考の結果としてのハンセンの示唆する「フェティシズム」がこの文章の中で語られるという点で、この比喩的表現はいっそう興味深い。愛から予期できる「緊張と恍惚の苦痛」としてだけでない——さらにまた、とても異彩を放ち——不完全なものは私たちに高潔な愛を想起させることを強調する。その愛のもつ贈り物と喜びは（ベンヤミンがそう表現しているように）表面上は同じくらいイルミネイトする能力の中にあり、性的快感を喚起させる能力よりも上である——ダンテのベアトリーチェの神秘的なイルミネーション。そして、ブルトンのパリにおける同じくらい高潔なナジャによるシュルレアリスムの世俗的なイルミネーション。世俗的なものの「呪術」。視覚的無意識の触覚性の成果。「秘伝的な愛の中にいる女性はもっとも問題にならない。ブルトンにとってもそうであり、彼はナジャ自身よりは彼女に近いものたちの近くにいる」[11]とベンヤミンは「シュルレアリスム」で記している。もちろん、ナジャがベアトリーチェと異なる場所、歴史が違いを生む場所はまさに、歴史の中の永遠なるものの観察者としてアクチュアルをつかむという問題にある。

認識の閃光

直感の中で根底から自己を置き換えること——自分自身から自己を外へと連れ出すこと——はベンヤミンの歴史哲学全体の中でもっとも興味深い特徴の一つを構成している。閃光の中で「過去は同時に点滅するイメージとしてのみ捉えられる。そのとき、過去は認識され、二度と現れない」[12]。何度も繰り返し、この神秘的な閃光は現在における過去の再検討のために彼の不安を照らし、次のように理解される。「過去を歴史的に語ることはそれを〈実際にあった方法で〉（ランケ）認識することを意味しない。危機の瞬間にひらめくような回想を捉えることを意味する」（255）。

この閃光は「歴史のオープンエア」での跳躍を知らせる。それは「歴史という構造物のテーマの場所は均質で空虚な時間ではなく〈いま〉という現在によって満たされた時間」（261）のように「マルクスが革命を理解した」歴史を確立する。この閃光はショックのあとの無感覚にさせる後遺症への前兆である。ベンヤミンは次第に増加していく時間と歴史の慣れ親しんだモチーフを不安定化させるためにそのショックを招き入れた。ベンヤミンはこう断言する。考えることは「思考の流れを含むだけではなくそれと同時にそれらの停止状態を含んでいる」。この停止状態が起こると、それはショックの中で配置を作り出す。そして、認識の閃光はそれ自身を停止させる。ベンヤミンが言うようにそのような配置において人は「生起するものを停止させるメシアの合図を、言い換えれば、抑圧された過去を解放する闘争の中での、革命的なチャンスの合図を、認識するのだ」（262-263）。この認識はまさにその認識によって知覚される対象を変え、認識する自己の変容をともなう。このようなメシアの停止の認識範囲を引き受けた上でベンヤミンは記す。「歴史の均質な経過の中から一つの特定の時代を打ち出すために、時代から特定の人生を打ち出し、あるいは、その人間の仕事から特定の仕事を打ち出す」（263）。

抽象的なアイデンティティーの均質性を打ち出す歴史的時間の逆転するような爆発の中で、すべてのものはその閃光のような性格のもつ認識、エネルギー、影響の特異な行為によって決まる。それを理解しようとする際に、私自身の思考の流れは、次のような言葉によって停止させられる。つまり、現代において過去を認識するというこの複雑な瞬間は、類似を認識する特異的性質として与えられると言うことである――ベンヤミンにとって「類似性の理論」という論文から明らかなように、類似は模倣の理論の実践となるものだった。その論文（「模倣の能力について」よりも数カ月前に書かれたため草稿という面もある）で、ベンヤミンは類似を知覚することはあらゆる場合において、瞬間の閃光となる運命にあると書いた。（約六年後に書かれた「歴史哲学テーゼ」と同じ言葉を使って）ベンヤミンは次のように書いている。「それは過去をすり抜ける。再び手に入れることはできるかもしれないが、他の知覚とは違って、しっかりととどめておくことは本来できない。星の配置のように素早く一時的にそれは目に捉えられる(13)」。換言すれば、メシアの合図は模倣の合図と言うことである。

自分自身から出ること――物語作者の技術

私たちを肉体のまま他者性へと変換する模倣の能力の基本的な動きは、まさに物語作者の仕事でもある。というのも、物語作者はそのような停滞と運動の状況を具現化するからである。遠くにあるものを今ここへと引き寄せ、原型的には、旅から戻ってきた旅行者がうちに滞在していた人々とやっと再会するような場所である。物語がその実在と力を引き寄せるのはこの出会いからであった。それはまるで、私たちがこの出会いの中で自己自身の分裂、自己と他者の分裂を認識するのと同じである。それらは自分自身から自分を引き出す直覚によって成し遂げられる――何か他のものになるということでもある。

一九世紀の精神の物語を体現するロシアの作家、ニコライ・レスコフのベンヤミンによる議論において、人間の動きにおける近代の経済的景観を心に描くよう私たちは促される。私たちはまず人間の遠心力を利用した動きから始める。たとえば、村から海、村から戦争、技術を学ぶために村から町の職人の店へ。この動きにおける自由の魅力的なイメージは、私たちがいかに決定的に男性的かがわかるときに抑制される。また、初期の近代的な旅のおそらくもっとも大きな原因が、貧しい女性を召使いとしてうちから追い出すことであったことを認識することによってでも抑制される。ベンヤミンはこれらの女性やその物語については言及していない。しかし、彼女たちは、移動における強制力と自由の必然的な混合物を表す強力な例証となっている。留めようとする強制力と離れさせようとする強制力である――また、対抗手段の中で実現されるときの、これらの強制力にともなうカタルシスと予兆のパターン、物語のメタ構造としての、遠くにあるものを今ここに引き寄せる回帰。コールリッジは古典となっている実例として『老水夫行』を書いた。老水夫は世界の貿易風の中で翼を広げ帰還し、命知らずの物語を始める。「彼は三人のうちの一人を引きとめた」。その男は応答を返す。「長い灰色のあごひげとぎらぎらとした目のあなた、なぜ私を引きとめるんだ?」

その旅行者を故郷へと引き戻すような自由と予感が、読者を求め声を獲得するのはこの点である。そしてまた、この不安の瞬間に、耳を澄ましている自己がそれ自身の中へ飛び込んでいき、それ自身を越えていくのはこの点である。物語作者はすべての物語でこのような位置のふらつきを発見し再創造する。

母親の感触

ベンヤミンの物語作者の分析の中で、このような物語作者が戦略的に女性化されることはきわめて興味深いと私は思う。「母親の感触」と、女と男の身体の恩恵を受けて、物語作者は「神の具現化のシンボル」となる。レスコフの考え方では、創造の頂点はこれらの「自然な力強い母親のような男性の姿」によって達成される、とベンヤミンは書いている。その姿は他者の世界との架け橋を形成する。そこでは無生物さえもが、正義のための戦いの中で、人間性、本当の霊性、力を手に入れる。「呪術的に抜け出ている」とベンヤミンは書いている。

（……）レスコフの創造物たちの列を率いる人間たちも呪術的に抜け出ている。パヴリン、フィグーラ、かもじの美術家、熊の見張り人、親切な歩哨――彼ら、知恵、善意、この世の慰めを体現しているものたちすべてが、この語り手のまわりに押し寄せてくる。彼らが、レスコフの母のいい心象に浸透されていることは、見紛いようがない。(14)

その上で、雌雄同体や、民族誌で述べられたクナ・インディアンのヒーラーによる「母親の感触」について考えると、これらのつながりを連想するだけの理由があることがわかるだろう。その民族誌において、グレート・マザーの身体と子宮へと入っていく航海の癒しの物語が繰り返し歌われる。これらの物語によって、本物の世界を模倣したイメージの世界がもつ、心をかき乱すような力に気づかされ、海と山と雲の渦の中にある魅力的な要塞から採用された植物と動物の魂の助けを借りて、失われた魂を得ようと手をさしのべる（八章と九章を参照）。クナの呪術の模倣的な世界との興味深いつながりは、私たちがこれから見ていくように、ベンヤミンの見解ではけっしてない。それは、母親によって形成されるつながり、物語作者の技術と自己から出ようとする模倣の動きとともに「自然な力強い男性的な母親の姿」の性的抑圧がある。ベンヤミンはその姿は「それらの力が盛りの時の性的衝動に従順であることから切り離されている」と書いた。(15)けれども、エロティシズムの意味を明確にするならば、それはこれから見ていくように、クナの民族誌にとって誕生と再生にともなう逸脱の方が重要である——その過程は、模倣の中心にあるひどく困惑させる矛盾と同じ意味となる。模倣の中心では、オリジナルを装う融合とコピーの騒乱の中であらゆるものをコピーするカメレオンのような能力としての方法を真似るのである。

精神的悪戯——仮面の世界、一般化された擬態、物質となること

かつて模倣はそのまますぐに存在となり、この上なく曖昧な力が確立された。世界を表象する力が生まれたのだ。しかし、それと同じ力で、改竄し、覆い隠し、ふりをする。二つの力は分かちがたい。さらに、カイヨワとクナの民族誌によれば、模倣する、融合する、他者になるという行為にはほとんどドラッグのような中毒性があることを立証している——広大な、おそらく、無辺際に広がるイメージの連鎖の中で、イメージがイメージを追いかけるだけではなく、人もまた物質になる、という過程である。

これは精神的悪戯の世界である。そこまではいかないとしても、死あるいは認識上の恐怖である。魂と一体化しているそれらは、偉大なヒーラーであり預言者でもあるが、この反乱を止め、死へと導くこれらを含む構造を変形する力をもっている。これはカイヨワがフローベールの『聖アントワーヌの誘惑』からインスピレーションを受けて、擬態の一般的な光景を呼び出し、結晶化したものである。世捨て人（ベンヤミンの母親的な男性？）はその光景に屈服する。「植物はもはや動物ではない（……）薔薇の花びらと同じ形をした昆虫は茂みを着飾る（……）そして植物は石に紛れ、岩は脳に似ており、乳房に似た鍾乳石やタペストリーに似た血管は形で飾る」[16]。カイヨワによれば、その世捨て人は完全に自分を引き裂き、すべてのものに存在しようとし、物質の中に自分を浸透させたいと思

っている。「ああ！　嬉しい！　嬉しい！　己は生命の誕生を見たのだ！　運動の始まりを見たのだ！　己の知は高鳴って、血管が破れそうだ。己は、飛びたい。泳ぎたい。吠えたい。唸りたい。叫びたい。己は、翼と甲羅がほしい。殻皮がほしい。煙を吐きたい。長い鼻がほしい。体をくねくねと捻りたい。あらゆるところへ体を分けてしまいたい、あらゆる物象の中へ入り込んでしまいたい。香気とともに発散し、植物のように生長し、水のように流れ、音のように振動し、光のように輝き、あらゆる形体の上に跨り、各原子の中に浸透し、物質の奥の奥にまで下りたい――物質になりたいのだ！」[17]。

このことは私たちをシュルレアリスムへと導くだけではなく、呪術と映像の相互作用へと導く。また、フローベールのリアリズムとベンヤミンの視覚的無意識の相互作用、模倣の能力による誕生と再生と近代のあいだの相互作用へも。音のように振動し、光のように閃光を放ち、複製品は物質が共鳴するような呪術の中心部で、接触との境界を曖昧にするのである。

第四章　金枝篇――模倣の呪術

逆に、真の科学的知識は、物質がまさにその生命へと身を献げることを要求する。
――ヘーゲル『精神現象学』のまえがき

したがって、模倣に対する私の関心は、私たちの時代の感覚的知識への関心ということになる。写実主義者のコピーを通して物事の肌へと付着する際に、風変わりな形体へとスピンオフすることで混乱させ恍惚とさせる知識である――私がそう考える一つの理由は、感覚の歴史をともなう未開での植民地貿易のためである。今日、写実主義の素朴な形態あるいは兆候として、模倣を厳しく批判することは当たり前のこととなっている。自然主義と本質主義の社会的構築が、私たちの神経系統に幻想を流し込み、それによって無能にされた表現への強制されたイデオロギーが関係していると言われている。実際、模倣はそのようなおそろしいか馬鹿げているか、あるいは単にうんざりするような他者に成り下がっている。知力もないのにもったいぶったポスト構造主義者が意気揚々と気どって歩くために必要とされるつまらないものである。けれども私は模倣に魅せられてしまうのだ。その理由はまさに、現実世界の五感を有する肌として、模倣は知が現れる瞬間だからである。物質の中へと知識が染み込んでいく際、模倣はヘーゲルが言うように「すでに決定されている固定された思考を解体し、それに取って代わる過程によって、普遍的特質の顕現化、精神的活力の付与に存在している」(1)。普遍的特質に取って代わることはもちろん、顕現化し解体する現実の中の五感を有する肌のこのような悪戯に、私はすっかり魅了されている。そのような悪戯を、ヨーロッパの歴史的報いの後方宙返りするような騒乱と、プリミティヴィズムとして知られている回顧の中に見つけたいという思いがある。ヘーゲルが具体的なものを通して回復を要請したのは、彼が書いているように、近代において個々人が抽象形態の既製品を発見し、ヘーゲルの歴史的スキームによれば、それゆえ現在の課題は、最初期の時代の課題であったと彼が考えているものとは正反対となる。すなわち「感覚の直接性の段階から個々人は遠ざけられている」からである。アドルノの作品はまさにこのような方法で歴史化され、前資本主義的認識論へと惹かれながら感覚を想起させ、このような感覚的浸透の問題のもつ力と共鳴している。さらに、ヘーゲルの「抽象形態の既製品」は資本主義化された生活の商品化によって生み出された、まさにそのような形態であることが明確に理解される。古代、シャーマンは災いを模したものを用いて災いを払い、この点において相当物——模倣——を道具として使ったとすると、今日、私たちはこの相当物の興味深い逆転を生きている。それは、ヘーゲルのアウフヘーベンである。「かつて呪物は相当物の法則の支配下にあったが、いまや、相当物自身が呪物となった」とアドルノとホルクハイマーは述べる[2]。

柔軟であること

アドルノと、思うにヘーゲル（結論は異なる）にとって、知の感覚的瞬間は、未知でありながらも「知っている者」と「知っているモノ」の思考を生み出し、映し出すことをも含んでいる。これは明らかにアドルノが模倣にたいしておこなった多くの言及でしばしば念頭においていたことである。したがって、それは彼の思想の全体の体系の中の表には現れないが重要なファクターであると私には思われる。(3)『啓蒙の弁証法』でアドルノとホルクハイマーは、ヘーゲル同様、歴史主義者の立場を提示している。かつて知の支配的な実践であった模倣は、西洋の歴史的発展の中で抑圧されることとなった。啓蒙の科学と実践によって消されてしまったというよりもむしろ、歪められ、隠れた力として使用された。そのような困難な主張を彼らは試みたのである。もちろん、このことは思想としての科学についての主張だけではない。ましてや、応用技術の科学だけではない。むしろ、西洋において二〇〇〇年以上に及ぶ、私たちが労働と支配の複合物と呼ぶものの相乗効果に関する、哲学的かつ歴史的論証の融合である。それは、ものを作る人の前に立ちはだかる事物の世界がもたらす、製品が支配する実社会による抑圧に重点がおかれている。模倣の能力の退化とその後の再機能化は（模倣は精神と同じくらい身体に帰属している）、このような歴史的理解の内部で明確に理解される。模倣の能力の退化とそれに続く再機能化、精神と同じくらいに身体に帰属する能力は、このような歴史的な理解の内部で明確に理解される。生産するものとしての模倣に関して、自然を支配するための啓蒙の科学がもたらす侵攻性の衝動強迫とは反対に、アドルノとホルクハイマーは次のように大胆に述べている。「生物の中に深く根ざしている傾向、そして、それを除去することはすべての成長発展の兆候である。つまり、環境の中で積極的に役割を果たす代わりに、環境の中で自分自身を見失う傾向、自らを解放し自然の中へと再び沈める性向。フロイトはそれを死の本能と呼び、カイヨワは〈擬態（le mimétisme）〉と呼んだ(4)」。ここにおいて、模倣のもつ柔軟であるという構成要素が、受動的でおそろしいとさえ言えるやり方で提示される。自己は自らを見失い、沈み、周囲を取り巻く世界へと分解する。柔軟であることは、言及されているように、見かけの受動性にもかかわらず、模造品の行為であり、接触の行為である。

漫画についてのフロイトの論考で（死の本能に関する著作が出される一四年前の一九〇五年に書かれた）、彼は「観念的模倣」という驚くべき考えを控えめに提示している。そこでは、私が他者の身体的コピーとしての「積極的柔軟さ」と呼ぶものを高く評価している——人は自分自身の身体に備わった知覚のまさにその輪郭にまず頼ってみる——身体の筋肉組織は生理学的に知覚表象とつながっている——そして、知覚だけではなく、観念的な活動さえもがそのような具象化を巻き込んでいる——それゆえ「観念的模倣」となる。発話が声帯と舌を動かす思考として理解されるように、考えること自体はその人の特性と感覚器のすべての神経分布を包含している。(5)

いずれにしても、柔軟であること——知ることに深く関わっている積極性と受動性の奇妙な混合や、他者の身体的ミラーリング、さらには思考のミラーリングは、ホルクハイマーとアドルノの模倣に関する捉まえにくい議論の中心にある。そしてまさしく、そのような生産の内部にある実力を行使する可能性に、模倣と科学の重要な問題、つまり、もう一つの科学としての模倣が存在している。アドルノとホルクハイマーにとって、初期のシャーマンによる模倣の実践はきわめて重要——きわめて曖昧でもある——であったと認識するとき、私たちはこのことを実感することができる。というのも、初期の呪術師は彼らがそうしたように「物質への柔軟な態度」だけではなく、歴史の出発点を表現しているからである。そこにおいて、自然と共に生きるための実践としての模倣は、自然を支配する道具へと模倣が変わっていくことと境界線が曖昧になる。啓蒙化された文明へと最終的には上りつめるじつに長い道のりを必要とする「模倣の組織化」である。

共感呪術

私の直感ではあるが、共感呪術の問題を取り上げることで、とりわけこのような（積極的）柔軟さの問題について、模倣に関する洞察力のある何かを学ぶことができる。それゆえ、私は、ケンブリッジ大学で『金枝篇』を執筆したジェームズ・ジョージ・フレイザーによって、一九世紀の終わりに使われた模倣の概念を分析しようと思う。かつて誰もが知っていた作品の第三版の共感呪術に関して書かれた一五〇ページに及ぶ冒頭の文章で、フレイザーは呪術を二つに大別した（彼は程度の差はあるが、呪術的魅力を認めている）——一つは、類似（または模倣）の呪術、もう一つは接触の呪術である。

> 呪術はどのようなものの考え方に根ざしたものなのか、その原理を分析すれば、次の二点に帰着するようだ。すなわち、一つは、似たものは似たものを生み出す、言い換えれば、結果はその原因に似るということだ。もう一つは、かつて互いに接触していたものは、その後、物理的な接触がなくなったのちも、引き続きある距離をおきながら互いに作用し合うということだ。前者を「類似の法則」と呼び、後者を「接触の法則」あるいは「感染の法則」と呼んでもよい。このうち第一の「類似の法則」の原理から、呪術師は、どんな事象でもそれを真似るだけで思い通りの結果を生み出すことができると考える。[6]

共感呪術の模倣の要素を強調する原理として「呪術師は、どんな事象でもそれを真似るだけで思い通りの結果を生み出すことができると考える」（52）とする彼の意見に、私はかなり魅了されている。

フレイザーが呪術師の一人にいかにしてなりきり、どのような達成を得たのかという厄介な論点はひとまず脇に置こう。また、彼の提案の正確さや有益さがそのような動きにどの程度依存しているかという困難な問題もしばらくおくこととする。もう少し立ち入って考えてみたいのは、呪術的な実践での、このようなコピーの概念が、表象が表象されるものの性質を共有し、あるいは獲得するというほどにオリジナルへ作用しているということである。私にとってこれは胸躍るような見方である。異質であると同時に魅惑的。とりたて、私を取り巻く世界がはなはだ矛盾に満ちているからというわけではない。そうではなくて、かつて仮定として述べたことだが、その存在それ自体とはいわないまでも、私のまわりの世界での、表象における奇妙に親しみのある平凡さの暗示、それと表象がもつ無意識の習慣による暗示のことではないかと感じている。

もちろん、呪術は「思考の原理」へと縮小し、または、それとは対照的に、儀式の要約へとまとまっていくというフレイザーのその考えや思考の原理は、多くの場合たった二つのもの、類似と接触へと集約されるという考えは、のちに人類学によって叩かれたり、単に、関心をもたれたりしなくなっていった。一九〇二年という早い時期に、マルセル・モースやアンリ・ユベールが『社会学年報』で例証したフランス学派から始まる流れがある。(7) けれども、フレイザーの知的側面での先駆者であるE・B・タイラーのきわめて重要な作品に挑もうとする真摯な批評家はまったく存在しなかった。タイラーはエヴァンズ＝プリチャードが記しているように「呪術の概念的な論理」を解明したのである。しかし、これは誇張された表現ではある。タイラーが「このことを解明した」というには無理がある。フレイザーがいくつも書き記した事例は、呪術に関して分析するのに役立つのではなく、模倣の呪術の分析をおこなうのに役立つようにしたのが、タイラーの業績のこの点における成果である。フレイザーは「その像が苦しむようにその人間も苦しむ。したがって、その像が滅びればその人間も死ぬに違いないと彼らは信じた」[8]（55）と書いたように、敵の彫像の使い方としての例からまず始めている。フレイザーは続けて「オーストラリア、アフリカ、スコットランドの、狡猾で悪意のある未開人」[9]（55）などとともに、古代インド、バビロニア、エジプト、ギリシア、ローマの呪術師による同様の死に関する像の実践を引用する。フレイザーが最初に挙げた詳細な例は、北アメリカに居住するオジブウェー族の歴史からとられたものである。その要点はこうだ。彼らが悪事を働こうと望むとき、敵に似せた木製の彫像を作り、頭と心臓に釘を打ち込む。あるいは、同じ場所に矢を打ち抜く。その矢がどこに当たろうとも、像に似せて作られたその人物は身体のそれに相当する場所で鋭い痛みに襲われた[10]（55）。

　フレイザーがのちに使用することになる同様の精神的かつ進化論的人類学を行使することで、タイラーは四半世紀も前に次のように述べていた。「超自然的な力を理解する重要な鍵は、人間理性のまさに基盤に存在する能力である、ある観念をほかの観念と結びつけることをもとにして考えることだ」。しかし、タイラーは流れが逆転する呪術において、事実から思考へと動く代わりに事物からイメージへと動くと言った。彼が述べているように、想像上の結びつきは、現実世界での結びつきと取り違えられた。類似性は——フレイザーが取り上げた、釘が打ちつけられた彫像のように——あまりにも文字通りに受けとられた面がある。けれども、一世紀後の一九七三年に人類学者のS・J・タンビアは、うらやむほどの技術をもって、類似の呪術が含まれるそのような類比的推論の少なからぬ科学的な力を証明して見せた。タンビアは類似性の構造における積極的なものと消極的なものの違いを一つにまとめる複雑で説明的なメカニズムを指摘することで、似たものが似たものを生み出すという類似の法則に関して、なんとか自分の主張とフレイザーの簡潔な解説と洗練された意見とを区別しようとした[11]。

けれども、中央アフリカのアザンデ族の呪術に関して一九七三年に発表されたエヴァンズ＝プリチャードの本に対する解説を書いたG・E・R・ロイドを根拠とするタンビアの意見に従うならば——類似の構造的な論理が、類似に関する模倣的前提を必要とするという事実は、科学自体がそうであるように、存在する。[12] タンビアはロイドの『両極性と類似——初期ギリシア思想における二種類の討議』から引用する。ロイドは次のように書いている。呪術の「一般的な目的は、応用科学のそれに似ている。出来事をコントロールするために、類似性によってものごとのあいだに形成されると信じているつながりを使って達成することを望むような手段の一つである」[13]（タンビアによる強調）。

フレイザーが提示した呪術の魔力、フェティッシュ、実践に関する多彩な例は、彫像と彫像が表象するものの二つの身体による整合性の決定的な根拠を示している。一九世紀終わりのケンブリッジ大学によるトレス海峡への遠征隊による報告からの例を引いて、フレイザーはジャーヴィス島の呪術師の例を示した。その呪術師は「顧客の要望に応えるためにさまざまな種類の彫像を用意し取り揃えていた」(59)。呪術師が像の腕や足を引き抜けば、人間の対象者に相当する四肢に痛みを感じた。だが、呪術師が彫像の切断された腕や足を元の状態に戻せば、その人間の対象者は回復した。誰かにダメージを与えるもう一つの方法は、ケンブリッジ大学のトレス海峡への遠征隊が提出した報告によれば、アカエイのトゲで対象となる人物の像を刺すというものだった。「その結果、蝋でできた像につけられた名前のその男は、岩礁へと釣りに出かけたときに、蝋でできた像が突き刺された場所とまったく同じところをアカエイによって刺された」(59)。「まったく同じところを」——強調は私がしたものである。フレイザーはまた、より直接的な形で報告をしているが、それは、呪術の実践の中で、スコットランド高地の地元の人々がときに危害を加えたい人の粗雑な埴輪（corp chre）を作り、たくさんの釘やピン、割れたガラスの破片を打ちつけたというものであった。

すべてのピンがその像に突き刺されているときに、呪文が唱えられ、すると、実際の人物は身体の同じ場所に痛みを感じる。もし、その男をゆっくりと殺すつもりなら、操作する者は心臓の部分にピンを突き刺さないようにし、一方で、もし、彼がすぐにでも彼の敵を彼自身から取り除きたいと願うのならば、その場所に慎重にピンを刺していく。(68)

「同じ場所」――これもまた私が強調したものだ。中国の宗教に関するデ・グルートの有名な作品からフレイザーは引用し、中国のアモイで「人々の身代わり」として知られている竹と紙で作られた像が、害を与えることを目的として店で安く売られていることに言及している。もう一度書くが、同じ場所というのは、印象的である。人形の目に縫い針を突き刺すケースで、フレイザーはこう記している。「その男はやがて失明するだろう。もしあなたがピンを腹に刺すなら、疝痛でかがみ込んでしまうだろう。像の心臓に突き刺せば即死する。一般に、刺せば刺すほど、大きな声で呪文を唱えれば唱えるほど、その効果は確実になる」(61)。

植民地主義の形態の歴史は、そのような像の作成にも深く関わっている。偶像崇拝を完全に根絶するための大規模な運動でのいくつかの報告の一つとして、一六二一年、ペルーのリマで出版されたイエズス会のアリアガの報告によれば、ペルーのインディオは、怖れを抱くか、憎しみを感じたりした人に似せた像はすべて燃やされたと語った、とフレイザーは記している。もしその像がインディオを表象していたとするなら、それはアメリカス原産のトウモロコシを混ぜたリャマの脂で作られたが、もしスペイン人だとするならば、植民者の権力と関連する小麦と豚の脂が代わりに使われた(56)。

植民地支配の関係を表すこのような符牒によって、像のもつ呪術の性質や視覚的類似だけでなく、実体のもつ呪術にも気づかされる。コピー自体がもつ問題のある性質に直接影響を与えている実体。その外見から生まれる感覚のズレである。

うまくいっていない表意記号

コピーがコピーの対象であるものに影響をもつためにはどれくらいのコピーでなければならないのか。そのコピーはどのくらい「リアル」でなければならないのか。ノルデンショルドの写真において、ルベン・ペレスの目の中で表現しようとしている文章がなければ、クナの治療に使う像の写真は私には写実的とは言い難い。レイチェル・ドルモトフはチョコ族の治療で使われる木製の像を「すべてが似たようなもので非現実的」と述べている[14]。

一九〇〇年に出版された『芸術の起源』(フレイザーによって引用された作品)で、イルジョー・ヒルンは、呪術的な効果をもつコピーは、言ってみるならば、たいして模倣されてはいないと指摘している。「強い欲望はつねにそれ自体のために作り出される」とフロイトは力説している。あたかも、模倣に関する議論の一つに参加するかのように、フロイトの『トーテムとタブー』の中核をなす部分で次のように述べる。「仮想的な満足は、外界に対する意志の力の中で、まだぼんやりとしたままの精神を簡単に信念へと導く[15]」。そのような仮想的な満足から得られる形態は、彼が「イリュージョンから引き出される喜び」と呼ぶものを増すため、呪術(魔力の効力)、または、現代における芸術作品の世界での美術イメージに関して「オリジナルとの可能な限りの類似」の一つであると予期するのは理に適っていると彼は考えている。似たもののあいだの呪術的なつながりを信じることは(彼がそう考えているように）、芸術におけるリアリズムの発展に計りしれないほどの影響力を行使するであろうという結論を彼は下した(16)。

けれども、それは間違っている！　これは事実ではない。そうではなくて「人形や絵を利用する原始を生きる人々は、魔法をかけるために、呪術のための道具としての生き写しのキャラクターには概して関心を示していない。典型的な像（volt）は人間の身体のおおざっぱな概略を示すに過ぎない。もっとも注目すべきは、呪術にかけられている人物と似ているとはけっして言えないことである(17)」。

数年後、共感呪術に関するフレイザーの作品が出版され、ヒルンが注目したのと同じように、フランスの人類学者であり理論家のマルセル・モースとアンリ・ユベールが、呪術的に効果のある模倣のイメージのリアリズムの欠如に着目した。「肖像画に似ているところは何もない」そして「人形や絵のイメージはきわめて概略的なものにとどまっている。あまりうまくいっていない表意記号だ。あらゆる類似が抽象的なもののただ仮想でしかない(18)」。彼らは次のような結論に至る。呪術の働きにおけるフレイザーの類似の法則は「配慮（attention）」と「抽象化作用（abstraction）」と彼らが呼ぶもののメカニズムではなく、分類と表象の社会的しきたりを前提としていた。これらのメカニズムは、モースの呪術についての作品の一年前にフロイトによって出版された夢判断の分析とよく似ているように思われる。注目すべきは一九一二―一三年に出版された『トーテムとタブー』でフロイト自身が、敵に危害を加えるためのもっともよく知られた呪術的な方法の一つは、その対象者の像を作ることであると述べていることである（おもにイギリスの人類学者の文献をもとにしている）。しかしこうも記している。「その像が対象者に似ているかどうかは重要なことではない。すべての物体は対象者の像へと〈成り代わる〉のである(19)」。

コピーではないコピー

このことも含めて、私は思うのだが、どうやら私たちはパラドックスに陥っている――どういうことかというと、たとえば、呪術的に効果があるものとして、身体の部分とその部分がまさに相当する場所に対応するコピーやその他すべてのコピーは、想像されたものの変容を示唆してはいるのだが、コピーではないのである――私たちが「忠実な」コピーというときに、一般的にさしている意味でのコピーではない。けれども、モノ、人、出来事の現実世界に（呪術的に）影響力を持つためには、以下のようでなければならないというのは当然であろう――（フレイザーの）類似の法則が適用される「忠実な」コピーであり、つまり「呪術師がそれを模倣することだけで望むすべての効果を生み出すことができると推察する」（52）法則である。ここにおいて、フレイザーのもう一つの法則である接触の法則の原理が検討に値することになる。

接触

フレイザーは、この二つ目の原理である接触（感染）の法則を「かつて互いに接触していたものが、物質的な接触がなされたあとに、距離を隔てて互いに影響を与え続ける」という考えの原理として定義した。そのような呪術のもっともよくある例は、身体の部分かその人の衣服が呪術的に影響を与えるようにする行為である――髪、爪、精液、排泄物、唾、足跡、歯、へその緒、胎盤、など（52）。

一九七二年に南カウカ渓谷で、私の助手であり、ある砂糖プランテーションの労働請負業者の掘削作業員として働いていたロビエル・ウスリアーガは、次のようなことを私に語ってくれた。彼が所属していた労働者の集団は、彼と同じように、植民地時代に砂金の採鉱場で働くために連れてこられたアフリカ系の奴隷だったのだが、かつて、プランテーションの現場監督の一人に「実際の作業量よりも多く記録してくれないか」と頼んだことがあった。この計略を通して、労働者たち（そして現場監督も）はより多くの金を手に入れられるはずだった。現場監督の方がどうにも気が進まないようだったので、作業員たちはインガノ・インディアンのブルホ（呪術師／妖術師）に協力を求めた。彼は渓谷の源流に住んでいた。そして、現場監督が乗っている馬のひづめの跡をもってくるように命じた。彼らは言われた通りにした。しかし、ブルホの呪術は役に立たないどころか、有害な結果となった。現場監督が彼らの手の中でバターのように溶ける代わりに、労働請負業者とすべての作業員が不思議なことに解雇されたのである。「お前たちは私に間違った馬の足跡をもってきたに違いない」。ブルホはしばし思いを巡らした。「現場監督ではなく労働請負業者の馬の足跡だったのだろう！」

　フレイザーが呪術として分類したであろうものの複雑な例として、私はひづめの跡の話を引用した。あるいはむしろ、接触の法則をもとにして企てられた呪術である。というのも、それはまた類似か模倣の例でもあるとすぐに気づくからである。ひづめの跡は馬が実際に残したものである。また同時に、それは馬の（一部の）イメージである。問題をさらに複雑にさせるが、その馬は乗り手の身代わりである。私たちができる限りの方法でこのことを概念化しようと決める際に、模倣と接触という二つの異なった原理はこの例では容易には分離できないことがわかる。近代国家による指紋採取のように、土につけられた馬の足跡は結局、コピーということになる。実際、ただ一つ存在するもの（の一部）の潜在的にはかなり正確なコピーである。その足跡はじつのところ接触ととても密接に融合する模倣の見事な例なので、最終的な効果における力では、身代わりとイメージを分けることは不可能になる。

これもまた、フレイザーの目を巧妙にすり抜けた、呪術の解説である。もちろん、二〇世紀の初めから現代までの、彼のあとに続き、彼を拒絶した人類学の目からも逃れている。すなわち、近代の――原始的ではない――呪術の世界である。一九七二年のコロンビアにおける砂糖プランテーションでの、現代の資本主義の労使関係に起こった出来事。

もしこのような呪術の例が、マルクスが「一日の労働時間を巡る戦い」と呼んだものの核心に触れるならば、古代のグレコ・ローマンの媚薬のように核心を揺らし、現場監督の快諾を得ることを目指すことができるだろう。これは私が女性たちから聞いた話である。その一人である、約二〇年来の友人であるレジーナ・カラバリは、給料日に砂糖精製工場の門の前で軽食を売っていた。愛人に忠誠を守らせるためか、あるいは、少なくとも男とのあいだに生まれた子供の養育費に責任をとらせるために、女性が使用する呪術が使われていた、と話してくれた。男が「刺したあと、飛びたつ」のはよくあることだからである。

「接触あるいは感染の法則」を明確に裏書きする愛の呪術のやり方を聞いたことがある。必要なものは、男の頭髪と、性交後に膣から取り出した精液を混ぜた陰毛である。そのため、精液をできるだけ純粋な状態で手に入れるために、オーガズムを迎えないことは、女性にとって重要である。この混合物は、アルコールとともに瓶に入れられ、敷地内の地中に埋められる。そして、彼女のあぶった脇毛と陰毛を交互に、先ほどのものと混ぜて彼の珈琲に入れる。

レジーナ・カラバリが私に説明してくれたリガのもう一つのタイプはさらに複雑である。その女性はタバコ、ろうそく、マッチ、ろうそくの燃えさしを手に入れる。理想としては、不倫をしている配偶者からもらったお金でろうそくとタバコを買い、噂のよくない誰かからその他の物を借りるのがベストだ。タバコに火をつけ彼女が吸うたびに、ろうそくを二つに切る。そして、タバコを半分まで吸ったら、ろうそくの燃えさしと半分に切られたろうそくの一方に火をともす。猛烈な速さでタバコを吸いながら、二つのろうそくに煙を吐き出し、問題の男に深く気持ちを集中させる。灰が落ちればそれを踏みつけ、名前を呼んで悪態をつく――「カタリーノの糞野郎！　カタリーノの糞野郎！」。

かなり長めにこの話を引用したのは、フレイザーの共感呪術の考察の多くの事例の影響をさらに複雑にするためである。しかし、多くの場合、彼自身は明確に述べていることもまた指摘しておきたい。「類似の法則」が、重要な呪術の実践において圧倒的大半とまでは言わないまでも、実際それは「接触の法則」と結合している。「類似あるいは模倣の法則」をもとにした呪術を提示するまさに最初の事例で、このことを確認できる。それらは敵を模した像とイメージを利用している。たとえば、マレー人の呪術。「爪、毛髪、眉、唾液など、犠牲となる者の身体の各部を表すに足りるだけのものの断片を彼らから盗み取り、蜜蜂の古巣と右のものとをこね合わせて像を作る。七夜にわたって毎晩それを灯火の上にかざして、じわじわとあぶりながら唱える。〈オレがあぶっているのは蝋ではない。何某の肝、心臓、脾臓をあぶっているのだ〉こんな風にして像を七度あぶると、狙われた者は死んでしまう」(57)。あるいは前述した（八七頁）人間をかたどった竹と紙のイメージを使う中国の呪術の描写もそうである。フレイザーは次のように書き加える。「念には念を入れるために、像にその男の個人的な影響を染み込ませるのが望ましい。それをあらかじめ密かに手渡すか、あるいは、彼に知られないようにして、服の中かベッドの下に隠したりするのである」(61)。

その男のイメージをもつ像への、個人的な影響力をもつものの「染み込ませ」は、きわめて重要である。類似はそれ自体では、まだ十分ではないように見える。それに関しては、個人的な影響力を持つものによる「染み込ませ」もまたそれ自体では十分ではない。モースとユベールが強く主張するように、どちらも利用され、実際には融合する。[20]

愛の魔法あるいはリガについて言えば、父親としての責任を果たさない男への反応ではあるが、「類似と接触」という同じ組み合わせをそこに見ると私は説明してきた。精液と陰毛は典型的に「接触」と関係している。しかし、それらはまた、性的な愛着、染み込ませ（受胎）、子供を作ることの深遠な指標でもある。それらが記号であることと、存在論から見て性的パートナーである「他者」の部分であることを切り離すのは実際には不可能である。そうは言うものの、そのような接触の記号は、一見したところ十分とは言えない。それに続くつながりをもつなんらかの追加の方法が求められる。ろうそくとタバコを使うこのケースでは、象徴するものがフレイザーの引用するマレー人の像、中国人の彫像、あるいは、クナの船乗りの像、エンベラのグリンゴの舟と同じ方法での類似のイメージを形成してはいないのである。レジーナ・カラバリが述べた、気持ちがなくなった配偶者、あるいは、少なくともお金をもとの状態に戻すために母親がおこなった呪術では、タバコとろうそくはどちらも火をつけられ、その男の潜在力と等価であると意味的に推測できる。切断と逆転は関係の決裂と修復するための希望の破綻を表している。しかしここで再び言及するが、そのような象徴的なアイデンティティーが、フレイザーが引用する像と同じ方法で類似のイメージを形成していると言えるだろうか？　たしかに、象徴は私たちが「リアルな」類似と呼ぼうとしているものから引き離される抽象作用の秩序に属している。モースとユベールが類似の素朴な概念に反対したのは至極もっともである。

しかし、儀式を司る彼女自身の身ぶりを含めるために、ろうそくとタバコ、炎と罵り言葉のような儀式のための物という領域から外への枠組みへと移動したならどうなるだろう。これこそが、フレイザー的な読解が必要としているように見える似姿（類似）を捉えて魅了するイメージではないのか。それは概念としての観念のつながりというよりもむしろ、悲しみと怒りのイメージのつながりにある。率先しておこなおうとする気持ちとともに喪失感。もはやうまくいっていない夫婦関係の肖像となっているものの炎の上にかがみ込み、タバコの煙を吐く女性の感覚の中にあるものである――半分に切られたろうそくの傍らには炎が揺らめいている、燃えさし。やがて彼女は落ちた灰を踏みしめひどい悪態をつく――それは命がけの言葉であり、儀式を通して影響力を持つ。このようにして、私たちはイメージから場面へ、場面から遂行的な行動へと移動する。しかし、たしかに、彼女がこの肖像の外側にも内側にもタバコの煙を吹きかけたのは事実であり、また、すでに好きでもない男の金で儀式に使うものを買うのは賢明であることも事実である。その事実は他の一般原則を結びつける。ここで便宜上「抽象的なもの」と私が呼ぶものであり、彼女が直面している貧困の悲劇を表す情熱のこもった特別なものへの象徴化である。それは、まさに彼女がこのような行動が彼と彼の金を、彼の種が（必要不可欠な）部分として作り出した家庭の経済へと結びつけるのを望むのとまったく同じである。この観点から言えば、その人物の名前の使用を考慮することは重要なものとなるだろう――カタリーノの糞野郎！　カタリーノ！――というのも、名前は当該の人物を明記するだけでなく、その人物の存在論的な本質をもって象徴的なものを重ね合わせることによってその人物を明確に述べることもできるからである。実際の人となり、とも言えるだろう――（神の命名が長きにわたって切り離されてきたこの世界において）その人物とはつまりその名前なのである。簡単に言えば、彼女の呼吸、彼の金、そして、彼の名前はすべて、ため息と物質の交差路に立っているのである。

　共感呪術のあまたある具体例からわかるように、コピーは不完全な表意記号であり、忠実なコピーからかけ離れているという事実によって引き起こされる矛盾から抜け出すために、イルジョ・ヒルンが指摘しているのは、実体をもつコピーがまさに交錯する場所である。類似の欠落を穴埋めするもの、それを「忠実な」コピー、つまり、実際に呪術的に力をもつコピーとするものは、まさしく物質的なつながりであると彼は断言する――髪の毛、爪や衣服の一部などを類似する像に添付することによってそれらは達成される。したがって、「類似」の呪術はまさに「接触」の呪術の一例となり得る――根本的に重要なものとして私が取り上げたのは、ほんの少しの「接触」が「類似」の欠落を埋めるとか、ある少しの実在する物質が視覚イメージでの類似の欠如を補うということではない。そうではなくて、イメージと接触が互いに浸透し合う（呪術的）リアリズムのこれらすべての例が次のようなことを私たちに再考させてくれる効果をもつに違いないからである。つまり、それは、あるもののイメージとは何であるかという私たちのもつ観念であり、さらに言えば、イメージを使って現実を表現するだけでなく、操作することを私たちが望んでいるということである。

行動がそれ自身のイメージを表出する場所

最初のステップは、イメージに対する視覚的観念の主導権を手放すよう主張することである。ナバホ族の砂絵は、患者がそこに刻み込まれる絵を見ることによってではなく、デザイン自体の中に自らの身体を横たえることによって治療されるといわれている。同じように、プトゥマヨについて書いた私の著作で、アマゾン上流に居住する治療者によっておこなわれる医学的に引き起こされるビジョンは、視覚的イメージからなされるものではなく、視覚以外のイメージによる効果であることが明らかだった。それは、吐き気、音、匂い、変化する口調によって表現された。もちろん、存在と雰囲気と動きにおける触覚の質もそこに含まれる(21)。さらに、五感は互いにクロスオーバーし互いに変容する。赤を感じたり、音楽を見たりする。このようにして、非視覚的イメージは視覚的手段を喚起するだろう。呪術が吐き気を引き起こす――経験をもとにしたまだ理論化されていない広大な分野の一つである――それは、認知過程と解釈学的試みにとてつもない影響を与え、それと同じくらい、操作する互いの範囲へと流れ込む感覚のつながりにも大きな影響を与える。あなたはまた、あなた自身が身体から離れていくと感じるときに、自分の身体を見ることができるかもしれない。そして、あなた自身を見ているあなたを見ることさえできる――しかし、何よりもまず、この見るということは、非視覚的な方法で感じられるのである。あなたはイメージの内部へと入り込む。それはまるでイメージがあなたへと入り込むように。[22]

なるほど私が取りあげたプトゥマヨの治療例は、使われた薬によって高められる効果のために、極端な例として疑問に思われるかもしれない。さらに、他の参加者の主観的な体験に関して、勝手な思い込みによる自分の論拠を押しつけないように注意しなければならない。それでもなお、分散した触覚性の見事な例の中で、目を接触という視覚的手段へと変換するために、診断、呪術師、薬が結びつくということは論争の余地がない。すべては、発見される現実、それゆえ、接触される現実を変化させるという目的とともにある――呪術によって引き起こされた病気と不幸を元に戻すために。ここで「非視覚的なもの」を強調するのは、イメージすることの身体的影響を強調することと同じである。そこは「接触」が、イメージの観相学的影響を伝えるために必要とされる言葉であるフレイザーのコンテクストと取って代わられる場所に相当する。

いまや、このことは、カメラによって開かれたベンヤミンの「視覚的無意識」ととてもよく似ているとは言えないだろうか。触覚の因果関係にはまだ推測されることがあるとしても。フレイザーが挙げた「類似と接触」の原始的な呪術は、近代のイメージ技術に関するベンヤミンの議論を再現するものとして読まれることができる。そして、呪術の代わりにベンヤミンが世俗的なイルミネーションとして言及したものを作り出す。それは「視覚世界の観相学的側面」から暴かれることに起因する。「もっとも小さなものの中に潜む視覚世界の観相学的側面は、白日夢の中の隠れ家を見つけるに十分なほど意味をもち、それでいて秘められている[23]」。

技術の中で身体とイメージ空間とが相互に深く浸透し合って、その結果、革命的な緊張のすべてに集団的身体が感応し、集団の身体的な感応のすべてが革命的な放電となるような状態が生ずるなら、そのとき初めて、現実は自己自身を『共産党宣言』が要請するほどに、乗り越えたことになろう[24]。

第五章　黄金の軍隊――模倣の組織化

彼らはユダヤ人に耐えられないが、ユダヤ人の真似はする。
――ホルクハイマー、アドルノ『啓蒙の弁証法』

模倣の呪術とはコピーがオリジナルから引き出す力だ、とするフレイザーの考察が誘うイメージに私は強く惹かれている。しかし一方で、私が抱いている複雑な感情にもまた力点を当てる必要があるだろう。私自身の日常生活の中で、その矛盾した感情の中にある、コピーの物神的な力に対する奇妙でじつに恐ろしい解釈をどう説明すればいいのか、ということである。しかし、その解釈を原始的な呪術の理論の対極――呪術の原始主義的な理論の対極にあるものとして提示するのは拙速に過ぎるだろう。というのも、その解釈はむしろ、呪術の原始主義的な理論の方にこそしっくり合うように感じるからだ。それゆえ「私たちがすでに手放してしまった世界」である『金枝篇』の神秘的な孤高から離れて、植民地のフロンティアにおける呪術的な模倣のもつ幻想から広がる可能性を俎上に乗せる必要があると考えている。実際、これから明らかになっていくように、多国籍資本や近代国家が未開社会に圧力をかけている植民地のフロンティアにこそ、呪術的な模倣――コピーがオリジナルから力を得ること――に関する主張が当てはまることを私たちは目にすることになる。コロンビア南西部を流れるプトゥマヨ川の源流にある黄金の軍隊の壮麗さについて考えるために、まずは、金枝の叙情詩的な壮麗さからはいったん離れることにしよう。その場所は、二〇世紀の初頭に、アラナ兄弟によるアングロ＝ペルービアン・ラバー・カンパニーが、インディオのゴム樹液採取者たちに対しておこなった有名な残虐行為の現場の上流にあたる。このゴムの土地を巡って対立したペルーとコロンビアの政府が軍隊を送り込み、一九三一年には戦争に発展した。この戦争では戦闘はほとんどおこなわれなかったが、大勢の兵士がコロンビア側でアンデス山脈の斜面を下り、山麓の丘に沿って行軍した。私はこの山麓にあるモコアという町の近くで、一九七五年から一九八五年にかけて、インガノ語とスペイン語を話すインディオのフロレンシオという老人と、共通の友人であるヒーラーのサンティアゴ・ムトゥンバホイの家でときおり顔を合わせることとなった。

その土地では、大きな不幸を癒す際に、ヒーラーと患者たちが夜にヤヘイの名で知られる「幻覚剤」を一緒に飲むという行為がおこなわれていた。この薬が強いとき、ピンタ（絵）と呼ばれる心的イメージが現れる。大半は視覚的なものだが、必ずしも視覚的なものだけではない。これらのもつイメージが治療効果をもたらすのである。私の経験では、この作用は、少なくともヒーラーにとっては、実用的でわかりやすいものであった。つまり、その絵は、患者の病の種類をヒーラーに伝え、病が「自然」由来（西洋医学がそう考えたように）のものかどうかは、呪術や魂からの攻撃に原因が求められた。その絵はまた、どのような治療法をとるべきかを告げる場合もあった。一九八〇年代初期に、サンティアゴ・ムトゥンバホイのヴィジョンの中に現れたナイフのように、絵が象徴的であるために解読が必要な場合がある。そのナイフの絵のときは、自分たちの土地で野営をしているゲリラの司令官を殺すための呪術を必要としていた貧しい入植者たちから、サンティアゴは依頼を受けていた。その入植者たちがどうやって支払いのための工面するのかを薬を飲む前にわかっていたヒーラーは、このナイフは、さらに関われば自分自身が殺される記号であると解釈した。しかし、そのような解釈の形態以上に、イメージ自体の強度と神秘的な力によって導かれるものがある。ヒーラーではなく彼の古い友人であるフロレンシオが見たヴィジョンの記述を追体験してみよう。フロレンシオは、夕暮れ時に似たような経験について語り合っていたときに、私に話してくれた。

何年も前、フロレンシオは、ひどい頭痛に苦しむ女性を治療しにいくヒーラーに付き添った。初めのうちはヤヘイを飲んでも何も起こらなかったが、その後、真夜中近くになって彼は、ヒーラーが占いに使う水晶を手にした天使たちが雲から降りてくるイメージを見た。天使たちはフロレンシオを祝福していた。その「絵」が見えなくなると、ジャングルの鳥が一列になって部屋に入って来て、室内を満たした。すぐに辺りは鳥ばかりになった。まさに鳥そのものだった。あらゆる場所にいる！　やがて、その「絵」は消えた。次の瞬間、フロレンシオは、インガノ・インディオの多く住むアンデス山脈に自分がいることに気がつき、人々が列をなしているのを見た。彼らはヒーラーのように羽根や鏡のついた衣装をまとい、虎の歯のネックレスを身につけ、治療用の扇を持って、歌い踊っていた——間違いなくヤヘイの精霊だった。彼らは次々にやって来て、その間じゅうずっと歌っていた。そして——フロレンシオ自身の言葉を借りれば、次のようであった。

最後に、軍隊が現れたんだ。すばらしかったよ！　私はうっとりしてしまった。高価な衣装を身につけていたけれど、それがどんなものかはよくわからなかった。だけど、あの衣装を着た軍隊の兵士たちは誰よりもすばらしかった！　兵隊たちはズボンと、膝まである純金のブーツを履いていた。すべてが金製だった。何もかも。彼らは武装し、隊列を組んでいた。私は身を起こして「言葉を切る」……自分も彼らと歌い、踊ろうとした。そのときヒーラーは「もう一度言葉を切る」……「絵」を見た彼は、すでに知っていた。私が起き上がってそこへ行き、私たちが見ている彼らと同じように、一緒になって歌い踊ろうとしていたことを。つまり、ヤヘイをくれた彼［ヒーラーのこと］はすでに知っていた。何も言わなかったが、彼にはわかっていたのさ。治す方法を知っている人たちには説明が与えられるんだ。それを見れば彼らは治療ができるのさ。そして、彼らはその絵を病人に渡す。すると病人は具合がよくなる！　私の治療をしていたヒーラーに私は言った。こう言ったんだ。「これを見ると治療方法がわかるんですか？」「そうだ」と彼は答えた。「こういうふうに見えれば、治療ができるだろう？」

ここにはイメージや彫刻像、あるいは身体彩色のような具体性はないが、一時的な夢のような純粋な心的イメージの記憶があり、そのような記憶はたとえ儚くても、実在物、すなわち渡すことのできる「絵」があるとみなされる。そのことに私たちは気づかされる——フロレンシオが私に絵を渡したように、私はあなた方にその絵を渡していることになる。

この点について考えるとき、イメージのための空間を作り、意味を生み出すために、ヒーラーと同じように私たちの知の中で沈思黙考し、知覚者が知覚したものに能動的に身を任せていることに注目したい——知覚者は絵の中に入り込み、絵と一つになろうとする。その結果、知覚者の自己は表象によって動かされ、表象されたものの中に入っていく。「彼らは武装し、隊列を組んでいた。私は身を起こして……自分も彼らと歌い、踊ろうとした。そのときヒーラーは……〈絵〉を見た彼は、すでに知っていた。私が起き上がってそこへ行き、私たちが見ている彼らと同じように、一緒になって歌い踊ろうとしていたことを」。

だが、フロレンシオが自分の身を置こうとした、この「絵」の内容はどのようなものだろうか？　ヤヘイの精霊のように羽根や鏡をつけて踊るヒーラーの「絵」とよく似ている、直後に現れた黄金の軍隊はどうだろう？　じつをいえば、ヤヘイのヒーラーたちは、精霊と同じ服を着て、同じように顔に彩色をし、同じ治療用の扇を持ち、同じ歌を歌うことによって、精霊を模倣している。たしかに、この軍隊は、異文化のはざまでつなぎ合わされたイメージに過ぎない。ヤヘイの呪術を国家にかけ、国家の呪術をヤヘイにかけ、ヤヘイの精霊やヒーラーの要素が部分的にはありつつも、主体はコロンビア軍そのものである。慌てて召集され、ペルーとの国境での戦争に送り込まれたこの軍隊に――フロレンシオのような多くのインディオが、カヌーの漕ぎ手や荷物の運び手として協力した。黄金の軍隊はさまざまな要素がからみ合ったイメージであるが、神秘的で優雅な簡潔さの中で端然とし、その優雅さで国家権力を装飾している。その国家権力は、内地の黒人とナリーニョから来たメスティソの高地人から成る軍隊の存在に具現化されている、と私は考えている。彼らはアンデス山脈のぬかるんだ険しい斜面や、プトゥマヨの雲霧林の中を進み、戦争へと向かった。その戦争の理由を、母なる祖国（ラ・パトリア）のためという以外に私に説明できた者はいなかった。まるでその戦争が起きたのは自明の理であったかのように。

フロレンシオの「絵」に関心を向けると、それはたしかに自明である。この絵は国民国家の神秘性や聖なる暴力をまさに具象化している――私は「具象化」という言葉を意図的に使用している。というのは、それが心的イメージの創出に関わる明白な身体性ばかりではなく、重要なものとそれとはまた別の捉えにくいものを形にして鮮やかに表現する、疑いようのない方法だからだ。しかし、何を捕捉するのか、そしてその目的は何か。たしかに、表象が映し出すものの力は――ここでの例に限っていえば、捕捉される「忠実な」類似性でもなければ、捕捉する「忠実な」類似性でもない。忠実に捕捉されているのは力である――私はこれ以上に具体的な表現を思いつくことができない――それは、つぎ合わされた類似性のモンタージュや、ヤヘイの精霊、天使、踊る兵士たちのモンタージュに注ぎ込まれた力であり、山脈（コルディリェーラ）を形づくり、徐々に小さくなっていく連峰の波を黄金色と音楽で覆いながら行軍し、熱帯雨林に沈んでいく聖なる力である。この力が作用している状態はイメージによってのみ具象化でき、イメージの中に入り込むことでさらによく具象化できると理解することが、非常に重要だと私には思われる。イメージはその本体よりも強力なのだ。

たとえば、ヤヘイの精霊やコロンビア軍など、多岐にわたるきらびやかな方法でこの表象を構成するさまざまな空気をもつものに私は重点を置いてきたが、それはそれとして、ここで被植民者による、植民国家機構がもつ神秘性の呪術的な利用について検討することも主張したい――よく考えてみるとこれは、近代的で世俗的な政治術自体の中に実際に存在している呪術を、そのように使っている重要性を認識しなければならない。

恐怖と植民地的模倣――模倣の模倣

独裁政治の手法や、儀礼的な規律、制服、そして組織全体の目的は、一見すると合理的ではないが、模倣的言動を可能にすることである。しゃれこうべや扮装、荒々しい太鼓の音、言葉や身ぶりの単調な反復といった注意深く考え抜かれたシンボルは（どの反革命的運動にもふさわしいものだが）、魔術の組織的模倣、すなわち模倣の模倣にすぎない。

――ホルクハイマー、アドルノ『啓蒙の弁証法』

辺境の森の老インディオが、国家の闘士、すなわち黄金の軍隊（「儀礼的な規律、制服、そして組織全体……」）のイメージを得ることで癒しの力を手に入れるのなら、植民地的模倣もまたそのようにイメージされたものによって実行されるのかどうかについて調べることには価値がある――つまり、その国家の中で「文明化された」側に入る者が、インディオの森の人のイメージの中に（呪術の）力を見いだすのかどうか。奥地にあるカウカ川の谷から軍隊に召集され、一九三一年にプトゥマヨに行軍した兵士たちの二人から、その数十年後にプエルト・テハダにあるサトウキビの町で話を聞いた。私が聞いた二人の元兵士の話がなんらかの兆候を表しているとするなら、[1]インディオのヒーラーの有する呪術的な力が自分たちを守ってくれると固く信じていたことは疑いようがない。たしかに、プトゥマヨの奥深くに毎日分け入っている貧しい小作農の入植者の大半は現在、インディオのもつ力と同様の考えを口にする。すなわち、インディオの儀式や伝承と一致する未開社会に起因する、と彼ら入植者が考える奇跡に由来する力である。その力は、森に住むインディオのヒーラーを、人間以前の知的能力と同じくらい超自然的な能力とするものである。そうして入植者は黒人も白人も、他の入植者に妬みから呪術をかけられたという恐怖を感じると、そのようなインディオのところに治療を受けにいく。未開社会の生んだこのような力の非常にわかりやすい例は、一九七六年のある日の晩に、一人の小作農の植民者が私に聞かせてくれたヤヘイのヴィジョンである。当時、私はプトゥマヨ川の支流であるグアムエス川を下るためにカヌーを待っているときに、この入植者とともによく時間を過ごした。

この男性は一五歳だったときに、インディオのヒーラー（コファン語とスペイン語を話す）とヤヘイを飲みに、上流のサンタ・ロサへおじに連れていかれた。薬が効き始めると、森の動物やイノシシやヘビの音とイメージが渦巻く中に影たちが集まり、インディオのヒーラーが彼の目の前でジャガーに姿を変え、次に悪魔そのものになった。植民者の話は次のようなものだった。

そのとき、誰かが話しかけてきたのが聞こえた。いや、その人は歌っていたのだと思う。そこに何かが見えていた。恐ろしい、悪魔そのものだった。どうしたらそんなことがあり得る？　そこに座っていたんだ、私のすぐ隣に。しかし、それは悪魔ではなく、シャーマンだった。悪魔になっていたのは彼だったんだ。

　目を開けると、シャーマンとともにそこに座っているインディオ全員が見えた。シャーマンは羽根をつけ、王冠もかぶり、火のそばに座って煙草を噛んでいた。タイタ［父］のマルティン、トラ、悪魔。タイタのマルティンがいたんだ。悪魔は角が生えていて［言葉を切る］……猛り立ち、真っ赤だった——君に見せたかったよ——長い尾が膝まで垂れ下がっていたんだ……まるで身体に絵を描かれたようだった——蹴爪も何もかもがあった。酷い姿だった！


「まるで身体に絵を描かれたようだった」。このインディオの悪魔の「絵」のせいで、その入植者は、彼の言葉によると「死んだ」。そして、孤独な存在のまま神のもとへと上っていき、思いがけず神自身から祝福を受けた。こうして彼は勇気を得て、森にまとわりつく明け方の霧の中を通って、この地上まで戻ってくることができた。自分がいくぶん超人的になり、すべてがたやすいように感じ、自力で戻ってきたのが嬉しかった。いつまで続くかはわからない長い期間にわたって、手を携え、あるいは反目し合って生き抜くために戦っている貧しい小作人を取り巻く社会情勢に蔓延する妬みに耐えられると思った。

　植民者がイメージによる物語的な展開の中で、死者、やがては精霊として入っていったことにより、神の偉大な力がここに獲得された。イメージによって、彼は尋常ならざる力の領域に入ったのだ。イメージのそばを通り過ぎ、その中に入り、私を通じてあなた方にそのイメージを渡す。変容するオリジナルのイメージの中で、回転するジャガー、シャーマン、キリスト教的悪魔の三者が一体となったインディオのイメージが、イメージの世界への旅の安全を守っている。

イメージのこの魔力が、フレイザーの「似たものを生み出す似たもの」と比べ、いかに複雑になっていることか！　しかし、依然として、模倣の原理がとくに影響を受けているのは、文明と相対する野蛮の世界史を決定づけたイデオロギーの坂を行く他者性である。インディオであるフロレンシオが国民国家の黄金の軍隊のもつ「絵」の効力によって治療効果を手にし、その国家から出現した貧しい植民者が悪魔としてのインディオの「絵」を通して治療効果を得るとすれば、自己の類いと反自己の類いとのあいだにおけるイメージの力の重要な循環と、それらが互いの照応をただならぬほどに欲求し、糧としている点に対し、われわれはぜひとも敏感になるべきである——組み合わさった幻想のイメージが導き出すのは社会生活の再生産であり、聖なる力の生産にほかならない。

しかし、辺境における模倣と他者性が本質的に備えているこのような力は、治癒力であると同時に破壊力でもある。今日では、白人も黒人もプトゥマヨのインディオに呪術的な支援を求めるが、二〇世紀初頭のプトゥマヨ川の下流では、アラナ兄弟のアングロ＝ペルービアン・ラバー・カンパニーの担い手たちが、なりふり構わぬ怒りと冷ややかな計算だけではなく、多くの儀礼のようなものによる快楽と恐怖をもってインディオに大規模な拷問を加えていた(2)。この未開的状況に関する報告書を読むと、今日のラテン・アメリカにおける国家および軍隊組織的な恐怖の大半と同様に、その状況について書いたり話したりすることはほとんど不可能なことがわかる。当時からしても現代からしても、それほど非人道的な状況であったからだ。しかし、私の「未開」という言葉の使い方に注意を向ければ、おそらく核心をつかむことができるだろう——私がその状況を指す便利な表現として使っている「未開」という言葉は二つの働きをもっている。このような力の行使に恐怖と不快を刻みつけると同時に、その力のもっとも重要なイメージの一つ、すなわち未開の――野蛮な、本能的な、などのイメージを認めていることがわかるだろう。暴力は野蛮だと非難するとき、私は野蛮という考えそのものを認めている。言い換えれば、二〇世紀初頭のプトゥマヨにおける植民地的暴力の行使に不可欠だった想像は、文明人がインディオに、とりわけ彼らの残虐行為のせいにして、その後、模倣したものから引き出された思い込みだったのである。また、この暴力の動機となったのは、経済的圧力と労働上の規律を作る必要であったことは間違いない。その一方で、私が読んだ証言によると、暴力は非常な熱意をもっておこなわれており、そこに根拠はなく、それ自体が目的であったことも指摘されるべきだろう。

植民者によって野蛮人に転嫁された野蛮性の擬態は、私が生産の植民地的模倣と呼んでいるものであるが、これは、今になってわかることだが、ホルクハイマーとアドルノが二〇世紀の植民地の辺境における暴力ではなく、近代ヨーロッパ文明自体の中の怒りを反ユダヤ主義によって仕組まれたものとして論じた際に、彼らが選択した帰属性と反帰属性の模倣的構造とそっくりである。これこそ、彼らが次のように記したときの本意であった。

「彼らはユダヤ人に耐えられないが、ユダヤ人の真似はする」

続けて彼らは次のように述べる。

自分の中のユダヤ人の心的イメージを真似たいと、心の底で思わない反ユダヤ主義者など存在しない。その心的イメージを構成しているのは模倣的な暗号、すなわち議論好きな手の動き、実際の発言内容にかかわらず事物や感情の鮮やかな絵を描き出す音楽的な声、そして鼻である――外形における個体化の原理（*principium individuationis*）、すなわち個体の特異性の象徴であり、それはユダヤ人の顔のしわのあいだに表現されている。(3)

ホルクハイマーとアドルノもまた、近代史における模倣の力を「模倣と感性」およびフレイザーの「類似と接触」の双方として理解しており、したがって、ユダヤ人のようになりたいという思いや、似ているという行動の感覚性を、さらに細かく言えば、手振り、声のトーン、鼻、その形、大きさ、そして、鼻が嗅覚という「もっとも動物的な」感覚の器官であることを理解している。「あらゆる感覚の中で」と彼らは書く。「嗅覚は――客体化することなく反応し――〈他者〉に没入したい、〈他者〉になりたいという強烈な欲求を、もっとも如実に物語る」。こうしてわれわれは、ベンヤミンの言う自我を忘れさせる感性へと引き戻される。ベンヤミンが、模倣とはかつて圧倒的にわれわれに強く迫っていた力の残骸であると書いたときのように、また、カイヨワが、似るようになる、何かに似ている、のではなく、ただ似ている、という恐ろしい考えと戯れたときのように、鼻に導かれて、ある他者を客体化および知覚する意味、あるいはその他者への没入について改めて考える。模倣と他者を、めまいを起こさせるような認識論的難問の中へと再びつなぎ止める嗅覚の個体発生。この闇の世界のことを考えるならば、少なくとも、詳しく記録された例の中では、嗅覚が呪術者の技術に影響を与えることはなんら不思議ではない。事実、嗅覚は「人々に呪術をかける際にもっとも重要な要素である」と、マリノフスキーがトロブリアンド諸島について書いた『未開人の性生活』（初版一九二九年発行）の中で述べている。彼は続けて、呪術の効力が最大限に発揮されるために、この諸島で呪術が鼻から入らなければならない理由を説明した。彼の地では、恋のまじないが魔法のかけられたかぐわしい物質の香りにのって相手の体内に運ばれるのと同様に、呪術においては黒魔術をかけた物を燃やし、その煙が相手の鼻孔に入ることで病が生じる。「このため、トロブリアンド諸島ではけっして杭の上に家を建てない。呪術の仕業であるこのような局面を、大いに助けることになってしまうからだ[4]」とマリノフスキーは綴っている。

アドルノとホルクハイマーの記述では、文明は模倣を抑圧するという言葉以上のことをおこない、ものの真似あるいは感覚的なものとして理解された。それどころか、文明は敵を嗅ぎわけ、無数のもの真似が存在する中で嗅覚の性質を巧みに利用する。人種差別はまるでその訓練場だ。文明化された者は、抑圧された感性との強い愛憎関係をくり返し確認する。ユダヤ人の鼻、ユダヤ人がもつ強欲さという「本能」、ニグロの肌の黒さ、ニグロの属性と見なされている色欲などとの愛憎関係もまた同様である。さらに、感覚的過剰反応と名づけられたものの奇妙な対応づけも発生する。これにより「少数民族」があふれるほど増加し、規範的な枠組みから逃れ、その結果、概念そのものから逸脱する。絶対的な本質として、不適当なものは極端なもの、つまり概念という考えそのものを切り刻む感性となる。こうして「少数民族」の特殊性が「生物学的な先史時代の瞬間」を——ホルクハイマーとアドルノによれば——「身の毛もよだち心臓も止まるような危険信号[5]」を目覚めさせる。特殊性とされるものと対峙すると、個々の器官は主体の支配下から抜け出す可能性がある。そして、人種的な他者に投影されたこの獣性こそが、議論の帰結としては、サディスティックな儀式、剝奪、最終的には他者に対する大量虐殺として渇望され模倣された。ユダヤ人は禁断の魔術や供血儀礼に参加したとして非難され、

彼らが最初の市民としてまず最初に自らのうちで破壊した当のもの、つまり下等なものに誘惑されやすいこと、獣と土への衝動、偶像崇拝等に責任があると言いたてられる。ユダヤ人はコーシ

ャの概念を発明したが故に、かえって豚と言って迫害される(6)。

この分析では、ファシズムは近代文明のより進化した形態であり、近代文明自体が模倣の抑圧の歴史として解釈されている——偶像崇拝の禁止、放浪者や役者の排斥、身体との愛憎関係、謝肉祭の中止、そして子供に子供であることを許さない教育のようなものに至る。しかし、何よりもまず、ファシズムは単なる完璧な模倣の抑圧ではなく、抑圧されたものの再生であり、その土台は「ミメーシスの組織的支配」である。このように、ファシズムはミメーシスのミメーシスを通じて「支配に対する抑圧された自然の叛乱を、直接に支配のために利用できるものにしようと努める」のである。

ミメーシスのミメーシスの破壊——ジョセフィン・ベーカー、ハリー・ケスラー伯爵、そしてパロディーの問題

黒人は、世界のあらゆる場所で、もの真似が得意なことで知られている。しかし、この事実はオリジナルとしての黒人の地位を損なうことはけっしてない。擬態（ミミクリー）自体が芸術であり、「そして」黒人がマネシツグミのように真似をするのはもの真似を愛しているが故であり、真似たもののようになりたいと思うからではない。
——ゾラ・ニール・ハーストン『サンクティファイド・チャーチ』

ホルクハイマーとアドルノの分析では、ファシズムが人種差別を生み出したのではなかった。また、人種差別を、貧困などのより基本的な経済要因の単なる副作用としてとらえていると、その解明はさ

ほど進まない。ホルクハイマーとアドルノの論文が他と違うのは、人種差別を副作用的なものとせずに、近代文明の文化機構にとって不可欠なものの現れ、すなわち、継続的な模倣の抑圧ととらえ――模倣をもの真似の能力であると同時に、感覚的な知覚、感覚的な他者化における模倣の能力の活用であると解釈した点である。

模倣に始まり、模倣の組織的支配に至る――感覚の歴史のこの解釈について、一つの疑問が生じる――模倣の能力は、自らを封じ込める形で用いられるというこの宿命から逃れることはできるのか、つまり、模倣の能力は自らを封じ込める形で用いられることを防ぐために用いられることは可能なのだろうか？　この疑問にパロディーは答えを出せるだろうか？　何よりもまず、パロディーは、擬態が構造を剥き出しにし、新しい人類学、すなわちポスト・ポスト・フレイザー主義を彷彿とさせる。この学問が研究対象と規定しているのは他者ではなく、西洋の他者による模倣的呪術における西洋社会の投影である――これを予兆させるのが、ハリー・ケスラー伯爵が、ベルリンでのある晩について書いた下記の手記である。一九二六年二月二四日、ケスラー伯は、アフリカ系アメリカ人の有名なキャバレー・ダンサーで、当時パリに住んでいたジョセフィン・ベーカーを呼び、書斎を片づけて作ったスペースで、夕食に招いた客人たちのためにダンスを披露させた。

ベーカーは、女性の客人たちの前で一糸まとわぬ姿で踊るのを恥ずかしがり、「だってあの人たちはレディだから」と言ったが、ケスラー伯が彼女のために書こうとしている舞踊劇について説明すると、ようやく重い腰を上げた。伯爵の記述を、私は模倣の能力について自分がこれまで述べてきた内容のすべて、とりわけ、模倣の能力が、原始性と植民化とともに近代の思想に組み込まれる必然性の要約ととらえている。彼の言葉は次のようである。

ジョセフィン・ベーカーが変貌したかのようだった。いったいいつになったら、ジョセフィンが懇願していた彼女の踊るパートはできあがるだろう？　彼女は力強く、強烈にグロテスクな動きをし始め、私のマイヨールの彫像の前でうっとりとし、像を見つめ、ポーズをまね、奇妙な姿勢で像にもたれかかり、話しかけ、そのどっしりとした硬質さと原始的な力強さに明らかに興奮していた。次にジョセフィンは、めちゃくちゃな仰々しい身振りで像の周りを踊り始めた。子供のように跳ね回り、ふざけて自分の女神をからかっている巫女の絵のようだった。彼女にとっては、周りに立っている人間よりも、マイヨールの作品のほうがはるかに興味をそそる、生身の存在であることは明らかだった。天才（というのも、彼女はグロテスクな動きにおいて天才だった）が天才に話しかけていた。突然、ジョセフィンは動きを止めて、あらゆる大仰さのスパイスを利かせた自らの黒人のダンスに移った。最高潮に達したのは、フリートがおどけて加わろうとしたときだった。ジョセフィンが彼の一挙手一投足を、さらに滑稽に、さらにふざけて大げさに真似てみせたのだ。フリートはただ不格好なだけだったが、彼女にかかると、その動きは素晴らしく優雅でグロテスクなものになり、古代エジプトの浮き彫りが施されたフリーズに描かれているものと、ジョージ・グロスの機械仕掛けの人形の一つの滑稽な仕草とのあいだで絶妙なバランスを取っていた。時折、ルリ・マイヤーも即興でいくつかの動きをしてみせ、とても華やかで調和していたが、ジョセフィン・ベーカーが腕をひとひねりすると、ルリの動きの優美さは消え失せ、雲散霧消してしまった。[7]

第六章　世界史の風を帆に受けて

弁証法的思想家にとって肝要なのは、世界史の風を帆に受けることである。思考することとは、こうした弁証法的思想家にとっては帆を張ることを意味する。どのようにその帆を張るかが重要なのだ。言葉の一つ一つが弁証法的思想家の帆である。言葉という帆がどのように張られるか、その仕方によって言葉が概念になる。
——ヴァルター・ベンヤミン「断片N」

人間に本来備わっている能力、あるいは模倣する機械によって近代によみがえった能力としての模倣は、現実との視覚的とりきめの中で、その能力を接触的要素へと変える潜在的な可能性をもっていると私は強調してきた。具体的なものを考えるための必要な部分としての模倣が、世界史に影響を与えていることも私は示唆している。とりわけ、植民地的要因がいくつも重なった状態が、結局、プリミティヴィズムとなり、当然のこととして、世界史は模倣の能力それ自体の外側において考えられなくなっていることをも私は暗示している。このような考えを私は明確に主張したいと思う。何よりも断言したいのは、現代における模倣の実践は、想像することや思考することと切り離すことができず、プリミティヴィズムと関係がある身体の実践の訓練を含んでいることである。文化が第二の自然を作るために使う自然として、模倣は、歴史の外側におかれることはないだろう。歴史が模倣の能力の外側におかれることがないように。ここで私たちは、一般に流布している概念に関する構造の主張に違和感を覚える。自然それ自体が社会的な構造であるという考えである。歴史それ自体が本質的な自然へと還元され得るという逆の考えに違和を感じるのと同じである。文化が第二の自然を作るために使う自然として、模倣は必然的に起こる矛盾と錯覚の力場において、隙間を求めて闇雲に押しのけて進む。そして、第二の自然を取り壊し、他の世界を再構築するためのほんの少しの機会を提供する――模倣の能力の内部で作用するプリミティヴィズムを理解する臨界値に私たちが到達するまでは。そのために私は、思考を世界史の風の中で帆を張ることになぞらえたベンヤミンの比喩を引用したのだった――彼のいう歴史が、世俗的なものであることを強調しておこう――歴史の風の中で、イメージ（読み解かれた模倣）としての帆はその張り方に応じて概念へと変わる。この場所こそが、歴史の風にもまれながら帆を張るという人間のもつ本来の力と抜け目のなさのための空間である。これは決定的な要因である。帆の端をピンと張り、そうすることでイメージは帆が膨らむようにして推進力をもった概念へと変化する。私がそれを思い出すのになんらかの特別な感情がともなわないわけではない。なぜなら、ベンヤミンのイメージに関する哲学は、深い歴史的洞察に富み、時間に対してはセンシティヴであり、また、ヨーロッパ資本主義が発展する内部にある特異性が知覚された瞬間と結びついている理論だからである。つまり、ベンヤミンのイメージの哲学は、不意に現れるイメージの中の過去を認識するときのひらめき――より正確にいえば、危機に瀕したときにベンヤミンの中にしばしば去来したもの――に向かって弧を描く独特な歴史哲学と結びついており、近代のできごとが浸食される中で、ある種の模倣的回想を成し遂げているのである。

この点において、イメージを頭の中に描く哲学としてのベンヤミンの歴史哲学は、そのイメージを、風と地図、力と目標の組み合わせが浮上させる特徴と適合する。イメージとして表す必要性はないとしても、心的イメージを通して急降下する哲学は、船乗りの歴史を思い起こさせる。まさに、世界史の風である——ヨーロッパの植民地主義的な歴史は、大都市の帆を用いて有色人種をその土地に縛りつけるのである。このような理由から、エンベラ族のシャーマンが用いる、グリンゴの精霊の船乗りや、クナ族のシャーマンが精霊を助けるものとして用いる船乗りの木像が、非常に重要であると私には思われる——エンベラ族やクナ族にとって重要なだけでなく（結局のところ、彼らの問題なのだが）、描写・表現され（呪術に）利用された、私が総称的に西欧と呼ぶものにとっても重要なのだ。

そこで、イメージが効果的に利用されたこの船乗りたちに注目してみよう。彼らは中南米の港や人里離れた停泊地や入江などに立ち寄りながら、貿易商人を運び、陸地を地図に記した——しかし、まず私たちは、彼らが私たちよりも前に深く考えたことをよく考えなければならない。ヨーロッパと他の地域を縛りつけている広々とした空間の巨大な空虚と、プリミティヴィズムでひしめき合う空間についてである。この空間が模倣能力の研究のための場所を与え、感覚の歴史における空間をもたらすからである。現代では、そのような研究は、模倣の能力および感覚性の中の野生の場所に関する近代西洋の概念をもとにした、プリミティヴな他者のあり方に関する研究となっている。模倣を「能力」のような心理学的あるいは生物学的な基準から考えるのではなく、また「プリミティヴ」という概念を通して「能力」を強化するのでもなく、プリミティヴな世界の踊りや呪術における模倣の遍在性について示唆に富む仮説を提示したベンヤミンが述べているように、模倣を奇妙なことに根拠のないものとして捉えるような研究分野を確立することはできないだろうか？　他者性に依存するあまりにプリミティヴなものや文明化したものに頼らず、風が吹きすさび、あまりにも近すぎ、あまりにも離れている、不可解に見えるファーストコンタクトの空間に存在する模倣を研究する分野を作れないものだろうか？

ファーストコンタクト

モースとユベールがフレイザーの「接触の法則」を説明するときもまた、イメージのもつ呪術の力という概念と切り離せない世界を想起させる。触覚は、視覚的イメージを連続した衝動へと置き換える。モースとユベールは、呪術師が用いる接触の法則について次のように述べている。「人も物もどちらも、無数にあると思われている共感的な連鎖の理論に基づいてつながっている。そのことに私たちは気づいた。その連鎖はまさに完璧につながっていて、連続性もまた同様なので、望ましい効果を生み出すために、呪術的な儀式がつながり以外の別の何かをもとにして行われるかどうか、ということは実際には重要なことではない」。呪術師の仕事は、このような共感の連鎖の中へどのようにして入っていくかを知ることである。それは静態的なものとはほど遠い。「通常の位置からずらされたもののイメージであり、共感的な連鎖に沿って動く[1]」とモースとユベールは記している。

　私が問いかけたいのは、この驚くべき共感の連鎖はどこで始まりどこで終わるのかということだ。そしてまた、共感することで波長が合う物質によって継続的にずらされていくもののイメージは、いったい誰のイメージなのかということである。というのも、間違いなく、この連鎖は呪術師がおこなう領域に収まるとは考えられないからである。この連鎖の神秘もまた、一六世紀以降のヨーロッパ資本主義の拡大に取って代わられたことは疑いようがない。プリミティヴな呪術と近代における機械による複製は、行為に意味づけをおこなう際の「表象のもつ不思議さ」と「模倣能力のもつ力」への共通の着目を通して、さまざまな時間や場所での無数の複雑な試みをおこないながら交互に調整される。そのため、互いに接触し合う集団の内側とはいわないまでも、彼らのあいだに存在した模倣に関する宝庫としての最初のイメージをヨーロッパ人に与えたのは、何よりもまず、プリミティヴとの「ファーストコンタクト」というアウラのような瞬間であった。そこでまず、火の国という意味をもつティエラ・デル・フエゴでの接触の歴史に目を向けて見よう。この場所においてまず、近代的な模倣の歴史が始まったと思われるからだ。

風の吹きすさぶ空間――ティエラ・デル・フエゴ――火の国、模倣の地

二三歳の博物学者チャールズ・ダーウィンは、ビーグル号の航海記の中で、ほぼ初めてと言ってよいティエラ・デル・フエゴの住民との伝説的な接触をもった。一八三二年一二月一八日のことである。(2) その二日前、フエゴ島民たちが船を目にするや火を起こすのを彼らは目撃していた。「その目的が知らせを送るためなのか、あるいはわれわれの注意を引くためなのかは、わからなかった」。グッドサクセス湾（地名をつけることも発見の重要な要素である）に錨が降ろされると、ダーウィンはさらに多くのフエゴ島民――この呼び名はヨーロッパ風であり、直訳すると「火の人」の意――を目の当たりにした。彼らは「木々に囲まれ、海にせり出した荒れはてた山頂に座っていた。われわれがそばを通過すると、連中はみな跳び上がった。そして、毛皮の上衣をなびかせながら、かん高くてよく響く叫び声をあげ、長いことそうし続けていた。彼らは、港まで船を追いかけてきた。夕闇が落ちる直前には、叫び声がまたもや聞こえ、その後まもなくして、かれらが夜を過ごすために建てるウィグワムの入り口に、火が焚かれたのが見えた」。(3) 翌日、フィッツ・ロイ艦長はフエゴ島民と交流をもつべく、大勢の乗組員を小舟で送りこんだ。ダーウィン青年は「間違いなくそれは、これまでに見たもっとも奇妙で興味深い光景であった」と綴っている。

文明人と未開人とのあいだにこれほどの違いがあったとは、思いもしなかった。その差は野生動物と家畜のそれよりも大きい。ただし人間のほうには、そこを改良していく力もずっとたくさんあるわけだった。相手方の代表者は老人で、一家の長であるらしかった。残りの三人は、いかにもたくましい、背の高さが六フィートもある若者ぞろいだった。衣服やら何やらのせいで、彼らは劇場で演じられる悪魔に似ていた。たとえば『魔弾の射手』に出てくるような。老人は、白い羽根の帽子をかぶっており、その下から、黒くて長い髪が顔の周りに垂れ下がっていた。肌は、汚い赤銅色をしている。上唇を通って耳から耳に、幅広い赤色で塗られ、その上側に平行して白い線が走り、ご丁寧にも眉毛とまぶたまでがこの色で塗られていた。彼らが身につけている唯一の衣類は、毛のあるほうを外にだしたグアナコの毛皮だった。それをただ肩に羽織っているだけで、片腕と片足が剥き出しなので、どんなふうに動いても必然的に真っ裸になってしまう。

（118-119）

ここまでが目で見た光景である。以下は、接触の場面である。

彼らの態度そのものはいやしく、容貌にあらわれるのは、不審さ、驚き、当惑の表情だった。赤い布をプレゼントしたら、彼らはそれをすぐさま首に巻きつけ、われわれはうちとけた。友だちになったというしるしに、老人はわれわれの胸を平手で叩き、ニワトリに餌をやるときに出すような声を発した。私も老人と一緒に歩き、友情の儀式を二人で数度繰り返した。仕上げに、老人が私の胸と背中を同時に三回、激しく叩き、さらに奇妙な声を発した。そのあと老人が自分の胸をはだけ、同じことをしろと要求してきた。言われたままに叩いたら、老人はたいそう喜んだ。かれらの言葉は、音節がしっかりしているとは言い難い。キャプテン・クックはそれを、咳払いをしている男のようだと表現したけれども、さらにこれに、ひどくかすれた声を張り上げようとしている男と、口の端からだす独特な音で馬を叱咤している三人目の男を足したようだといってもいいかもしれない。（119）

口はまた、さまざまな方法によって言語器官としての機能を果たしている。

彼らがもっとも欲しがったのはナイフだったが、口にくわえた鯨脂の塊を、肉片から引き剥がすのではなく噛み切る真似をして、彼らはそれを表現し、ナイフのことを、悲しげな調子でクチーヤ［スペイン語でナイフの意］と何度も呼んだ。（119）

しかし、不明瞭な言葉を明瞭にするのに役立ったのは総体としての身体であった――火の国の人々の身体に限らない――ヴァルター・ベンヤミンの立てた、未開と模倣のあいだの親密な関係についての仮説に先立つこと九九年、若き博物学者は『調査日誌』の中でさらに次のように書いている。

彼らはすばらしくもの真似がうまい。われわれが咳やら欠伸やら、そういうちょっとしたふるまいを見せるたびに、彼らはすぐさまその真似をする。航海士の何人かが目をすがめて、サルの顔真似をし始めたが、ある若いフエゴ族（目を通る白い線のほかは顔をまっ黒に塗っていた）が、さらにものすごいしかめ面をみごとにしてみせた。こちらが語りかけた言葉を、一語ずつ一つの誤りもなく繰り返すことが、彼らにはできた。また、しばらくはその言葉を憶えてもいられた。ひるがえって、われわれヨーロッパ人は、外国語の音をはっきり聞き分けることをとても苦手にしている。たとえば、三語以上もつながるアメリカのインディオの言葉に、われわれはだれ一人として耳でついていけないだろう。未開人は全般に模倣能力が異常にすぐれている。南アフリカのカフィール族にもこうした驚くべき能力があることを、さまざまな報告が異口同音に伝えている。オーストラリアのアボリジニも、すぐにだれとわかるほど上手に他人の歩きかたを真似られることが、昔から知られている。

ダーウィンは最後にこう問いかけている。「この［模倣］能力はどのように説明できるだろう。文明化した状態に長くいる人々と比べて、野生状態にあるすべての人々が、感じ方やより鋭い感覚をより磨き上げてきた習慣の結果なのだろうか？」[4]。

おそらく、フィッツ・ロイ艦長が一つの答えを与えてくれる。彼は南米大陸の海岸の測量や、世界の経度計算の訂正に関わっただけではなく、模倣と他者性に対するもっとも大胆な考え方を活性化させた人物でもあった。フィッツ・ロイは、三人のフエゴ島民——ジェミー・ボタン、ヨーク・ミンスター、そして女性のフエギア・バスケット——を、英国から故郷へ送り返そうとしていた。フィッツ・ロイは三年前に彼らを英国のヴィクトリア女王に謁見させている。三人はいまや文明を身につけ、自分たち自身の民族に布教するキリスト教宣教師になっていた（海軍省が船団一式を支給することに同意する前から、フィッツ・ロイはみずから費用を負担してこの任務を果たそうとしていた）。

ダーウィンが描写したのと同じ場面の記述において、フィッツ・ロイは読者に向けて、弁明ともとれる短いはしがきをつけ「未開人を心に思い描くだけでも不快で、実際、苦痛さえ覚える」と告白していた。にもかかわらず、そこには未開人に対する大きな関心も存在していた。フィッツ・ロイは続けて、いったいなぜそんな感情になるかの理由を提示する[5]。

一九世紀前半において、この大胆不敵な艦長は、近代世界における模倣能力のカギ、つまり、未開人を心に描くと（苦痛にもかかわらず）なぜ魅了されるのかを、みごとに解き明かしているように私には思われる。未開人を見ると興味が湧き起こる理由は、見ること自体が一種の社会の理論化であり歴史の変遷であるからだというのが、フィッツ・ロイの解釈である。

フィッツ・ロイは第一の理由として、私たち英国人もかつてはフエゴ島民と似たようなものであり、カエサルが発見したときの私たちはまさにフエゴ島民のように——肌に色を塗り、毛皮をまとっていたことを認識すべきだとする。第二の理由は、文明人にとってはなじみ深い事柄に対して、子供のような無知な行動を観察するのに夢中になることである。そして第三の理由は、フエゴ島民の健康的で自立した生活のあり方によって引き起こされる関心である。

「文明化のプロセス」と呼ばれてきたものに照らしてとくに興味深いのは、第二の理由——「文明人にとってはなじみ深い事柄に対して、子供のように無知な行動をする人々を観察するのに夢中になること」である。この「夢中になること」のもつ不思議な力は、どこに存在するのだろうか？　もしかしてこの夢中になるということは、一瞬一瞬の停止がさらなる衝動を刺激するような共鳴する連鎖に沿って、模倣と他者性の衝動がとめどない循環となった結果なのではないだろうか？　文明人にとってなじみ深いものは、フィッツ・ロイが出会った未開人にとってはなじみのないものであるが、同じようにして、それらは再びなじみのあるものになっていく……。

『ビーグル号航海記』の中で、浜辺に上陸したときのフィッツ・ロイの記述はダーウィンの記述ほど詳細ではないが、ダーウィンが書かなかったある細部をあえて取り上げている。最初は、ダーウィンと同じく、目で見た光景についての考察である。

その男たちの一人は、背の高さはきっかり六フィートほど、体つきはどっしりしており、ほかの二人はやや小柄だった。脚はまっすぐで形がよく、日常的にカヌーに乗っている先住民の脚のように、窮屈に曲げられて変形してはいない。体は丸みがあって、なめらかだ。

次に、接触である。

彼らは、まず自分の身体を、次にわれわれの身体をこすったり軽く叩いたりして、満足感や厚意を表現する。踊りやもの真似が得意な乗組員の一人がおどけた仕草をしてみせると、彼らは大いに喜んだ。[6]

フィッツ・ロイがまず目を向けたのは、フエゴ島民の身体であり、第二に、フエゴ島民と乗組員のあいだに実際に発生した身体的な感覚のつながり、そして第三が、模倣——ダーウィンが鮮やかに描写したフエゴ島民が行った模倣ではなく、乗組員の側の模倣——である。これを受けて私たちは、鶏が先か卵が先かという問題に陥る。いったい誰が誰を模倣しているのだろうか。乗組員か、それとも未開人か？　西欧社会の大人が幼児や子供たちに教え、接するやり方を考えれば、私たちは同様の問題を抱えていることに気づく。つまり、私たち自身が「未開」に関する模倣に心を奪われ興奮しているという事実から目を背けてしまうという「ごまかし」のことである。大人は、赤ちゃん言葉、あるいは子供っぽい口調や表現を真似し、自分が「子供の世界」だと考えるものの中に自らをおいて、ときにはしつけを目的としながら子供と遊び、あるいは大人がしたもの真似を子供に真似させることで子供を教育する――わんちゃんはこういうふうになでてね、こうはだめ。こうやって食べなさい、こうじゃないよ、というように。要するに、このとき大人は、別々の二つのものを異なる度合いで模倣している。子供になるのと同時に、犬や食べ物や言葉といったものになっているのだ。これらの二つの現実を慎重に混ぜ合わせ、一方をもう一方の中に入り込ませ、そして新しいふるまいや理解を作り出すことによって、しつけや教育はおこなわれる。では、子供はどうだろうか？ 模倣の模倣をもってこれに反応するのだろうか？ そうであれば、大人が一番初めに模しているのは何だろう？ 問題を単純化しすぎてしまっているかもしれないが、子供の口調やふるまいといった――本当に実在するものを模しているのだろうか？ あるいはそうではなく、大人が真似ているのは、大人の模倣を真似している子供の模倣だろうか？ そうであるなら、私たちはきわめて奇妙なことをぐるぐるとし続けているようだ。そして、そうしていることに気づくことができぬまま、認識に関する健全性と現実のもつ断固たる快適さを守るために、真似をすることと真似をしないで隠すことを同時におこなっているのである。

ファーストコンタクトによる植民地的分断を越えて、真似をするフエゴ島民に合わせて踊る乗組員たちが有するもの真似の優れた能力についてのフィッツ・ロイの観察は、オーストラリア白人のミック・リーヒによる記述と照らし合わせると、さらによく理解することができる。リーヒは、一〇〇年後の一九三〇年代初頭に、ニューギニア高地で金鉱脈を探していた人物である。まず、接触が語られる。

私が帽子を取ると、一番近くにいた人々が恐怖のあまりあとずさった。一人の老人がぽかんと口を開けたまま、おそるおそる近づいてきて、私に触れて生身の人間であることを確認した。それから、地面に膝をついて、私のむき出しの脚に両手をこすりつけた。おそらく色が塗ってあるのか確認したのだろう。そして、私の膝をつかんで抱きしめると、もじゃもじゃの頭を私にこすりつけた。彼の髪は細かく何十本も編み込まれていて、腐った豚の脂みたいなひどい臭いがした。(7)

白人の男たちは空腹だったので、それまで白人と接触したことがなく、未知の言葉を話す人々と「贈り物」を交換して、食べ物をもらいたいと考えた。白人たちは、ガラス玉で豚一頭、鉄製の斧一丁でサトウキビを「買い」、その夜はそこで野営することに決めた。海岸沿いから連れてきた先住民の荷役夫たちが疲れていたからだ(ニューギニアでは、白人の男はだれも荷物を運ぶことはなかった)。つぎに、模倣が語られる。

私たちは「高地の」先住民に身ぶりで意図を伝え、翌朝に私たちのところに来て道を教えてくれるよう頼んだ。これは次のようにやったところうまくいった。頭を片手にもたれさせて目をつむる——眠る仕種。地面を指さしてここの場所を示す。つぎに、東を指して、のぼる仕草。——「日の出」を表現。それから、小川を指さして、道を見下ろし、首を振ってみせた。先住民たちはすぐに理解し、手を貸すと私たちに伝えた。頼らざるをえないとき、身ぶりは対話において驚くほど威力を発揮する。(8)

……一方で、ダーウィンは、先住民こそがもの真似にすぐれていると考えていたのだった!

境域

簡潔にまとめるために、フィッツ・ロイの船乗りの話に戻ろう――英国海軍の船乗りが踊りをおこなう描写の中ではおそらく、もの真似をしながらも波しぶきで濡れた顔に浮かぶかすかな笑みと、また、集まったフエゴ島民からもの真似を引き出そうとして没頭する姿は――私の言うところの「境域」としての模倣である。その空間は、模倣と他者性の植民地的緊張によって満たされた場所であり、誰が模倣し誰が模倣されるのか、どれがコピーでどれがオリジナルなのかを決めることが容易ではない空間である。フィッツ・ロイの船乗りが野生と向かい合って踊った行為は、ダーウィンの――「すべての未開人はこのような模倣の能力をかなり有しているように思われる」という記述を読むことから受ける衝撃のもたらす絶妙な二面性について、再び私たちに考えさせようとする。フィッツ・ロイの船乗りを通して私たちは、必要性はないとしても、私たちがよく知っている世界の辺境に位置する未開人の模倣に映し出される、文明人がもっている喜びを思い出すのである。メタカテゴリーの強度によって、能力としての模倣が燃える世界である――さまざまに実在し、畏敬とともにある具体的な模倣だけでなく、正当な所有物である未開人の身体と不可分な模倣である。それにもかかわらず、このような演出、つまり、能力を引き出してそれを認識するという演出を提供しているのは他でもない文明化された目なのだ。目それ自体である身体に影響を与え、その中に溶け込むという引き出し。同じようにして、私たちはフィッツ・ロイが描いた踊る英国人の描写の中にそれを見るのである。

このようにして、事実としての模倣、認識の瞬間としての模倣は、境域の存在を匂わせるものとして理解される。風が吹きすさぶフエゴ島のような特別な場所である植民地的空間は、子供や動物たちとともに、人間がおとぎ話の中で変身するものたちへと下りていく場所である。その結果、模倣は「オリジナル」を決定するだけでなく、「オリジナル」によってオリジナルとなる。コピーとオリジナルが反転するシュールレアリスティックな植民地の舞台の上ほど、模倣がドラマティックに演じられる場所はないだろう。そのことについて私たちは、ダーウィンがフエゴ島の浜辺で綴った決定的に重要な記述を通して知らされることになる。つまり、プリミティヴという鏡に映った姿を通して、文明はコピーとオリジナルの差異の測定をおこなう。この場所は、西洋の文化的伝統に深く浸透しており、それゆえ、自我にも深く関係しているため、無関心を決め込み、距離をとって冷静に判断することなどできない。あらゆる精妙な方法で自己そのものに入り込み、目を背けようとさせる構造に進入する。もっと端的に述べるならば、まさに感覚の原理、現実を模倣することの原理へと入り込むのである——さらに言えば、模倣は困惑させるような相互関係を受け入れ、それらと知覚、喜び、痛みを混ぜ合わせる。また「驚きと模倣の滑稽で奇妙な組み合わせ」とも混ざり合うために、なおいっそう当惑させるものとなるのである。

模倣の能力を引き出すこと——模倣の模倣

しかし、船乗りと未開人たちのあいだでの（「ファースト」）コンタクトにおいて、屈強な肉体によって何度も叩かれ、また、お互いに何度も叩き合うことによって攻めたてられるとき、そこにはなにか固有の特徴があることを認めざるを得ない——胸をはたき、服をはだけ、こすり、撫で、腕を組んで歩き、しかめ面をし、目をすがめ、言葉を発し、踊る。そのような行為である。こういった動作は、お互いのあいだに欠落していた共通の音声言語を補う以上のことがおこなわれている。その一方で、フィッツ・ロイや乗組員たちが、共通言語をもたないドイツの農民たちやノルウェーの漁師たちにたいして、同じようなふるまいをすると想像するのは難しい[9]。

この植民地的模倣を表象する言語は、ぱちぱちと音を立てながら、五感に訴えかける性質を有している。肌の色と身体への彩色の詳細な表現から始まり、胸を叩き、露わにする行為――それらはまるで、船乗りたちがフエゴ島民のように服を脱ぎ捨て裸になった行為とよく似ている――そして、音！ この表現行為で言語の代わりをしている音！ ニワトリに餌をやるときに出す、コッコッコッという音。咳払いをする音。喉のかすれた男が叫ぼうとする音。口の端から出す、馬をけしかけるような音（これらはすべて動物がもとになっている！）。

感覚性についてまとめてみよう。さらに、身体的適応、物質の物質性、言葉にできないものを明確にしようとする試みも。（ダーウィンが使う）明確な表現による言語は、最大限に緊張を強いられ、アルトーあるいは未来派とダダ・ブリュイティスムと同じようにノイズそのものになり、（フエゴ島民の）模倣者を模倣するようになった。その結果、動物の世界――少なくとも家畜動物の下位世界が引き合いに出されるようになる。たとえば、飼い主のコッコッコッという音によって餌の時間に並ばされるニワトリ、飼い主が出す馬っぽい音や馬を元気づける音でおとなしくなる馬。要するに、これらの音は、ただ動物を真似るだけではなく、動物を管理するために英国人は用いている――ダーウィンはフエゴ島民を世界の最下層に分類したうえで――動物に対する彼らの話し言葉と、「私たちの言葉」の真似をしようとする習慣とボキャブラリーを比較するだけではなく、このような比較の中で大きく変わる彼自身がこれらの音を真似る――ダーウィンは、模倣するものをよりよく模倣するために、模倣を模倣するのである。ダーウィンの模倣を通して――変容する実際の存在である音の中の音に気づくことになる。さらに、私たちはまた、知覚することと模写することの二重性をもつ模倣の性質を想起するのである。

さらに、この二重の層は、印象的な方法で明らかにされる。それはダーウィンが「私たちヨーロッパ人はみな、外国語の音を一つ一つ聞き分けることをとても苦手にしている」と語る一方で、フエゴ島民は「完璧な正確さで」船乗りの言葉を真似することができると、畏敬の念をもって観察する場面である。ダーウィンは（忘れるべきでないのは、私たちにテクスト化して伝えるために、後年になってやっと市場価値のある本になるのだが、ただの日誌の中で）フエゴ島民の言葉を感覚によって模倣し、一方で、フエゴ島民は一字一句正確に模写することで船乗りの言葉を模倣するのである。

しかし、何よりも心が引きつけられるのは、競争の場ができることだ。もの真似の競争である。フエゴ島民たちは船乗りを目にするや、姿形、話し方、歩き方、そしてもちろん、顔を真似することに没頭してしまう。「われわれが咳やら欠伸やら、そういうちょっとしたふるまいを見せるたびに、彼らはすぐさまその真似をする」とダーウィンは書いている。すると当の船乗りたちが、ダーウィンの記述によれば、目を細めたり、しかめ面をしたり、やぶにらみをしたりし始める。言い換えれば、船乗りたちもそのゲームに乗ったのだ。それは模倣を模倣するゲームであるだけでなく、パロディーを感じさせるものでもあると私には思われる——しかめ面の感覚的能力のパロディーであり、模倣そのもののパロディーである。しかし、このゲームでの私たちの審判であるダーウィンは、フエゴ島民を模倣する船乗りをさらに模倣したフエゴ島民の方がやはり勝っていると述べている。

フエゴ島民たちはもの真似をする衝動を抑えられないかのようである。彼らの模倣の才能は、能力というよりも自然に備わった反射作用である。未知のものに自然と顔を向ける本能である——顔を向けるということに着目したい。けげんな顔の表情に浮かぶ、知覚することと模倣することである。フエゴ島民の身体彩色の中のとくに顔、とりわけ目の回りの塗り方に注意しよう。船乗りとフエゴ島民のあいだの連鎖反応に火をつけたしかめ面にも着目しよう。そしてなによりも、驚きと模倣は表裏一体らしいということに注目しよう――ダーウィン自身も『日誌』の中で「こちらも最初の深い驚きが過ぎ去ってしまうと、未開人の絶えず表情に現れる狼狽やらもの真似やらの不思議な混乱ぶりが、これ以上ないほどばかばかしく思えてきた」(209) と述べている。ここに私たちが発見するのは、衝撃とそれに続く模倣的反応によく似ているように見えるものである。絶えず表情に現れる……奇妙な組み合わせ。

より鋭い感覚、強力な模倣?

ダーウィンは「未開の人々」のあいだの並はずれた模倣能力の発達は「未開の状態におかれているすべての人々に共通していることだが、文明化した状態に長くいる人々に比べて、知覚に対する熟練した習慣とより鋭い感覚」のせいだろう (206) と述べている。フエゴ島に到着する前にビーグル号の上でダーウィンは『日誌』を書いた。彼はその中で、ロンドンから故郷に戻る三人のフエゴ島民は驚くべき視力をもっており、海の上で何年も過ごした英国の船乗りよりもずっと目がいいと記している。船上でフエゴ島民だけが裸眼で見えるものを識別できたのは望遠鏡だけだった。しかし感覚は、自然の近くで生活することで鈍るとも言われており、ダーウィンは、フエゴ島民のスキルが経験によって向上するわけではないことから、動物の本能と比較されるだろうと述べている。カヌーの例を出して「彼らのもっとも独創的で精巧な作品は、みすぼらしくはあるが、ドレーク船長のとき以来、二五〇年ものあいだ同じままである」と記している。荒涼とした風の強い環境の中で、衣服や雨風をしのげる場所もなく生き延びるためには――鋭敏さではなく――鈍感さがいかに必要かをダーウィンが描写した場面（216）から、私たちは同じような解釈の仕方を見て取ることができる。彼がここで言及した環境の過酷さは、身体的なものだけではなく、必然的に、倫理的かつ審美的なものでもあると、私は理解する。鈍感さや不屈の精神のテーマが持ち出される際に、模倣の描写は欠如している中で、女性が突然登場し、表象の重責を担う。ダーウィンは『日誌』で、フエゴ族が犬を殺すまえに老女を殺してむさぼり食うこと、また、多くの女性は、些細な失敗をした子供の頭を叩き割るような残忍な主人にこき使われる奴隷であることを明言する。また、次にあげるような、過酷な環境の中での母性による感動的な場面も同様である。

それほど遠くない別の港で、ある日のこと、女が一人、生まれたての子に乳をふくませながら舟のそばにきて、好奇心にまかせてそこにとどまってしまった。ところが、そうしているあいだにも霙《みぞれ》が降り、彼女の裸の乳房と裸の赤んぼうの膚の上で溶けていった！　この不幸な民は、身体が発育不全の状態である。ぞっとするような顔は白い塗料で塗りたくられ、膚は汚れて脂ぎっている。髪は乱れ放題だし、声もしわがれ、身ぶりは荒あらしい。こういう人々を眺めると、彼らが同じこの世に住む同類というか、仲間だとは信じられなくなる。（213）

このように、女性がおかれた状況によって、極端にまで詳細に描写された「この不幸な民」の動物性は、未開性もまた暗示することのできる鋭敏さとはかけ離れているように見える。したがって、フエゴ族のもつ尋常ならざる模倣能力が、彼らのより鋭い（比較級であることに注意）感覚の結果であるという、ダーウィンが立てたようなやや人種差別的な仮説を常識とするのは、心もとないというか、少なくともわかりにくいロジックであると思われる。とするならば、私たちは関連した論拠の流れの中で、さらなるつながりについて考えざるを得ないだろう。つまり、鋭敏さ（と彼らが呼ぶもの）と模倣がしたい、できるようになりたいということと、模倣がうまくできることのあいだには必然性がないように見えるということである。あるいは、よい目や耳を持っていることで模倣がうまくなるわけではないし、模倣がうまくなりたいと思うようになるわけでもないのだ。

模倣の「起源」は生存のためではなく芸術や政治にある

では、未開性と人並み外れた模倣能力（および模倣したいという欲望）はつながっているという可能性を「説明」しようとするとき、この結びつきが生命のある側面に影響を与えることを、私たちはどうやって理解できるだろうか？　生命の重要な側面は、一人一人の人間を厳しい物質的条件に適応した生物学的存在とはみなさず、その代わりに、社会的生命、とりわけ「プリミティヴな」社会の芸術や儀式や神話によって表現された、芸術的な想像力が生み出す命とみなすことである。結局のところ、ダーウィンの好奇心を強くかきたてたフェイス・ペインティングは、寒冷な地域で生存するために必要なものとして、また、物質性の一部として説明できるのだろうか？　そのようなペインティングの中にこそ、模倣の類似性を見いだすのではないだろうか？

ダーウィンがフエゴ島民とオーストラリアのアボリジニを結びつけたことを手がかりにするなら、『日誌』のずっとあとの方で書かれた、ビーグル号が母国へ向かっている場面で、ダーウィンは簡潔に記している。西オーストラリア州のボールド・ヘッドでおこなわれていた「コルロベリーあるいは先住民の踊り」とダーウィンが呼ぶ踊りでは、模倣が重要な特徴となっている。

エミューダンスという踊りもあった。この踊りでは、男たちがそれぞれ、片方の腕を鳥の首のように曲げた。また別の踊りでは、一人が木々のあいだで草を食べるカンガルーの動作を真似してみせた。そこへ別の男が這いでてきて、最初の男に槍を突き立てる真似をした。二つの部族が混じり合って踊るときは、足ぶみの重さで大地が振動した。また、空気も彼らの野生じみた叫びのためにこだまを生んだ。(451)

エミューダンスは、約七〇年後に、エミール・デュルケムの関心をも引きつけた。著書『宗教生活の原初形態』の中で彼は、オーストラリアの中央砂漠に居住するアランダ族について研究した民族誌学の先駆者、スペンサーとギレンが、エミューの豊穣を願う踊りであるインティチュマの中の「ある瞬間に、参加者たちが、身ぶりによってある鳥の雰囲気や姿を模倣しようとしている」と言及したことに触れている。続けて「アランダ族の儀式がもともともっている模倣の性質[10]」と彼が理解するものを強調した。実際には(デュルケムによるストリーロの解釈によれば)次のようである。

(……)模倣の仕種が指摘されない儀式などほとんど存在しない。儀式に饗される動物の性質に倣って、カンガルーのように跳びはね、食べるときの動きを真似る。さらには、羽アリの飛翔、コウモリの独特な音、野生の七面鳥の鳴き声、蛇が出すシューという音、カエルの鳴き声などを模倣するのである。[11]

そのような驚くほどの模倣の正確さとともに、スペンサーとギレンによると、儀式を始めた男たちは、一年のうちの何カ月もまさにそのような模倣だけをして過ごしたとのことである。一九世紀末にスペンサーとギレンがオーストラリア中央部の報告を記述していたのと同じころ、ティエラ・デル・フエゴで生まれ育ったE・ルーカス・ブリッジズという青年が、地衣類におおわれた岩から出てきたハチャイという精霊と出会っていた。ハチャイの全身は赤と白の模様で彩られ、灰色の鳥の産毛を身にまとい、赤い目ののぞき穴をもつ、角が生えた仮面をかぶっていた。ティエラ・デル・フエゴには角のある土着の動物はいなかったけれども、野生の牛を狙うハンターがその役者の演技を見たら称賛したことだろう、とブリッジズは書いている。「おぼつかない足どり、脅すように急に頭を持ち上げる動き、鼻息、いきなり角を突く仕草、あるいはもう一方の角も――すべてが真に迫っていた。彼が演じていた役は、伝説的な神話に出てくるもので、おそらくオナ［セルクナム］族が何世代にもわたって演じてきたものである」[12]。

若きダーウィンが「野生状態にあるすべての人々に共通する、知覚的に鍛えられた習慣や鋭い感覚」と呼んだものよりも、神話や呪術でおこなわれる儀式の実践を学問的に適用する方が、はるかに模倣能力の根拠を提示できるのではないだろうか？

ティエラ・デル・フエゴにおける儀式の実践の強度を正確に知るには、ブリッジズの子細な回想録や、一九一八年から一九二四年にかけてこの地で調査をしていた、オーストリアの才能豊かな民族誌学者マルティン・グジンデの広範囲にわたる著作にあたりさえすればよい[13]。二人はセルクナム社会における儀式の核心を鮮やかに描き出している。たとえば、男だけが使う儀式の建物で執りおこなわれる、ハインの名で知られる冗長な儀式がある（女性のためのこのような建物はなかった）。この儀式は、女性や子供を「観客」とし、驚くほど「芝居がかって」いて「わざとらしい」だけでなく、男性たちが（女性を嫌う）精霊を模倣することで、社会の再生産に不可欠な力、とりわけ、女性が潜在的に有している妖術として彼らが恐れているものを抑え込む力を活性化していることは明らかだった。

神話によれば、はるか昔に生じた――最初の恐怖によって、男性たちはひどく残忍なやり方で女性たちをみな殺しにし、男性の家を建てた。それがそもそもの始まりだった。男性の家でおこなわれる演劇の儀式的な力は非常に重要なため、グジンデはそれを目に見えない社会階層の最高権力と呼んでいる。そうすることで彼は（デュルケムの古典的著作の題名を彷彿とさせるような）宗教の原初形態だけでなく、社会階層の原初形態をも私たちに提示するのである――それは、社会階層の中の遂行的な理論となっている。男性の幻想、とりわけ、権力のある男性が抱えている女性への恐怖によって生み出された幻想が壮大な劇場で演じられる。

　となれば、模倣の中に聖なる暴力のテーマを思い起こすことは当然のことと受けとめられるだろう。フレイザーが、模倣されたもののもつ力を利用する模倣を私たちに提示し、実用的な観点からそうしたのだとしても、ジョルジュ・バタイユが、ラスコー洞窟の壁画について論じた分析は時代を越えて称賛に値する。バタイユは、獲物を手に入れることを目的として描かれたという考え方を退け、それらの壁画は、殺害という暴力を通して聖なるものが解放される証拠であり、侵犯をおこなっている（この場合は、殺害という禁忌）と主張する。[14] グジンデとブリッジズが論じる、ハインにおける模倣のもつ聖なる暴力の強大な力に関しては、異論はない。しかし、フレイザーとバタイユにしたがうならば、演じることによって必然的にともなう暴力から得られる力だけではなく、神を演じることから手に入れる力という視点から、ハインを捉えることができるだろう。ここにおいて私たちは、模倣の中にもっとも根源的な亀裂を見る。というのも、聖なる暴力は、きわめて対照的な二つのあり方で存在しているからである。

　一つは「観客」役の女性と子供たちは、自分たちが目の当たりにしているものは本物の神々であり、神々を演じている自分の血縁者たちではないというふり――真似――をしなければならず、それに背けば殺されてしまう。こうして、超自然的な権力にとって不可欠な公然の秘密が保たれている。

もう一つは、神々の扮装が解かれる際にともなう暴力であり、儀式に新たに参加した男たちは、男性の家でその場に立ち合うよう強要される。笑いと融合された暴力を通して、社会を構成する力としての模倣能力のエネルギーは年長者から若者へ受け渡される。欺かれた者が欺いた者と一体となり、ブリッジズが「偉大なる秘密」と呼んだものがグジンデの言う「目に見えない社会階層」を確固としたものにする。

男性と女性のどちらの例においても、宗教的原理や社会的慣習として、想像上の世界は劇化されるだけでなく事実化されている。このようにして空想は、模倣の芸術と公然の秘密が適切に配置され、演劇と現実のあいだを呪術的に何度も行き来することで、真実とはいわないまでも、信仰に寄与するのである。模倣は、実際に作り上げられた幻想と現実を縫い合わせる——そうしなければ、社会は存在しえない。

男性は、ダーウィンに強い印象を与えたような、他者を活気づけるという意味での模倣に習熟するだけでなく、模倣のもつ神聖なものに近づく力、女性が潜在的にもつより強い模倣能力を抑え込む力に直面する。模倣する男たちは、女性には強制的に見て見ぬふりをさせながら、真実を再創造する行為という過程を通して、目に見えない状況を複製するのである。けれども、この壮大な計画の中で、女性たちはまったく異なるやり方で模倣能力の使用に習熟する——他者を模倣するのではなく、本心を隠し、他者の模倣を信じているふりをする力を身につけて……。

植民地的暴力——模倣の組織化、最終的な解決

ティエラ・デル・フエゴは牧畜に適していると考えられるが、この計画の唯一厄介な点は、どう見ても、フエゴ族の撲滅が必要になるだろうということである。

——『デイリー・ニューズ』ロンドン、一八八二年

あの地域の私有財産にたいして、今日、攻撃をしかけているのはオナ［セルクナム］族ではなく、白いインディアン、つまり大都市からやって来た野蛮人である。

——フリオ・ポッパー、一八九二年。彼は一九世紀後半にティエラ・デル・フエゴの先住民を虐殺し、もっとも恐れられた人物の一人とされている。


一九世紀後半におこなわれたティエラ・デル・フエゴでの先住民虐殺について書かれたグジンデの文章を読むと（引用は彼の文章から）(15)、恐怖の中に突き落とされる。同時期の南北アメリカ大陸における他の多くの場所において、先住民の虐殺はあまりにもありふれているが、それでも想像を絶するものがある。「残虐性」と向かい合い、あなたは、植民地行為の蛮行、文明の原初的な出来事、あるいは、近代国家の統合に関するなんらかの入門書を読んでいるような気分になるだろう——他者に転嫁された残虐性であり、他者の身体で模倣された残虐性。グジンデによれば、セルクナムの人々は当

初から「ヨーロッパ人の侵入を脅かす幻影」と表現され、さらに「入植に対する危険な障壁」であると宣言された（143）。本格的な撲滅は一八七八年の金の発見とともに開始され、その直後に白人たちによって羊の牧場が作られると、徹底的におこなわれるようになった。牧場が先住民の利用する土地に広がると、彼らは食料用の羊を殺すことで報復し、これらの不均衡な力のあいだの暴力の連鎖は急速に広がっていき、金で雇われたハンターたちは、先住民を一掃するよう奨励された。グジンデによると、先住民の耳一組に対してハンターに提示された金額は、ピューマ一頭の相場と同じ——一英ポンドだった。妊婦の耳は、その子宮から引きずり出された胎児の耳と合わせると、さらに高値がついた。グジンデは、先住民の頭蓋骨をヨーロッパの美術館に輸送して金を稼いでいる人物を知っていた。先住民を探し出すためにマスチフ犬がヨーロッパから輸入され、殺された羊には先住民が食べることを予想して毒物のストリキニーネが混入された。それにより、先住民の子供たちには致命的な病が植えつけられたのである（141-47）。

グジンデは、一九一八年から一九二四年にかけてフィールドワークをおこなっていた当時、セルクナムの人々が白人につけた七つの名前を列挙している。そのうちの二つは、白人がジェノサイドにおいて模倣を展開したことにまで言い及んでいる。一つ目の名前の文字どおりの意味は「黒い沼地の水から引きぬいた根のついた土のかたまり」だった。この名前は、先住民の目からは、白人が周囲に溶け込むために少人数の密集したグループでつねに移動し、たいていは黒い布をまとっていたという事実を表している（ここでは緋色の布ではないのだ、みなさん！）。二つ目の白人の名前は「土または毛むくじゃらの皮革でできたヘルメットか何か、草のついた土のかたまり」を意味した。先住民を怖がらせ、怖じ気づかせるために、ハンターたちは騎兵の像を作り、土と草、あるいは皮革で作った人間のような像を馬の背に乗せていた。それゆえ、白人を指すこの言葉は「毛の生えた皮革で覆われた土の像」(154)としたのだった。ホルクハイマーとアドルノは「文明」による模倣能力が生まれる道筋を説明するためのさらによい例を見つけられたのだろうか？　想像の中の残虐性を支配するかあるいは破壊するためにそれを模倣するという「文明」のことである。彼らは、偽装した――「毛の生えた皮革で覆われた土の像」という文明を表す呼称よりも、さらに恐ろしい呼び名を見つけられただろうか？

第七章　模倣の精神、贈与の精神

火や煙とともに、フエゴ島民の野生性をなんども際立たせたのは、唐突に自分たちの存在を知らせようとしたり、白人のものをひっきりなしに要求したりするときの、彼らのおぞましい叫び声であった。ダーウィンが模倣について語るときに描写したのは、視覚に加えて言葉の正確で明瞭な発音であったのに対して、取引や物々交換を示すときに持ち出されたのは、周囲に鳴り響く音、うつろに響く耳障りな人間の声であった。ダーウィンは『日誌』において、ティエラ・デル・フエゴについて書かれた最初の段落で、ビーグル号がグッドサクセス湾に入っていく際に、音を重要な描写の要素として記録している。

入港していく途中に、この野蛮な土地の住人らしいやりかたで出迎えを受けた。フエゴ島民の一団が、枝のもつれあった林になかば隠れながら、海にせり出した荒れ果てた岬の鼻にしがみついていた。われわれがそばを通過すると、連中は跳び上がり、ぼろぼろの上衣をなびかせながら、かん高くてよく響く叫び声をあげた。蛮人たちは船を追いかけてきた。夕闇が落ちる直前に

は、彼らのともした火も見え、興奮した叫びがまたもや聞こえた。(1)

一カ月後、ジェミー・ボタンの生まれ故郷であるポンソンビー湾で、ビーグル号は再び火と叫び声に迎えられた。それはまるで、音の形を借りて、野生そのものが土着民の巣穴から爆発して出てきたかのようだった。

火が至るところに点され(フエゴ島すなわち火の島の名はこれに由来する)、われわれの注意を引きつける一方、幅広く遠方まで報せを伝達した。数マイルも向こうから海岸ぞいに走ってくる人もいた。ある集団は、ひと目見たら忘れられないほど荒々しい未開人に見えた。突然、せり出した崖から四、五人が姿を現した。全員がすっ裸だ。長い髪が顔のまわりに伸びていた。手に、ふしくれだった棍棒を握り、地上から跳び上がって、ふりかざした両腕を振った。そして、なんともおそろしい叫び声をあげたのだ。(218)

フィッツ・ロイ艦長もまた、めずらしく音と火に着目してこのときの出来事を描写している。

われわれが船に荷物を積んで乗り込むと、あらゆる方向からカヌーが現れ始めた。どのカヌーにも、声を張り上げてわれわれを歓迎する大声の持ち主がいた。遠くでは低い声がかすかに聞こえ、われわれの近くにいる友人たちの声がこだまし始めた。われわれの行く手がはばまれる前に、急いで遠ざかるよう私に警告していたのだ。(2)

印象的な場面だった。音の組み立てによって構成される正真正銘の舞台だった。艦長は続ける。

船を隠していた入り江から出て進んでいくと、息をのむような景観が開けた。湖のように広がる濃青色の水の向こうには山々が鋭く天を衝き、氷に覆われたその頂上は鏡のように朝日の光を反射していた。すぐにわれわれはそびえ立つ山々に囲まれ、漆黒の断崖絶壁がふもとに広がる静かな水面に黒々とした影を投げかけていた。（106）

フエゴ島民たちは船を見つけると、あらゆる方向からカヌーに乗ってやって来た。「しわがれた叫び声があがり、崖の辺りで反響する。いつまでもやまぬ歓声のようであった」。まもなくカヌーの数は四〇隻近くになった。どのカヌーにも炭火が積まれており、青い煙が立ち上っている。「カヌーに乗っている男たちはほとんどみな、低く鳴り響く声で力の限り叫んでいた」（106-107）。まるで夢のようだった、と艦長は記している。すべての帆を膨らませてくれる風のおかげで、火が燃える騒々しいカヌーたちよりも速く進むことができた。

緋色の布が広げられても音が止むことはなかった。その野生の声は異なった調子を帯びていった。「ボートに乗っているあいだに、私は彼らの声そのものがすっかり嫌になってしまった。彼らの声にはずいぶん悩まされた」とダーウィンは『日誌』に書いている。

最初から最後まで発せられていたのは「ヤマーシューナー」という言葉であった。ある小さな湾に入ったとき、われわれはあたりを見回し、静かな夜を楽しめるなと思ったものだが、あのおぞましい「ヤマーシューナー」という言葉が、暗くて目立たない入江から、切り裂くように聞こえてきた。それから合図を知らせるかすかな煙がくねりながら立ち上り、遠く一帯に報せを伝えた。またある場所では、そこを立ち去るときにわれわれはお互いに「ありがたい。とうとうあの恥知らずな連中を出し抜いてやった」と言い合ったものだった。しかしその途端、はるか遠方からあらん限りの叫び声で呼びかけてくる者たちがいる。かすかに聞こえるので耳を澄ますと、明らかに「ヤマーシューナー」と聞きとれた。（227）

ヤマーシューナーとは、ダーウィンによれば「おくれ！《ギブ・ミー》」という意味だった——しかし「おくれ」は英国の政治経済（公式であろうと非公式であろうと）に分類されようのない複雑な混合体であったことは、記録から明らかである。交易と贈与の複合体であり、互酬性をもっておこなわれることもあればそうでないときもあり、船員たちが完全に窃盗だと断定するようなひどくしつこい要求と深く絡みあっていた——とりわけその被害を受けたのはあわれなマシューズ宣教師であり、ロンドンですっかりふくよかになったフエゴ島民ジェミー・ボタンも、自分の仲間のところへ送り返されるやいなや、同じように被害者となった。衣服を身ぐるみ剥ぎ取られ、ほどなくして仲間たちと同じようにやせ細ってしまったのである。フィッツ・ロイ艦長は、航海日誌に、一人のフエゴ島民がジェミー・ボタンに話しかけているあいだに、別の一人がボタンのポケットからナイフを抜き取ったのを見たと記している。しかし、女性であるフエギア・バスケットは何も奪われることがなかった（111）。

フエゴ島民が起こす騒音、フエゴ島民によるしつこい要求、フエゴ島民がおこなう窃盗。これらは何度も繰り返された——フエゴ島民たちにとってはこれらはすべて同じことなのである。彼らにとり囲まれた宣教師は、地中に隠しておかなかったものはほとんどすべて失ったと、ダーウィンは『日誌』に書き、次のように続けている。「フエゴ島民に持っていかれたものはすべて」。

（……）島民の手で切り刻まれ、分配されたようだ。マシューズがかたときも手放せなかった懐中時計は、とりわけ島民たちの狙いであったそうだ。夜も昼も島民たちにとり囲まれ、頭のすぐそばでわいわいやられたので、それが身体にいちばんこたえたという。（225）

「彼らは船員たちのものをなんでもかんでも次つぎに指さした。外套のボタンまでもだ」とダーウィンは記している。そうしながら彼らは「できうる限りのさまざまな抑揚をきかせてお得意の言葉を発し続けていた」。それはまるで空気そのものの音、「うつろに繰り返される」野生のメロディーのようだった。ヤマーシューナー。ダーウィンが音にしてくれたものを通して聞くと、英語を話す者の耳には妙にその言葉はまとわりついてくる。ダーウィンの行為は、私たちが自然の音を言葉にしようとする方法と同じである。海のうねる音、波が砕ける音、氷河の傍らで風が起こす甲高い音、その氷河の真下にたゆたう静かな海。ヤマーシューナー！

しかし、ヨーロッパ人が彼らのもつ野生に注意を引かれたのは、それがすべてではない。それらにダーウィンは驚いている。船員の肌の白さはフエゴ島民を驚かせたが、それ以上に彼らを驚かせたのは、アザラシ猟の船で料理をするニグロの黒さだった。「緋色の布だとか青いビーズの美しさ、女が乗っていないこと、われわれが身体を洗うこと、といったあたりまえの環境が、イギリス海軍の軍艦をはじめとする巨大で複雑な物体よりも――はるかに彼らを感服させたのだった[3]」（228）とダーウィンは述べている。

相互扶助、窃盗、戦利品

一九一八年から一九二四年にかけてのフィールドワークをもとに、マルティン・グジンデは多くのページを割いて、フエゴ島民の交換がヨーロッパの政治経済に対して提示する問題と格闘している。自分のものと相手のものを細かく観察し、盗みに対して激しく非難することにこだわるフエゴ島民は、自分たちのあいだでいつもおこなっている贈り物のやりとりと同じように、分配に細心の注意を払い、相互扶助の実践にも気を配っていた。交換は地元の者同士でおこなわれるほか、近隣や遠方からの訪問者もつねに贈り物を持ってやってくるとグジンデは指摘した。贈り物はたいてい、新鮮な肉や美しい皮革だった。そして贈り物を受け取った側は、できるだけ早くお返しの品を渡さなければならない。グジンデによれば——贈り物の受け渡しの際に言葉は発せられず、感情を表現するような意味のある身ぶりもなかったという。「誰かへの贈り物を持ってやってくるのは、どのヤマナ族にとっても避けられない義務の一つである」とグジンデは重ねて強調している。ヤマナ族の言語には贈り物を要求する言葉がほとんどない一方で、贈り物を期待する言葉（ダーウィンの「ヤマーシューナー」？）は多いという事実を重視したグジンデは「気前のよさと私欲のなさがヤマナ族の性質の中で際だつ基本的な特徴である」と述べている。モースの古典とも呼べる『贈与論』やバタイユの『呪われた部分』と同様、マリノフスキーのトロブリアンド諸島における「プリミティヴな経済」に関する記述を通して、のちに壮大な共鳴を獲得したテーマがある。それらと反響させつつグジンデは、フエゴ島民の中には狩猟採集による収穫を気前よく隣人にふるまうことに特別な喜びを覚える者がいると述べ——「先住民は、寛大であることの喜びのため、自分が持っているものを分配する権利を得るために、所有権を持っていることをとりわけ楽しんでいる」[4]と記している。これらの重要なテーマに関してさらに多くの言葉をつけ足せるだろう。しかし、この交換「システム」の中へとビーグル号が到達したことによってもち込まれた不調和の深さを認識する、という点においてはおそらく、十分に考えは伝わっているだろう。もちろん、ここで使っている言い回しがいささかありきたりなことはわかっている。「交換システム」というと、マニュアル車のギアボックスか何かのように聞こえるだろう。しかし、問題としているのは、人間が抱えているとても大きな情熱であり、人であることを作り上げているまさにその性質、そして、贈与がものと人のあいだに作り上げる奇妙な親密さである。

英国海軍のビーグル号とその乗組員を、獲物を狙う動物に例えたいわけではなく、ましてや、浜に乗り上げた鯨と同一視したいわけではない。とはいうものの、普段は慣習によって決められている狩猟地の境界線が解放されたときの戦利品に関して、グジンデが描写した次のような情景に私の想像力は刺激を受けるのである。

鯨が岸に上がったと聞き及ぶと、来られる者はみな、まだ誰にも荒らされていないその場所へと向かう。食すのに適した部分がすべて消費されるか、あるいは分配されるまでそこにとどまる（……）空を埋めるほどの鳥たちの大群を合図に、インディオたちは打ち上げられた鯨へと次々に押し寄せ、なかには遠方から来るものもいる。彼らはみな脂身の極上の味を堪能する。よそ者をあえて追い払おうとする者は誰もいない。そんなことをしようとする者は、利己的なやつだと大声で非難されるだろう。[5]

贈与の精神、模倣の精神

彼らはもの真似の天才である。われわれが咳やら欠伸やら、そういうちょっとした動きを見せるたびに、すぐに真似てみせる。

——チャールズ・ダーウィン『調査日誌』

端的にいえば、フエゴ島民たちは、英国人の船員たちの動きや彼らが錨を揚げながら歌う歌を模倣し、踊りやしかめ面、さらには言語そのものまでも見事に真似てみせた。「目についたものはなんでも欲しがり、片っぱしから盗みを働いた」が「誰かが他人よりも裕福になることがないように」慎重にものを分配した。彼らは飽くことを知らなかった。「未開人たちを満足させるのは難しかったが、喜ばせるだけなら簡単だった」とダーウィンは『日誌』に記し、ビーグル号の船員たちと顔を合わせた未開人たちが「驚きと模倣の奇妙な組み合わせを次々と見せる」(218-19) ことに心を奪われた。驚くたびに模倣をおこない——船員たちのものが目にとまればヤマーシューナー! 模倣とヤマーシューナーは、密接につながっているように思われる。魚とナイフを交換したり、あるいはボタンを盗んだりはできるが、言語を取引したり、やぶにらみや奇妙な動きを盗んだりすることは、それほど容易にはできない。しかし、どうしてもそうしたい、あるいは、そうしなければならないのだとしたら、模倣することはできる——それらが驚くべきものであるのなら模倣すればいい。言い方を変えれば、船員のしかめ面を真似ることはできるが、彼のボタンや鋼鉄製のナイフをそう易々と、あるいは納得がいくようには真似ることはできない。いずれにしても、模倣と取引は、模倣と盗みと同じように、方法としては、贈与交換と同じシステムということになる（ダーウィンとフィッツ・ロイは、英国の船員たちとフエゴ島民の男たちとのあいだのもの真似を巡る真剣な競争を巧みに描いていた）。マルセル・モースが「贈与の精神」と呼んだ、交換に関する特異な非資本主義的経済の実践と、じつに見事な模倣とのあいだの類似および歴史的事実をよく考えてみると、これは類似にとどまるものではなく――贈与の精神と模倣の精神のあいだには密接なつながりが実際に存在するのではないだろうかと仮定できる。そう考えても理に適っていないとは言えないだろう。その二つのつながりがもっとも密接になることで「各人のあいだの完璧な平等」といったものが求められるようになる。それをダーウィンは、フエゴ島民が「向上？」する際の障壁として嘆いていたのではあるが。

緋色の布

緋色の布をプレゼントしたら、彼らはそれをすぐさま首に巻きつけ、われわれはうちとけた。友だちになったというしるしに、老人はわれわれの胸を平手で叩き、ニワトリに餌をやるときに出すような声を発した。

――チャールズ・ダーウィン『英国海軍軍艦〝ビーグル号〟航海日記』

火の島に別れを告げる前、ビーグル号が沖へと向かうときにくねりながら空へ昇っていく煙の中で、のろしに火がついた荒れ果てた浜辺で寂しげにしているジェミー・ボタンにさようならを言う前に、模倣の能力に関して心に留めておくべきもう一つの興味深い関連性を記しておく。それは、交換の非市場的形態および首長の不在と模倣の能力のあいだに存在する深遠なつながりという興味深い関連性である。このことは、火のように赤い緋色の布のことや、贈り物を交換してフエゴ島民との交易に参入したヨーロッパ人の巧妙なやり方を再び論じることで説明されるだろう。贈与、交易、盗みのあいだにあると思われていた、きわめてわかりやすい違いについてあらためて考え直さなければならない。

というのも、この緋色の布は役に立ったと同時に不可解な面があったからである。まず、私たちは贈り物として成功したことに注目した。先ほど引用した日記が、緋色の布が贈り物として見事に成功したことを伝えたように、フエゴの老人が船員たちの胸を叩き、ニワトリのような声を発したほど効果があったのである。一カ月後、船員たちはジェミー・ボタンの仲間たちのもとへ上陸した。彼らのほとんどはそれまで白人を見たことがなかったようだとダーウィンは記している。初めのうち、フエゴ島民たちは友好的になろうとしなかった。彼らは投石の構えを崩さなかったが「それでもわれわれは、緋色の結び紐を頭に巻いてやるなど、ちょっとした贈りものをして彼らをすぐに喜ばせた」(218)。けれども、まもなく明らかになるように、物事はそれほど単純ではなかった。贈り物によって暴力や暴力の脅威が克服されたというよりもむしろそれらが誘発されたように見える。このような船員とフエゴ島民の接触の記録を読むと、私は深い当惑を覚えるのである(一九世紀終わりにゴム商人がアマゾン河上流のプトゥマヨ地方へと暴力的に侵入したことを知ったときも同じとまどいを感じた)。どこで贈与が終わり、どこから交易が始まるのか。ここでは物質は、権力と権利のあいだの交渉の重責を担っていることは明らかである。もちろん、これはモースの贈与に関する論文の中の重要な点である――「贈り物」は利己主義と利他主義のあいだの起こりえない融合を作り上げ、計算された贈与と自発的な気前の良さのあいだの信じられない結合を生み出している。ダーウィンが記述した、喜びにあふれた交換の具体例を見てみよう。どちらも相手の喜びを喜び、相手の愚かさを喜んでいる。

われわれも彼らも、お互いのことを笑ったり、不思議がったり、あきれかえったりした。われわれはボロ布と交換に、すばらしい魚やカニをくれるフエゴ族に、申し訳ないとさえ思った。彼らは彼らで、こんなに見事な装飾を、腹いっぱいになるだけの夜食と交換するばかな人間がいることを知って、このチャンスをめいっぱい活用した。顔を黒く塗りたくった若い女が、緋色の布きれを何枚かトウシンソウで髪に飾りつけて本心から悦に入っているところを見るのが、われわれにとってはいちばん愉快だった。（227）

これは一八三二年のことであった。このころのヨーロッパの中産階級の男たちは、上流階級やかつての中世とは異なり、つねに灰色の衣服を着ていたので、赤のような鮮やかな色は画期的な色彩となっていたのはいうまでもなく、野性的でプリミティヴな色にまでなっていた――明らかに、赤はフエゴ島民への贈り物にうってつけだったのだ（フエゴ島民は、私たちが後に知ることになるが、裸の身体に黒色、白色、赤色を塗る習慣をもっていた）。しかし、ヨーロッパ人の新大陸発見と征服が始まったころ、赤色は当初、インドの樹木の一種から採られていた。その燃えるような赤さをもつ木の種類からブラジリアムと名づけられ、のちに、バイーア（ブラジルと呼ばれるようになった場所の一地域）と中南米でも採取されるようになり、一八世紀になると、ヨーロッパではとんでもないほどの高値がつくようになった。実際、金や銀、あるいは奴隷のあとに、カリブ海沿岸での海賊たちにもっとも関心をもたれた商品は、赤い染料がとれる樹木だった。一七世紀にはあの有名なダリエン半島で、クナインディアンたちは海賊たちと協力し合っていた[6]。

それにしても、フエゴ島民たちがそれほどまでに緋色に価値を置いていたとは、何と興味深く、ばかばかしいほどに都合がよかったことか！（同じように赤に魅せられた人々を上げればきりがないだろう。太平洋を横切って、島から島へと渡り、オーストラリアにまで達するはずだ）。マルティン・グジンデは、二〇世紀初頭の「火の土地」においては、顔や身体に塗られた赤はもっとも高く評価された色であったと言い切っている。グジンデは「明るい緋色への感情的な好み」と記し「先住民たちはこの赤い顔料を用意する際には、ほとんど盲目的といってもいいほどに厳しかった。というのも、ほこりや灰くらいでは価値を落とすことのないこの輝くような明るさをとにかくありがたがっているからだ」とも書いている。さらに彼は「赤は友情と歓喜の象徴となっている(7)」と断言した一九世紀後半の民族誌を引用している。アン・チャップマンは、セルクナムの人々に関する研究で、赤を沈んでいく太陽と結びつけ「とりわけ美しく、精霊を喜ばせる色とされている(8)」と記述している。

船員たちからフエゴ島民への緋色の布の贈り物は、果てしない感覚的な応酬を引き起こしたが、それは完全に皮肉と呼べるものだ——返礼という意味において、第三世界から第一世界、そして、第一世界から第三世界へと風変わりなものを出し合っているに過ぎないからである——それだけではなく、それ自体が、植民地主義を明確に表す「模倣と他者性」に関する、なんとも捉えにくいやり方の象徴となっている。それについて、私たちはこれまで多くの実例を目撃してきた。さらに、贈与であるとしても、贈与と窃盗と取引のあいだの明瞭とは言えない区分がそこに生まれ、お互いの関係性を攪乱する——まさに、境界を確立させるという問題であり、資本をもつ者の境界の問題でもあることは言うまでもない——緋色の布は、私たちにそこに存在する微妙な経済を明らかにし、模倣の能力に埋め込まれたつながりを示してくれる。その場所から、緋色の布は、財産と権力のある一定の特徴を帯び始めるのである。

ダーウィンもまたそのことを説明するのに苦心している。ファーストコンタクトでの典型的な植民地主義的ドラマにおいて、フエゴ島民たちをとても巧みな模倣者にしたのがまさにその未開性であるとするならば、人間らしさという言葉に対する中産階級の理解を助けるあらゆる場面において、かろうじてフエゴ島民を人間らしくさせているのは、彼らが首長をもたず所有の観念がない結果であるという事実である。したがって、首長や財産をもたないフエゴ島民は、ダーウィンのいう「向上」をすることが構造的にできないのである。社会の発展を遅らせているのは「フエゴ島民の部族内で、各人が完全に平等であること」とダーウィンは述べ「首長が現れるまではずっとそのままだろう」とし『日誌』のフエゴの章の結論として、次のように書いている。

（……）いつかは力の強い首長が現れて、なにか自分の力で手に入れた利益、たとえば家畜などを所有できるようになる日がくるだろう。でもそれまで、この島の政治的な情況はほとんど改善されそうにない。いまは、たとえ一片の布切れでも一人に与えられると、小さくちぎって全員に分配されるので、誰かが他人よりも裕福になれないようになっている。逆にいえば、誰かが他人よりもずっとすぐれた膨大な財産を手に入れて他人を支配できるようになり、自身の権力を増大させなければ、首長がどのようにして出現するかを理解することは、ちょっと難しいのだ。

(229-30)

そして、フィッツ・ロイ艦長が一人残していったあわれなマシューズ宣教師のものをフエゴ島民は盗み取るばかりか、そうして盗んだものをすべて細かく引き裂き、先住民同士で分配してしまう。「すべての住民が完全に平等に扱われているので、彼らの文明化はいつまでも進まないことだろう。

シャツ一枚、あるいはその他の衣服でさえも、すぐさま小さくちぎられてしまう」(136)とダーウィンは『日記』の中で書いている。

首長がおらず財産を持たないことや、資本と国家の欠如が模倣の能力を高めるとしても、それがどうしてなのかを推測するのはかなり無理がある――これらの用語の範囲はあまりにも広すぎる――複合的なイメージ(読み解かれた「魂」)をもち、自然環境の中で千変万化する自己こそが、模倣の能力を高めるのだと私は推測せずにはいられない。自然環境にある動物や植物や元素は、自然が人間に「語りかけ返す」までに精霊化されており、あらゆる物質的存在は、存在がときに可視化する霊的な分身と対になっている――模倣による分身! ここでは、深く模倣化された世界(ずっとあとで扱うことになる)とは違って、西洋の資本主義に対するロマン主義的な反応によって描かれたイメージについて考えてみよう。そのイメージは、精霊をずたずたにして、「世界にかけられていた魔法を解くこと」により、何が起こったのかを示している。先に述べたように、ダリエン半島のエンベラの森の中へと精霊は入っていき、ガソリンをかけられた偶像のまわりで飛び跳ねる。模倣された世界とは異なり、この魔法から解き放たれてしまった世界には、閉鎖的でいくらか被害妄想的で個別化された自己意識が存在する。死者や精霊化されていない自然から切り離され、それらを下に見ている自己である。世界との有益な関係として作られた概念の上に、模倣とは異なる方法で作られた自己。そのような世界のシステムでは、富、財産、市民権、そして言うまでもなく「感覚与件」の中へと自己は観念的に組み込まれる。しかも「真実」とは「説明責任」をともなうという新しい定義で作られたゲートの検閲をパスするために、必然的に定量可能なものとなってしまうのである。この後者の特徴は、模倣の能力にとくに問題をもたらすだろう――私有財産のように、感覚や気持ちを蓄積することで、すべての商品と同じように、一般的等価の存在を可能にする抽象作用という処置が必要になるからである。

私たちを私たち自身の外側へと連れ出す知覚の力に対して、ヴァルター・ベンヤミンは、感覚与件を「自己」という銀行に投資しながら、個々人に割り当てられた感覚が合体したものとして感覚を捉えることに断固として反対している。必要以上に物質にこだわりを見せるベンヤミンは、近代資本主義の内部で作動している隠された力に目を向ける。つまり、緋色の布のその色自体が、知覚した者が入り込んでいくものであり、目という貸金庫の鍵穴を通してそれを自己へと組み込みはしないのである。自然が語りかけ、語りかけ返すと考えたベンヤミンは、プリミティヴな「精霊信仰者（アニミスト）」の一人である（根本的に特異な立場ではあったが）。アニミズムの研究は、E・B・タイラーによって始まり、英国人類学の中心にあった。近代批評家として、実際には、マルクス主義批評家としてのベンヤミンの仕事は、そのような自然との対話に人間の声を与えることであった[9]。

ベンヤミンは若きマルクスに心から傾倒しているようだった。マルクスは（ダーウィンがフエゴ島民に緋色の布を贈った一二年後にあたる）一八四四年の『パリ手稿』に収められている「私有財産と共産主義」の章の中で、感覚は歴史に依存しすぎていることを生き生きと記述している。さらに、経済的生産をおこなう社会の支配的な方法をある画期的なやり方によって相互に関連づける人間の知覚は、資本主義化における知覚とマルクスが大胆に想像したものと対比することによって、共産主義の影響下におかれるだろうと強く主張した。マルクスの主張によると、私有財産のおかげで「私たちのものの考え方は大変に愚かで一面的なものになっているため、なにかを自分のものだと感じるにはそれを所有しなければならない――それが資本として手元に存在しなければならない。あるいは、それを直接に手にするとか、食べるとか、飲むとか、身につけるとか、そこに住むとかしなければならない」のであり、その結果、感覚は所有することによって疎外される[10]。しかし、すべてのこのような感覚をひとまずどこかに預けておくという認識論は、私有財産の廃棄によって変化するだろう。私有財産の廃棄は、

（……）人間のすべての感覚と特性の全面的な解放である。が、それが解放といえるのは、人間の感覚と特性が、主観的にも客観的にも、まさしく人間的なものになるからだ。目が人間の目になるのは、目の対象が、人間によって、人間のために作り出された、社会的で人間的な対象になるのと並行する現象だ。つまり、人間の感覚は、直接に実践の中で理論的な力を獲得していく[11]。

模倣の能力とそれが具現化するような感覚に訴える知識は、厳密には、このような想像しにくい状態にはならないかもしれない。つまり「人間の感覚が、直接に実践の中で理論的な力を獲得していく」[12]状態にはならないだろう――きわめてフエゴ的で、きわめて「プリミティヴ」、そして、ある程度の感覚の鋭さと模倣の器用さが存在するために「独占欲の強い個人主義」というものとは正反対のものがたしかにあるのだということを、私はなんとか提示したいのである。

マルクスからさらに引用する。同じ段落で彼は続けて「感覚は、ものごとへの関心ゆえにものごとにかかわるが、ものごと自体は［彼のいう完全無欠な共産主義においては］、おのれに対しても人間に対しても、対照的・人間的にかかわるのだ」と断言し、簡略化して述べるために次のように付け足している。「ものごとが人間に対して人間的にかかわるからこそ、実践において私はものごとと人間的にかかわることができる」。一見するとこれは、ベンヤミンあるいは一九世紀後半の英国人類学によるプリミティヴの見解に劣らないほどアニミズム的である。完全な共産主義社会という想像上の社

会では、私有財産は（国家とともに）消滅し、財産関係は社会的・人間的な対象としてのものごとに応じて人間の営為を保証するのである！

　このことは、マルクスが『資本論』の中で使用している「物神崇拝」という言葉に重要な影響をもたらしている。商品を作り出す生産者に決定的な影響を与えている市場で売買される物質、それは、商品のもつ神とも呼べるような霊的な性質をもつ。その文化的帰属を述べるためにマルクスは「物神崇拝」という言葉を使用した。「アニミズム」という用語を使ってもよかっただろう。資本主義のもとでは、物質のアニミズム的性質は、人から経済が徹底的に疎外される結果として起こる。その結果、人はもはや生産の目的とはなり得ず、生産が人の目的となり、富を得ることが生産の目的となるのである（共有し合ったりせず、ましてや、その場でシャツを引き裂くことなどしない！さらには、まったくもって、安っぽくて古ぼけた緋色の布に夢中になることもないだろう！）。ポスト資本主義的アニミズムとは、マルクスが『資本論』の中で物神崇拝という言葉を使ったように、社会経済的な搾取機能というものは資本主義の克服によっておそらく消滅するだろうけれども、物質に備わっている能動的で社会的な力としての物神崇拝は残り続けるということである。実際、物神崇拝は消滅することはない。というのも、若きマルクスが世界の人間化として心に描いたものを実現させるのは、知覚を「蓄積する」方法が欠如しているポスト資本主義社会における物質のアニミズム的性質だからである。

　私たちには、よく考えるべき二つの魅惑的な問題が残された。一つは、これらのさまざまな形態をもつ物神崇拝に関して、ポスト「資本主義」の「近代性」をまとった模倣の能力の「再生」をどのように理解するべきか、ということ。二つ目は、模倣の能力はポスト資本主義者のユートピアがもつ特権的な要素であり、差異、無力な首長、共有、そして、自然に対して「人間的」で、おそらく「しなやかな」関係として私たちが捉えようとしたものたちのあいだでの活発な交換のまわりで組織されるから、「贈与経済」が模倣の能力を必然的にともない、おそらくそれに依存している限りにおいて、私たちはこのような能力を研究するべきではないだろうか、ということである。

第八章　模倣の世界、目に見えない分身

さて、すでに失ってしまった模倣の世界に住む、とはどのような感じなのだろうか。そこでは、さまざまなものは精霊という複製をもち、そのため、自然は、夢や予兆を通して過去の出来事を回想し、人に話しかける。自然は支配されるものではなく委ねられ、呪術的に優位な立場にある。人間はというと――ダーウィンのフエゴ島民のように――「生まれながらの模倣者」である。そのような世界で暮らすとはいったい、どのような感じなのだろう？　このような、大げさでふざけているとさえ言える質問をすることは、もう一つの知識体系へと入っていき、もう一つの身体的認識へと入り込むことでもある。いわば、確固たる自己の中に潜む夢想家を連想させる問いである。共感の連鎖を通して湧き上がる衝動と結びついたものにどっぷりと浸り、そこから導かれる象徴的な意味によって作られる理論に憧れるユートピアンである。それでは、魂の話から始めていこう。

世界の舞台としての魂

私たちを模倣の世界の中心へと投げ込むのは魂である。一九三〇年代初頭に、ノルデンショルド男爵が、ためらいながらも「魂」と訳したプルパというクナの概念について記録している。それを模倣的な分身と要約しようとし、私たちの身体の――「目には見えない複製」と彼は呼んだ。彼はいつもの自信のなさをのぞかせて、魂のような形而上学的に多義的な概念を翻訳することに躊躇したことを強調している。死後に出版され、断片的で、多くの意味で共著であるノルデンショルドの文章は、つねに実例とともに述べられ、つねに文化的事実性を具体化している。文化的事実性とは――「クナの人々」が信じているものではなく、むしろ、ルベン・ペレスが当面の問題として彼に語ったものだ。たとえば、以下のようである。

> このようにして明らかになるのは、私がペレスから得た考えや、彼が集めた歌や呪文の内容のすべてを要約するならば、すべてのもの、人々、動物、植物、石、人間が作ったもの等々は、目に見えない分身をもっているということである。私たちはときおり、その分身に夢の中で出会うことがある。分身は身体から離れており、あるいは、少なくともその大半は、肉体が滅びるときにそのもとを離れる。(1)

この「私たち」という言葉の使い方は、じつに奇妙だ。まるで、言葉によって「私たち」が拾い上げられ、運ばれ、クナの世界へと落とされているようである。そういう意味では、クナの人々の魂にやや似ていると言える。ノルデンショルドはさらに続けて、私たちは目が覚めているときでさえも「陽の温かさ、雷の音、音楽など（……）において見られるような、この目に見えない世界」の現れを感じとれることがある、と語る（ヴィーコなら、古代人の作った詩に対するこのような立証をどんなにか気に入ったことだろう！）。

約五〇年後、クナの模倣の世界へと入っていった元・米平和部隊員のノーマン・チェーピンは、男爵よりは自信をもって、次のように書いている。

> 現在、存在している世界は、二重の性質を備えている。「精霊の世界」（ネク・プルパレット）と呼ばれるものと「物質の世界」（ネク・サナレット）と呼ばれるものとから成る性質である。精霊の世界は、人の覚醒した感覚では捉えられず、あらゆる方面から人を取り囲んでおり、あらゆる物質の内側に宿っている。人間、植物、動物、岩、川、村などのすべては目に見えないプルパカーナ（「魂」）をもっており、これは物体の霊的なコピーである。(2)

人間のプルパすなわち「魂」は「一般的な姿や外見は、それを内に宿している身体を表している。たとえば、脚が一本しかない男のプルパもまた、脚は一本である」（75-76）とチェーピンは指摘する。プルパという言葉に関しては、存在するすべてのものの「魂」あるいは、霊的な分身という意味から「すべての植物、岩、動物、川、人間、家、村などは、プルパカーナ［プルパの複数形］をもっており、それは物質的形態の霊的な〈分身たち〉である、とクナの人々は信じている」（565-66）と彼は述べている。

この分身たちの世界がもつ含意について考えるとき、魂あるいは精霊を指す「プルパ」という言葉の他の意味にまで出くわすのは、驚くべきことであるとともに素晴らしいことである。プルパは、経血（赤のプルパ）、精液（白のプルパ）、影、写真（顔のプルパ）、そして、話し言葉（口のプルパ）をも意味している。プルパは、有力な精霊たちが織りなすクナの創世神話を指すときにも使われる言葉である――短い演説の中でそれがどのように生まれてふるまうのかが精霊に向けて語られ、それによって、語る者は精霊をコントロールすることができるようになる（566）。さらに魅惑的なことに、プルパは病気を治すときの歌を象徴するものや、病気の原因を理解すること、そして、精霊の世界のメカニズムなどが宿している「深遠な意味」とチェーピンが呼ぶものを指していることにも留意しよう。歌そのものはプルパではない、とチェーピンは言う。歌が表そうとしているものの知識がプルパなのだ（566）。したがって、プルパが「指すもの」は下記のとおりである。

魂
精霊
経血
精液
影
写真
演説
創世神話
病気を治すときの歌がもつ深遠な意味

治癒についてのクナのテクストとそれを「わかりやすく」解釈した文章を比較すると、このような同義語に対する興味深い洞察が明らかになる。クナのもともとのテクストはクナ・インディアンのチャールズ・スレーター氏（後に詳述）が英語で書き、「わかりやすく」書いたものはノルデンショルド男爵とクナ・インディアンのルベン・ペレスによって書かれた。[3] 興味深いことに、スレーター氏が「イメージ」という言葉を使うたびに、いわゆる「意訳版」では「魂」や「精霊」に置き換えられている。スレーターが治療用の像であるヌチュを「イメージ」と呼ぶときには、意訳版では、像はただ「像」と書かれている。たとえば、スレーターは次のように書いている。

イメージをつかむためならどこへでも行ける。イメージに誘われて青い海の中を昇っていき、潜っていくこともできる。[4]
（強調引用者）

「意訳された」文章は次のとおりである。

精霊の助けを借りればどこへでも行くことができる。青い海原の上を遠くまで行きたければ、精霊の助けを借りてそうすることができ、海の中へと下りることもできる。[5]
（強調引用者）

このように「わかりやすくされた意訳」はまるで呪術的な模倣のようである。魂と精霊はものごとの（ちょっとした）イメージがもたらしていることがわかる。そして、イメージを作り上げているかすかで神聖な性質についての驚くべき解釈である！

世界のすべて

模倣の世界に関するこのような記述を読んでいると、人類学者の記述の中に驚きの気持ちが表現されていないことに驚かざるを得ない。フレイザーが、儀礼主義者は、像や絵、呪文を用いることで、この人やあの人の似ているところ、この出来事やあの出来事の似ているところを作り出している、と指摘しているのは一つの例である。既知の世界全体はこのような方法でコピーされたという考えに至るには、まったくもって壮大すぎるのである。したがって、自己模倣の原理に基づいてこの世界を解釈するならば、この世界もまた強力なものになる。「精霊の世界は物質世界の根底にあり、その内側に宿っている。そして、物質の世界に生命の力を与えている」とチェーピンは書いている。後述するように、これは、夢を読み取る人々や病気の治療者が、イメージの連なりの中で取り出さなければならない力である。現実をコピーしたこの奇妙な世界は「〈レベル一〉〈レベル二〉などと分類される連続した八つのレベルを通して、あらゆる方向に広がっている」(77)とチェーピンは述べている。けれども、この奇妙な世界はまた、自然をもとに模倣されており、その結果として、その土地の地勢ともよく似ている(88)。さらに、物体、人間、動物、その土地自体がこのような方法で模倣されているように――あるいは話は逆で、精霊と物質、オリジナルとコピーのどちらが先なのだろう?――基本的なクナの社会関係そのもの――首長のあり方、結婚のしきたり、妻方居住制、家の形態、家庭の様子、主要な通過儀礼――が模倣されているということになる。「要するに、精霊は善いものも悪いものも、程度の差はあれ、クナの人々と同じように生活している。精霊の世界の基本的なモデルは、クナの人々が自分たち自身の社会についてもっている概念に由来する」とチェーピンは結論づける(98)。

ジーン・ラングドンはブエナ・ビスタのシオナ文化に関する研究の中で、精霊と物質の同じような模倣的地勢について記述している。シオナの人々は、コロンビア南西部のアマゾン川上流に流れこむプトゥマヨ川のほとりにある、プエルト・アシスの川下で暮らしている。ラングドンは一九七〇年代初頭に人類学者として彼らと生活をともにし、シオナの宇宙について自身の考えを述べている。シオナの宇宙を秩序立てている体系では、地上の領域は、彼らの世界を構成する多くの領域の中の一つにすぎないとされる。「それぞれの異なった領域は、その他すべての領域の複製である。どの領域にも、この世界で見られる人々、家畜、耕作地、その他の物体が存在している」。ある意味、これら他の領域は「この［地上の］領域の姿を変えた現実」を形成している、とラングドンは述べる。これはまるで「実体をともなう世界のすべての物質、動物、場所の背後に、物体を創造する生命の源である超自然的な力がある」かのようである[6]。このことはつまり、精霊は凝固したものや顕現化されたものよりも優れていて、そのようなものには左右されない、ということを示している。プトゥマヨの丘陵地帯における私の研究だけではなく、ラングドンの研究やクナの民族誌からも、病気や災害を起こす源にある精霊の領域に対する不安、あるいはパラノイアとさえ呼べるものが間違いなくあるように思われる。このような意味においても、精霊の領域は地上の領域に重くのしかかっていると言えるだろう。

動物たちとの対話

ルベン・ペレスは、ネレと呼ばれる偉大な預言者が、森の野生動物からの訪問を受けていたことを報告している。ネレはいつも、仕切られた小屋へと入っていき、腰を下ろし、動物たちの起源に思いを馳せ、そして、歌った。動物たちとの対話には次のようなものもある。

ある老人がペレスにした話である。その老人は一度、リオ・ペロでイグアサリというネレがタバコの煙でいぶすために、火を起こすのを手伝ったことがあった。すると、一頭のジャガーがうなり声をあげながら現れ、家の中のネレが座っているスルバ［区切られた部屋］にまっすぐに入っていった。そこに居合わせた人々はみなジャガーを目にし、それが精霊ではなく本物のジャガーであるのがわかった。ジャガーのあとには、ペッカリーが何匹かやって来た。そのペッカリーたちは家の外までしか近づいてこなかった。犬たちが吠えると、ペッカリーはまた立ち去ってしまった。ネレたちがこんなふうに大型の動物を呼び出せるとは初めは信じていなかったが、このとき自分はそれを目撃したので本当なのだとわかったと、老人はペレスに言った。同じやり方でカイマンの訪問を受けるネレたちもいた(7)。

スウェーデンの人類学博物館で男爵と落ち合うために、これから出発しようとしたときだった。ペッカリーの群れを海辺へとおびき寄せるために、ペッカリーの起源についての歌を歌う者がいる、という話をルベン・ペレスが耳にした。

このような動物を扱う呪術師が私に教えてくれたのは、起源の歌を歌うことは「起源の物語」の歌に登場する対象をコントロールすることではなく、何よりもまず、魂を込めた呼び出しを通して、そのような対象を作り出す——たとえば、ジャガーやペッカリー——ということである。つまり「動物たちを呼び出す」ことは、それらがもつイメージを使って呼び出し、したがって、それらの魂を込めて呼び出すのである。その結果、実物が生み出される。換言すれば、私が言おうとしているのは、歌い手は精霊の姿のコピーを歌っており、私が模倣の呪術と呼ぶものを利用して、物質世界に精霊を作り出しているということである。

実物を存在させる模倣

これを受けて私たちは、クナによる、治療のための歌の仕組みについて再考することになる。その歌は薬に向けて歌われるだけではなく、病人に向けても歌われる。まず特筆すべきは、詳細な描写がなされることによって、その描写されたものが力を得ることである。ジョエル・シャーザーの詳細な描写がある。

> イカール［チャント］の歌い手は、対象に関する詳細で正確な描写をおこなう際に、日常会話の仕方で精霊の言葉を表現したり、日々おこなっている活動を表現したりして、対象に関する深い知識があり、支配することができる、ということをその対象（実際には精霊）にはっきりと示している。

この事実は、まだあなたを驚かせて立ち止まらせるほどではないかもしれない。

> 行動と出来事に関するその後の語りは、精霊の世界に向けたもので、鏡のようなイメージの中で物質世界においても同じことが起きる。[8]

フレイザーによる模倣呪術がよりうまく表現されていたとしても——ここで論じているシミュラー

クルは言葉で作られているのであって物体ではない！　実際には、二つの模倣の動きが関係している。一つは、精霊の歌でおこなわれている複製である。ゆっくりと動く細部によって詳細が歌われ、長いときには数時間もかけて歌われることもある。もう一つの模倣の動きは、このような精霊の呼び出しに深く関わっている。というのも、精霊は物質世界を複製するので、したがって、歌を用いて精霊を生み出すということは、精霊が表現する物質的現実という鏡に映った像にたいしては、模倣によって支配を及ぼすということになる。

精霊は、自分のことが詳細かつ詩的に語られることに喜びを見い出す。すべてのクナの人々のために（人類学的な表現のよくあるスタイルで）チェーピンは次のように述べている。

> クナの儀礼に関する専門家は、とりわけ二つの能力が重要視されている。一つは、精霊の世界の特徴をよく知っていること、もう一つは、理路整然としていて包括的、さらに魅力的な方法でこの知識を明確に表現できることである。精霊の世界での出来事をコントロールするために——またその結果として、物質世界での出来事をコントロールするために——精霊に向かって精霊に関することを話せなければならないとクナの人々は信じている。専門家は、精霊とは誰なのか、どのようにして生まれたのか、彼らの物質的側面の特徴と行動の特徴は何か、どこに住んでいるのか、そして、彼らの名前は何かを自分は知っていることを精霊に証明しなければならない。
>
> （189-90）

「専門家」が証明しなければならないのはこのようなことであることに留意しよう。だが、しばし足を止めて「証明する」とはどういう意味なのかについて考えてみよう。それはどのようにおこなうのだろうか？　呪術的な有効性の存在とは言わないまでも、それに対する期待があるので、私たちは「単なる」啓示や受動的な複製どころか、証明が現実を変容せざるを得ないことを強く再認識する。「あなたは変わりつつある。あなたは薬へと変化しつつある」。歌の詩句は途切れずに「描写」――すなわち、コピー――へとなっていく不思議な感覚で充満している。その精霊を表に出して明らかにするために、その描写されるものへと関わっていく。

さらに、歌い手は自分自身がその情景の中へと入っていくように詠唱する。したがって、彼は主体としてだけではなく、模倣された他者としても存在する。このようにして、歌い手と歌われる者の両方として、証明する者と証明される者の両方として、彼はオリジナルとコピーのあいだに架け橋をつくる。その架け橋は、人間の世界に入り込むような新しい力、呪術的な力をもつ第三の力をもたらす。植物の精霊はほとんどの場合、女性であるため、チェーピンによると、呪医は自らを魅力的に見えるようにする。まず甘い香りの植物に身を浸し、顔に色を塗り、特別なネックレスをつける。その草や木が生えている場所に到着すると、彼はしばらくのあいだ立ったまま歌う――チェーピンが伝える要約と実際の歌を比較するのはかなり有益である。なぜなら、そのような要約をするという行為は、これら二つの種類の表現のあいだの違いがいかに根本的であるかを証明するからである――要約は、言説が学術的であっても技術的であっても、簡潔で抽象化するような方法をとる。それと比べると、歌は、細部から細部へとほとんどランダムなやり方で延々と枝分かれしながらゆっくりと進む――枝や「埋め草」をもつ幹が軸になるような論理ではなく、細部の塊がネットワークとして広がっていくのである。これらの二つの形式を比較してみよう。まず、植物の前で呪医が歌いながら何をおこなうのかについての民族学者チェーピンによる記述である。

（……）植物の精霊に向かって次のような内容を告げる。どのようにして神は植物を地上に植えたのか、その植物はどのようにして育つのか、どのような性質をもっているのか、どのように集められ、村に持ち帰られるのか、そして、植物は患者を助ける薬としてどのように機能するよう求められているのか。

次に、歌からの「詩句」の数節である。

はるか昔、偉大なる父はあなた方の木の幹をまっすぐに立てた。どれも見た目が立派だった。神はどの谷も空のままにはしなかった。

呪医があなたの銀の樹皮に助言を与え始めると、あなたの銀の樹皮のプルパは力を持ち始める。あなたは薬へと変わりつつある。あなたは薬へと変化しつつある（……）。

はるか昔、偉大なる父はあなたを思ってあなたのプルパに忠告した。はるか昔、偉大なる父は、あなたのことを考えてあなたのプルパに力を与えた。神はいくつもの谷底にあなたの木の幹を何本も立てた（……）。

呪医は（木の）日が昇る側〔東側〕であなたの銀の樹皮を集めている（……）向こう側〔西側〕（……）海側〔北側〕（……）海と反対側〔南側〕（……）で、彼はあなたの銀の樹皮を切り取り始める（……）。銀の樹皮を切っている。銀の樹皮を集めている（……）。

小さなかごの中に、彼はあなたの銀の樹皮を入れている。すべてを二つひと組にして、すべてを二つひと組にして（……）。

このようにして、あなたのプルパは私についてくることが望まれているだろう。あなたとともに（呪医は）振り向いて彼の家へと向かう。あなたとともに家へと向かい、（彼の）足が開いたり閉じたりして、一歩ずつ前に進み、家へと向かう（……）。

（247-48）

これらの詩句は呪術的な力を作り出す。人類学者による要約の表現方法はこのような決定的な事実に対しては口を閉ざしたままだ。「どのような性質をもつのか」「薬としてどのようにふるまうよう求められているのか」と植物に伝えられた、としか述べていない。時間に対する奇妙な感覚、細部に積み重ねられた細部、歌の中へと入り込んでいく歌い手——たしかに、これらすべてはどのような性質をもっているのかについて言われるのとは異なり、意味と認識の新たな秩序を有している。というのも、歌は精霊に指示するというよりは、模倣の能力を通して、精霊を実在化するからである。

呪医があなたの銀の樹皮に助言を与え始めると、あなたの銀の樹皮のプルパは力を持ち始める。あなたは薬へと変わりつつある。あなたは薬へと変化しつつある。

記述の豊穣さ――過剰さの問題

民族学は、何度となく、歌における細部の豊かさについて述べている。たとえば、チェーピンは歌のもつ「豊穣な記述」に触れ、そのような記述の過剰さは、たとえ長い物語風の歌であっても、物語行為をはるかに上回っていると強調している（199）。けれども、シャーザーと同じように、チェーピンは内容ではなく目的とされるもの、つまり、コントロールするという目的に焦点をおく。機能主義的で実利的な観点からその豊穣さを片づけてしまう。「精霊とその行為を徹底的に描写することによってのみ、歌い手は精霊の世界をコントロールできるようになる」と彼は述べている（202）。しかし、装飾が少なく、より直接的で、豊穣さに欠ける様式によって、コントロールは獲得できるとたしかに言えるのだろうか？　好奇心をそそるのはその過剰さ自体であろう。歌い手の仕事を理解することは、何よりもまず、模倣を創造しなければならないということであり、私の考えでは、このような様式的な特徴を明らかにすることなのである。過剰さはこの模倣されたものに決定的な影響を与え、詳細な描写を通して実在を生み出す。これはバタイユが指摘した点である――蕩尽について論じた私たちの哲学者、バタイユ――イメージは聖なるものの解放のあとに現れ、したがって、イメージは結果であって、原因ではない！　聖なるもののあまりにも厳格なイメージに心を奪われないように、バタイユが魅せられた笑いについて思い出し、匿名のクナの歌い手が、偉大なる母であるムーについて六つの歌を歌ったあとに、チェーピンから「これらの歌はなんの役に立つのか？」と問いかけられてどのように応えたのかを思い起こしておこう。「彼はおかしそうにクスクス笑って答えた。〈ただ遊んでるんだよ。ムーはこういうことを耳にすると気分がよくなるんだ〉」（198）。

引用という技巧

これら模倣の世界では、コピーされたものの匂いが立ち込めている。シャーザーは、繰り返しや語り直しや引用が、これらの歌だけではなくクナの日常会話でも一連の際だった特徴を形成している様子に、私たちの注意を向ける。クナの話し手たちは「事実、意見、議論を彼ら自身のものとして述べるのではなく、誰か他の人やあるいは自分たち自身が以前に話したことを言い換えたり再編成したりしたものとして述べる傾向がある。すべての種類の発話は、通常は、最初に発した人の直接の引用という形で、かつて生じた語りに強力に埋め込まれている」(202) とシャーザーは断言する (これはまさに、いま私がおこなっていることだ)。換言するならば、クナの語りには、疑う余地のないほどの模倣の要素が埋め込まれているということである。シャーザーは続けてこう述べる。クナの「文法は、直接の引用と間接の引用のあいだに容易に区別を設けない。すべての引用の大半は直接的であり──話し手は絶えず自分自身のものではない言葉を発し、物語の各瞬間において本当は誰が話しているのかを解読することはとても複雑になる」(202-203) とクナの歌と結びつけて述べている。この難しさは (彼のような) 外部の分析者にだけではなくそのコミュニティーに属するネイティブにも当てはまる。歌い手は歌を引用し、その歌の歌い手は彼の師を引用している。その師は神話の英雄を引用し、その英雄はチョコ・インディアンの言葉を引用している。チョコ・インディアンは聖なる世界の首長を引用し、その首長は神を引用している (そして私は、この歌を引用している彼の言葉を引用し、その歌の歌い手はまた (……))。クナの人々の話す言葉や、クナの人々の存在には、つねに模倣の感性がともなっていることに、私たちは何度も気づかされてきた。シャーザーの言葉を引用するならば、クナの話す言葉はいつも一つ以上の段階で「実際の話者から切り離されており、人がある特定の時間に耳を傾けている内容はいつも、以前話されたものの語り直し、聞き直し、振り返り、再解釈なのである」（210）。これらの言葉は繰り返し語られるに値する。それらの言葉は無関心を遠ざけ、幾重にも重なった模倣をさらに複雑にすることで、新しいものを古く、というよりも、何度も語られた新しさへと変え、模倣という概念自体を徐々に弱らせ、（引用に惑溺していたベンヤミンならそうするように）初めてのものを作り出すということが生じる。すなわち、シャーザーが指摘するように「語り直すことは再解釈へと溶け込んでいく」（205）のである。

スローモーションの映画——作者の死

描写の豊穣さと過剰さについて主張するにもかかわらず、多くのものが選別され、あちこちへと話が飛び、多くのものが抜け落ちていることもまた事実なのではないだろうか？　たとえば、うちへと戻る途中の呪医が、薬を集めるときの歌を歌う中で描写された動きを見てみよう。彼はある特定の植物（の精霊）に話しかけ、その魂にうちまでついてきてくれないかと言う。これらすべては歌によっておこなわれる。そして、呪医は、

> （……）振り向いて、家へと向かう。あなたとともに家へと向かって。（彼の）足が開いたり閉じたりして、一歩ずつ前に進み、家へと向かう。

とすると、どういう意味でこれが過剰な描写となるのだろう？　その完全性はむしろ、示された動

きにある。できるだけ全体を模倣するとともに細分化されたハサミのような姿形にある。要するに、動きの中でモンタージュされた単位である――それはクナの歌を構造主義によって理解しようとしたクロード・レヴィ＝ストロースが進めた、映画的な類似性へと私たちを誘う。彼は余談のようにして、クナの歌はスローモーションの映画に似ていると書き留めている。[9] チェーピンもまた有用な類似性を考え出した。クナの歌と、描写された出来事が精霊の世界で同時に起こるセリフを比較したのである。つまり、歌い手が歌を唱えると時を同じくして、精霊の次元で明らかになる複雑で危険なドラマのディレクターと、クナの歌い手を比較したのである。

けれども、（スローモーションの）映像や映画（その作者たちが考えていたかもしれない映像や映画がどのようなものかは残念ながら特定されないままである）との類似性によって提示された模倣にもかかわらず、ある注目すべき違いがある。歌のイメージはとてもリアルなので、言葉によってそれらに命を吹き込んだ者たちを殺すことができる、と言われている点である。このことは、模倣に新しい光を当てる。「歌い手が求めるものを助けてくれる精霊を導く際に、歌い手側が犯すあらゆる失敗は」（337-38）両者の破滅という結果になる、とチェーピンは記す。彼は、難産のための歌を習得しようとした男の事例を引用する。その歌は「ムー・イガラ（ムーの道）」といい、その男がまだ十分な年齢に達していないときには、祖父にあたる者だけがこの重要な歌を習得できたと言われている。その男は、偉大なる母であるムーに打ち負かされ、血を吐き、その直後に死んでしまった（123-24）。一方、年を取り過ぎても霊的な力は弱まってしまう。年老いた歌い手は、自分がコントロールしようとしている悪霊たちに襲われる危険を冒すことになる。しかしまた、木像によって具現化された精霊の援助者が他の精霊に捕らえられると、歌い手は命を落とす可能性がある。なぜなら（少なくとも重要な歌においては）彼の精霊は、彼の歌によって木像から引き出された精霊の援助者と一心同体だかある。スピリチュアルなものの実相を見抜く力へのまさにこの上昇は、攻撃を受けやすい中おこなわれる――ここにこそ、模倣の空間とのはざまへと入るために必要なものが示されている。

　歌い手は歌うことによって奇妙な立ち位置を作り出しその場を占める。内部でもあり外部でもあり、またその一部でもある。しかしまた、歌うことで実在へと変容させる光景の観察者でもある。このことはリミナリティと混同されることはない。なぜなら、その場所は一つでありまた同じ時間だからである。呪術的な模倣に対して多層的に必要なものを具現化する過程で、歌い手は自己を破壊する危険を冒すことになる。しかし、豊穣な描写によって精霊に命を吹き込むのはなんという喜びだろう！イメージを作ることは魂を甦らせることである。（模倣の）世界における――目に見えない分身を甦らせることなのである。

第九章　世界の起源

これら模倣の世界では、ものごとは子宮のおかげで目に見えない分身とつながっている。この臓器は、生殖と同じ意味をもつコピーするという行為をおこなうことで、起源とのあいだで男性がもっている秘密と模倣を融合させ、後述するように、歴史とのあいだで男性がもっている秘密と模倣をも融合させる。

チャールズ・スレーター氏は、英語を共通言語にしていた船の上で働いていたクナで、一九二〇年代後半に、世界の始まりについて英語で書き記した。「神は自ら地中よりやってきた」から始まるスレーター氏の文章は、ノルデンショルド男爵によって出版された(1)。「そのころの大地は形をもたず暗闇もない状態だった」。神は女を必要としていた。大地には形はおろか空もなかった。そこで神は心臓をもたらそうと密かに考えた。心臓は「女にとっての記憶だからである。神は膀胱へとまっすぐに下りていくヒモ、子供を作るために子宮から出てくる道を女性に与えるヒモ、これに心臓を吹き込んだ(2)」。こうして女が作られると、神はまるで両性具有を暗示するように二重性をもった。その後、その女性らしい身体によって世界は三つの方法で創造された。一つは、子宮から、次に、彼女の身体の部分から、最後に、彼女が見ているさまざまな色をもつ魂から、である。一つの例として、ある重要な植物が「起源の物語」(クナの人々はそう呼んでいる)の中でどのように作られるのかを、チェーピンの記録から私たちは知ることができる。彼が例に挙げたのは黒の染料がとれるゲニパで、儀式の際に身体に色を塗るために使われる。(3) わかりやすく言い換えたり、ときに引用しながら見ていこう。神はその女を呼んだ(「呼ぶ」は性交の遠回しな表現)。そして、女は身ごもった。女の出産が近づくと、神はテーブルを作ると彼女に言った。神は女の外陰部に平らな前面を持ち込んだ――チェーピンによればそれは、腹部である。霊的な形態の腹部――それには脚がなかったので、神はペニスをはずし、それで脚を作った。それから、神は黄金の杯を作ると宣言し、女の膝に乗っている杯――チェーピンによると子宮――を取り出し、それをもとにすばらしい黄色の杯を作った。女はテーブルに上り、朝日に顔を向けた。冷たい経血が彼女の開いた脚からしたたり、彼女は話し始めた。「何かが私の中から出てくるのを感じる。私の身体の道に沿って、とても冷たいものが」。するとある者がテーブルの上に降りてきた。「彼は人のように見え、尻につぼみがついた人のようであったと言われている「ゲニパの実は端につぼみのようなものがある」。父は彼を受け止め、人にした」(64)。その後、さまざまな種類のゲニパが――人として――生まれ、続いて父と母は生きていくための川を作った。母の膣は、ゲニパの人々が呪医に呼ばれたときに通る黄金のトンネルになった。彼女の息は黄金の凧になって、膣の陰唇から作られたカヌーに乗るゲニパの人々の背中を押した。彼女の大腸からはゲニパの人々が住む黄金の家が作られ、小腸はその黄金の家を飾る旗になった。クナの女たちが暖炉をあおぐのに使う火の扇は彼女のクリトリスから作られ、庭の色とりどりの花は彼女の経血から生まれた(65)。このようにして(さまざまな装飾とともに)肉体をもたずに色彩を知覚する女の子宮から生みだされた、この世界にあるほとんどすべてのものの歴史を、私たちは手に入れた――それは、歴史の始まりを歌ったりささやいたりする男たちを通して生まれた世界である。

起源の呪術

ゲニパという植物による「起源の物語」は、私たちに重要なさまざまな呪術を教えてくれる。それは、フレイザーの「類似と接触」という二層状の共感呪術と比較できる。いまのところ私たちは、ものごとの起源を歌ったりささやいたり、あるいは単純にただ考えたりするだけで、儀式をおこなう者に起源を支配する力が与えられると考えている。しかし、問題にしているものにまつわる誕生の物語を歌ったりささやいたりすることで、ここにおいても、シミュラークル、つまり、言葉による音調を帯びた複製を作る必要があることは忘れないようにしよう。これによって、歴史相対主義のもつ力は新しい視点のもとにおかれる。実際、何かの歴史をその始まりや複製という意味から理解するというテーマは、クナの呪術の基本にあり、また遍在している。起源は、先述したプルパ（「魂」や精霊）がもっている意味の中の一つである。チェーピンは次のように書いている。

> 多くの動物、物質、薬、そして、治療を施す精霊のどの「起源の物語」もプルパと呼ばれている。これらの起源の物語は短い話で、この中で、その問題となっている精霊は、自分がどのように生き、どのようにふるまうのか、そして、自分の儀式上の名前が何なのかを伝えられる。創造神話は精霊の根幹的な「秘密」を含んでおり、専門医たちが好きなように精霊を支配し操作できるようにする。
> （566）

そしてチェーピンは、先に述べた植物のゲニパによる「起源の物語」を私たちに提示する。西欧で初めて出版された治療歌のニア・イガラ（そこでは「狂気の治療」と翻訳されている）の中で、ノルデンショルド男爵のスウェーデン人の弟子ニルス・ホルマーとヘンリ・ワッセンは、彼らの情報提供者の助言にしたがって、バルサの木の「秘密」と呼んだものもテクストに入れて出版した――この木からは治療のための人形が作られ、その木のもっている精霊は歌が効力をもつために欠かせないものである。この「秘密」とは、ゲニパについて述べられたのと同じような方法で女性から生まれた、バルサに関する「起源の物語」である。ジョエル・シャーザーはクナの話し方についての本の中で、ほとんどすべての歌には「魂」が宿っていると報告している――その歌はいくぶん難解なクナの言葉ではあったが、日常的に用いられる比較的短いテクストであると彼は説明している。[4] この「魂」が「歌によってコントロールされる物質の起源を説明している」と彼は言う。同様に、まさにその歌（イカール）の中でも起源はきわめて重要であり「バジルという植物の方法」という歌をシャーザーは例に挙げている。細部が詳細に述べられ、単語と単語が積み重なるようにして反復するテクストは、バロック的な成長にともなって、単語が言及するものの輪郭と鼓動をそっと覆っていく。それによって、音の変動する薄い織物で描き出された現実を正常な状態に戻すのである。一行一行が絵のキャプションになり、その絵は次の絵へと連なっていく。

イナピセプティリ［その植物の精霊の名前］が黄金の箱の中で動いている。
黄金の箱の中で動いている。
イナピセプティリが黄金の箱の中で右に左に揺れている。
黄金色の箱の中で右に左に揺れている。

イナピセプティリが黄金の箱の中で震えている。
黄金の箱の中で震えている。
イナピセプティリの鼓動が黄金の箱の中で激しくなっている。
鼓動が黄金の箱の中で激しくなっている。
イナピセプティリが黄金の箱の中で音を立てている。
黄金の箱の中で音を立てている。
イナピセプティリが黄金の箱の中で突き抜けていく。
黄金の箱の中で突き抜けていく。(5)

コピーではないコピー

しかし、土台となる世界がとても整然としているように見えたちょうどそのときに、それはずれ始める。そこには、私たちが民族誌によって注目するようになった新しい世界が現れる。あらゆる方向にエネルギーとして広がっていく世界、霊的なコピーと結びついた物質から作られる現実によって構成される驚くべき世界である。(6) しかし、模倣の能力は必ずしもそのように働くわけではない。ユベールとモースがフレイザーの共感呪術に対する批評の中で、オリジナルに影響をおよぼすコピーは不完全なコピーであり「不完全な表意記号」になりうるという道筋をいかにして持ち込んだかを忘れてはいないだろうか？　マイケル・ランベックが『人間のスピリット』の中で、このコピーではないコピーと格闘している様子に耳を傾けよう。その本の中の精霊は、アフリカ大陸とマダガスカルにはさまれたインド洋に浮かぶ小さな島に暮らしている人々の想像の産物である、と彼は説明する。あるページでは、精霊は「人間とパラレルな生活をしているが、たいていは、人の目には見えない」と述べ、その次のページでは「精霊の社会は人間の社会を真似してはいないけれども、人間社会が姿を変えたものである」と記している。[7] あらゆるシミュラークルの基盤である、このようなクナの世界における模倣の具現化を思い起こそう（民族誌を通して私たちに示されたように）——女性の身体の基盤であり、子宮、身体の各部、女性の視覚である。というのも、数々の模倣の瞬間にしたがって、女性の身体にコピーや複製や起源が集まっていく際に、私たちが発見するのは、一致や複写だけではなく、いったん始まったらものすごい勢いで横滑りするズレであるからだ。

このことは次の事実を見ればすぐに理解できる。民族誌はうらやましくなるほど自信たっぷりに、クナの世界は精霊による分身でできていると述べながら、それに続けて、植物や動物その他の精霊は人間の姿をしていると何のためらいもなく私たちに告げるのだ！　このズレはきわめて重要である。あらゆる植物や動物、もの、あるいは人をも詳述することがその「秘密」であろう。したがって、「秘密」はズレと同じであると要約できる。この結果として「起源の物語」は、ある深遠な意味において（模倣的に）同一のままでいながら、あるものがどのようにして他のものになるのかの「歴史をたどること」と「始まりを探ること」、このあいだのつながりの痕跡を追い求めることと同意になる——異なったものになるという動きの一方で、同じままでいるということである。同じというのは、私たちはのちにクナのエスノヒストリーの重要な矛盾として出会うことになる——いかにしてクナが外部の世界に適応することによって同じままでいるのかというものである。「起源の歴史」を出産と同列に語ることによって、あるものを他のものにするという複雑な一連の呪術的変容が提起される。一方で、変容というまさにその動きを通して、細分化された女性の身体で示されるとても多くの類似をまとめる根本的な同一性という考え方が維持される。この女の身体から分かれてできた世界を詳しく見てみよう。父が女の身体、より正確にいえば、女の外陰部――「母の外陰部の平らな前面」――腹部、チェーピンによれば、霊的な形態である――からテーブルを作る。それは使用できるものの脚がないため、父はペニスを供して釘でテーブルに固定する。おそらくこれは四本に増やしたのだろう。こうして出産のための舞台ができあがるが、ゲニパの人々は生活を送るための住まいなどを必要としている。これらもすべて女の身体から生まれる。その膣はゲニパの人々（と数多くの他のもの）を産むだけでなく、クナの呪医（ときには女性の呪医もいる）の仕事を手伝いに向かうゲニパの人々の背中を押す追い風が通る黄金のトンネルになり、クリトリスが火の扇に、大腸が彼らの黄金の家になる。身体の各部分の「誕生」を似て非なるものへと変える一体化した巨大なプロセスが生じたけれども、それと同時に変容したのである。

ポストモダン地理学

模倣と他者性の論理から見ると、破壊的だが必要不可欠なこの歪みを生じる断層線を証明する一つの方法は、チェーピンのクナの宇宙観に関する記述の思考の起伏を追うことである。まず、層状になった精霊の世界に複製された物質世界を存在論的に考えることによって必然的に導き出された、グレートマザーの子宮から生まれた世界の起源の記述を見てみよう。チェーピンの説明によれば、精霊の世界は複製された物質の根底にあり「〈レベル一〉〈レベル二〉と順に命名された一連の八つのレベルを通して、あらゆる方向に広がっている」（77）。しかし不思議なことに、これらの層は言葉で表現することができない。チェーピンが話を聞いた（宇宙論的観点に詳しい）専門家である情報提供者たちは、いずれも、それらの層を描写できなかった。少なくとも層の絵を描くことはできなかった。チェーピンは、ノル

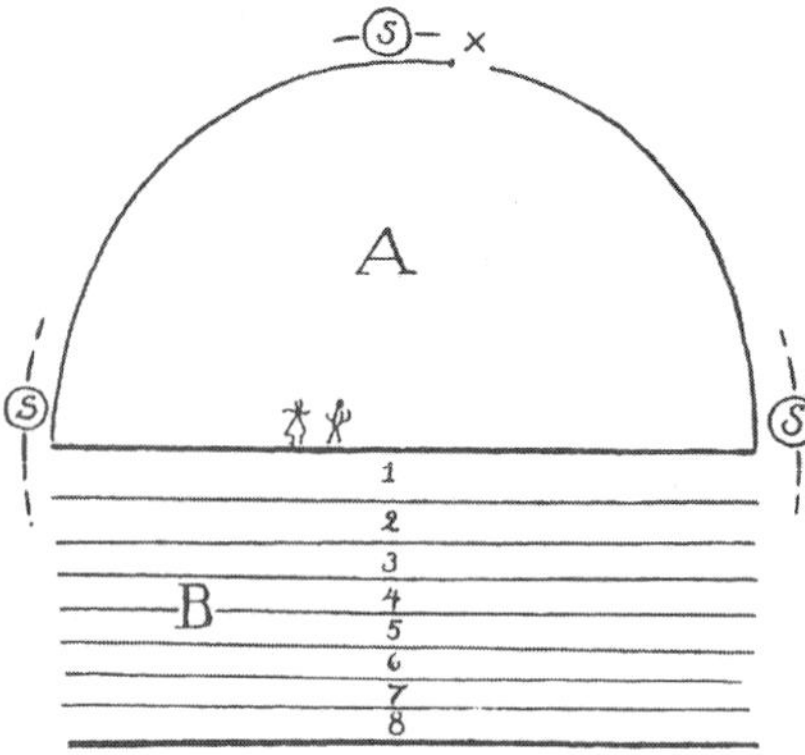

クナによる世界構造の見方（ペレスによる）

デンショルドのテクストにそのような絵が載せられているばかりか、その絵には八つではなく一六の層があることに不満を示している。これについては少々おかしな点がある。それは宇宙レベルの問題であり、正確な特徴、構造、地形に関する問題である。もっと具体的にいえば――視覚的表現――や地形の描写についての問題である。チェーピンは「霊的な層は上に広がっているのか下に広がっているのか、あるいは上の方の層は下の層と同じなのかといった問いかけに対して、一見矛盾しているような答えがしばしば返ってくる」と記している（78）。

したがって、模倣と他者性にとって、いくつものレベルの高さという点において問題が生じるとするなら、さらに問題が起こる。しかし今度はかなり異なった問題であって、宇宙をどのように説明するかという次の段階の問題である。「クナの考えによると」精霊が住んでいる一般的な場所は――山の砦、渦、そして雲、の三つであるという（78）。これは、霊的な地形には、階層ではないかなり異なる感覚があるように私には思われる。けれどもその独特な方法によって、当惑すべきことだが、これらの場所が架空と現実の両方として存在しているのでさらに奇妙である。これらは物理的な場所であり、手が届きそうなほど近くに存在し、何枚ものパンケーキが重なったような多数の層でできた宇宙である。軸を中心にして作られる彫刻のもつみごとな対称性はまったく備えていない。一方で、一対一となるような立体の表現が見られる――たとえば、海や川に生息する動物の霊的分身が渦の中に住んでいる――(精霊の)ゾウ――ゾウ!――もこの渦の中に住んでいるし、山の上にある精霊の砦(たとえば、サン・ブラス海岸から少し内陸に入ったところにある砦)がパナマや米国の大都市で見られるような巨大な摩天楼のごとき姿を現すこともあり、金銀で造られた華やかな色合いの壮麗なその砦には、ゾウや塔、掛け時計や旗までもがついている[8]。これはそのような呪術的要塞カルの絵の一つで、一九六〇年代後半にコロンビア北部ウラバー湾のクナの集落でカシーケセグンド(ポルトガル語で副首長の意)であったアルフォンソ・ディアス・グラナドスが、何人かのコロンビア人の人類学者のためにカラーで描いたものである[9]。

カル・ピトゥグン(1967年以後にアルフォンソ・ディアス・グラナドスによって描かれた。原画はカラー)

カル・ティグンなど、他のこのような精霊の要塞では、建物の上部にある菱形はテーブルである――世界の創造の際に現れる「テーブル」(外陰部)と同じ類のものだ。これが私たちに思い起こさせるのは、女性の身体の各部分と同じくらいパナマの高層ビル群がモデルとして機能し、そのようなものとして機能する際にきわめて厳格な命令により忠実度を実行するものの、それにもかかわらず、そのような忠実度は錯覚をともなっているということである。同一性の理論を保ったまま、ユークリッド空間が崩壊している。チェーピンが描写するのは、上が下に、下が上になる世界である。クナの「専門家は、上の世界を下の世界と分けるにもかかわらず、同じような自信をもって、これら二つの区域はまったく同一のものだと私に話した。ある情報提供者は、〈二つの層は地球の表面を皿のように取り囲んでいる〉と言った」(83-84) とチェーピンは述べている。そして、模倣と他者性の階層版とは異なり、精霊のいる場所や地形は地図に描くことができ、実際に存在している。チェーピンは注で「クナの治療の専門家は、彼らのすぐ近隣にある精霊の砦や渦の場所を記憶しているので、病を引き起こすさまざまな精霊がどこに住んでいるかが正確にわかる」と記している (80)。彼が提示する絵は興味深く、ニュージャージーのガソリンスタンドで買うような地図の類ではない。その絵では、いくつかの棒線画が漫画のようにコマからコマへ、左から右に、右から左にとジグザグにページの上を動いており、それぞれの小さなコマはその中にある世界の目立った特徴との出会いを表現している。まったく同じとはいえないまでも、形の上では、治療者の歌と似ており、その歌を記録した絵とも似ている——それぞれの細部をそのまま受け取るような描写に対しての理性的な姿勢は、少しずつ表現はするが、けっして「拡大したり縮小したり」することはない。また、ときに、つま先立ちで歩き、ときに、一歩で七リーグ〔二一マイル〕も歩ける魔法のブーツを履き、世界の真ん中を歩きながら、守護霊たちを人間として描くとともに、人々がそのような世界をどのように見ているのかも描く(10)。

ジャンプする階層、ジャンプする身体

この非ユークリッド的景観の図解について、チェーピンはクロード・レヴィ＝ストロースやヘンリ・ワッセンにたいして辛辣な批評をおこなっている。彼らは難産に苦しむ女性のための出産の歌「ム

ー・イガラ」で言及される女の身体を文字通りに解釈するものと思いこんでいたからである。ムー・イガラは、レヴィ＝ストロースが小論『象徴的効果』の中で記号論的に分析したことで知られるようになった。この歌では、治療者と彼が作った木像の守護霊が分娩中の女の産道を苦労しながら進み、グレートマザーであるムーの砦にたどり着く様子が描かれているとしたワッセンの解釈にレヴィ＝ストロースは倣っているが、チェーピンの理解では、彼らは的外れの具体性を描くという罪を犯している。というのは、それは実在する女性ではないからである。治療者の守護霊たちが現実世界にいる女から奪われた魂を探して道を切り開こうと奮闘するのは実際の産道の中ではない。そうではなくて、それは女の霊的な分身なのである――全体としての女の分身、万物を産みだすグレートマザーの分身！　たとえば「世界の起源」、ゲニパの起源を覚えているだろうか？

チェーピンによれば、この歌を解釈するには、二組の模倣（と私が呼ぶもの）があることに気づかなければならない。一つ目は、出産中の女の身体と、彼女の「魂」によって表されるその身体のコピーとのあいだの模倣。二つ目は、この魂と、チェーピンが霊的な宇宙と呼ぶものとのあいだの模倣的共起である。最初の模倣についてチェーピンは、超自然的なものが見える者にとって女の魂は次のようになるとしている。

（……）（女の魂は）細かな点に至るまで、外見やふるまいにおいて、その宿っている身体と一致している。言い換えるならば〈魂〉は物質的肉体の〈霊的なコピー〉なのである。人の身体のあらゆる器官には霊的に対応するものがあり、妊婦の〈魂〉は彼女と同様に身ごもっていて、意識レベルで彼女が経験する症状に魂も苦しむことになる。

（429-430）

チェーピンは、クナの人々は、現実世界に存在する二つの階層、つまり、霊的な階層と物質的な階層をはっきりと区別してはいるが、相互に補うものとしても捉えており、治療歌であるムー・イガラは「現実の物質的な階層よりも」霊的な階層を歌っている、と言葉を足した（430）（ここで、私たちは再び「呪術的模倣」の考え方に出くわす。コピーはしっかりと作用しており、この場合の「霊的な分身」は「オリジナル」、つまり、この場合の物質的な身体をもたらすよう意図されているのである）。

女の魂と霊的な宇宙のあいだの二つ目の模倣は、地球が重要な意味で「母」であるという考えに基づいており、また、宇宙のある領域が、生きとし生けるものを複製する神話上の女たち、とりわけ精霊のムーに委ねられているという考えに基づいている。模倣的なつながりという観点から見ると、それを決定づける重要な要因は、妊娠中に女の「魂」、つまりプルパが、チェーピンの言葉によれば「宇宙そのものと一体となる。二つの霊的な領域が融合し、果てしなく続く過程の中で子孫を作り、地球が抱えている生物の蓄えを再び満たす」（433）。

この見地に立てば、難産に苦しんでいる女のためにムー・イガラを歌うことは、木彫りの人形の中の守護霊たちが、宇宙の領域と分娩中の女の魂——すなわち、命を産みおとそうとしている現実の身ごもった女の魂——の両方の中を同時に前進する様子を演じることとなる。チェーピンによれば「歌い手の守護霊たちは、ムーの川に沿って、そして［宇宙の］階層を貫いているムーの道に沿って旅をするとき、同時にその女の霊的な膣に沿って進んでいる」（433）。

霊的な川と霊的な産道に沿ったこの並行する道を理解するのがそれほど難しくないならば——次に以下について把握してみよう（再びチェーピンを引用する）。「彼ら［守護霊たち］が［宇宙にある］ムーの家に到着すると、［現実の女の］霊的な子宮にたどり着く。しかし、旅のこの時点で、景観が変わり（普通とは異なった精霊の世界ではよくあることだが）ムーの家は女性の霊的な身体となる」

（強調引用者）（433）。ムーの家の壁は女のあばら骨に、ドアは陰門に、ドアの枠は太ももに、そして、ドアチェーンは陰毛になる。歌に出てくるこういったものはすべて、現実を変えるために用意されている（このような過程について、そのコピーをもとにして私が理解しているように）。さらにこう付け加えてもいいだろう。この話が意味しているのは、この特殊なタイプの状態は、苦しんでいる女の魂が彼女自身の（霊的な）子宮の中へと連れ去られるということである（反転ヒステリーの一種）。彼女の魂を解放して（現実の）肉体の中に戻すために、その人物の精霊と彼の守護霊たちが入っていかねばならないのは、この子宮なのである。

このようにして、模倣に満ちた世界における予測不可能な状況が巧みに扱われている。私たちは二つの世界のあいだで途方に暮れるけれども、おそらく不快というほどではない。つまり、参照するものの階層や相互参照の階層での、いわゆる現実の次元と「精霊のいる風変わりな世界ではよく起こるような」前触れもなしに変容する景観の次元とのあいだでのとまどいである。そのような景観においては、グレートマザーの家はもう一人別の女性の身体なのである。もっと正確に言うならば、その女の子宮と生殖器の霊的なコピーである。しかし同時に「彼の主人の声（ヒズ・マスターズ・ヴォイス）」の模倣の正確さはなんとか維持されている。このことはきわめて奇妙で素晴らしく、そしてもちろん、いささか不気味である。フロイトによる（人間によって経験されるような）不気味さについての分析を、とてもイメージ豊かに、とても意外な形でコピーしているという点で不気味なのである。内面でよく知っているものを抑圧するゲートを通して発生するズレによって行使される、暴露と隠匿の強力な寄せ集めであり、世界の起源でもある。また、すべての家の中の家である（偉大な）母の生殖器である。いまや広く知られるようになった引用文の中で、フロイトは次のように書いている。

したがって、unheimlich［不気味な］場所は、しかしながら、全人類にとってのかつてのHeim［家］への入り口であり、私たち一人一人がずっと昔、最初に住んでいた場所への入り口である。〈愛情とは慣れ親しんだものへの病である〉という冗談がある。一人の男がある場所の、もしくはある国の夢を見るたびに、まだ夢を見ている状態で「ここは懐かしいところだ。ここには以前、来たことがある」と一人ごちるなら、その場所は彼の母親の生殖器、あるいは肉体と言っていいだろう。(11)

不安定な子宮

他者性へと近づく手段と他者性への依存——霊的な現実というもう一つの世界——は不可欠なものであり、呪術的な力を有している。また、そのような変容する世界は物質世界の模倣でありそれを模範にして作られているとされる。そのことを私は強調したい。さらには、突然、景観が変容し、シニフィアンからシニフィエへと転換することが教えてくれるように、このような模倣の二重性には、妙に不安定な側面が本来備わっていることも強調しておきたい。このような模倣そのものではない模倣である不安定さについて私が興味を引きつけられるのは、対象となっているものの現実という次元において起こる突然の変容という特徴が、まさに子宮が呼び出される瞬間に起こるという点にある。この瞬間に、植物であるゲニパの精霊は、植物ではなく（尻につぼみのついた）人として生まれる。難産のための歌の中でグレートマザーの子宮の中へと入っていく瞬間に、突如として風景が一変し、グレートマザーの家の壁が分娩中の女の霊的なあばら骨になったり、ドアが霊的な生殖器になったりする。これは間違いなく次のことを示唆している。つまり、子宮は単に生殖のために重要なのではなく、歌によって呼び出され変容される現実のレベルの変化にとっても重要であり、したがって治療するために必要とされる変化にとっても重要だということである。肉体をもち血液が流れる地上の女性の霊的な子宮でもあるムーの居場所は、男性の呪術師が現実をコントロールする際に使う装置の配電盤のようである。また、模倣のもつ力と模倣の能力はこのような事実を配慮することによって初めて機能するかのようである。しかし、何がその配電盤のスイッチを切り替えるのだろうか？　現実の二重性を想像したり欺いたりするために、模倣ではない模倣の上に模倣を積み重ねるようなスイッチを。

禁忌と侵犯

フロイトは文章の最後で、不気味なものとホームシックに関連させて、ドイツ語の unheimlich（不気味な）と heimisch（慣れ親しんだ）を引用し「接頭辞の un は抑圧のしるしである」と結んでいる。この抑圧のしるしが私の頭に思い浮かぶのは、クナの民族誌の中でしばしば言及されるが、けっして探求されることのない奇妙な特徴に出くわすときである。すなわち「性」と誕生の、とりわけ誕生の表象に関して存在する強力なタブーのことである。(12)

たとえば、チェーピンはその理由はわからないとしつつ、主要な精霊（バルサやゲニパなど）がグレートマザーの子宮から誕生する様子を描写している「起源の物語」は、専門家の用いる木像の言葉ではなくクナの話し言葉で歌われるため、専門家でない者も容易に理解できると述べている。(13)チェーピンは、その内容は「露骨に性的」であると述べ、これらのテクストは内容が性的であるために、その内容を知っている専門家たちが厳重に知らされないようにしていると言う。実際のところ「起源の物語」は声に出して歌われるのではなく、そっと話されたり、ただ頭の中に思い浮かべられたりする。

チェーピンは、性的なイメージによって暗示された緊張関係が生む劇的な実例として、クナの人々の中で生活しているときに起きたことについて記している。一〇代の少年たちが治療者の手帳に書かれた「起源の物語」の一部を見つけ、数人の少女たちと一緒に読んでいたところを見つかった。彼らは厳しく罰せられ、本は鍵をかけた場所にしまわれた。性に関する事柄がおおっぴらに語られることはけっしてないとチェーピンは言う（191-92）。抑圧がそれ自身を抑圧する明白な一連のイメージを私たちはもつことになる。鍵をかけられた本は、たとえ、書かれている内容が甚だしく慣習を侵犯するものであっても、「性的な」秘密によって呪術的に力をもち、民衆にも理解できる方法で書かれている。

シャーザーは「懐妊や出産に関することがらは、とりわけ繊細で禁忌に触れるテーマであり、治療や呪術のコントロールに深く関係している」と述べる。結果として、彼はそこに多くの婉曲表現や間接的な言い回しを見いだす。興味深い比喩的表現として彼が取り上げるものの中には、懐妊を「子供を買うこと」、妊娠を「虫が入ってきた」や「目がやけどした」、あるいは「翼が折れた」というような表現がある。(14) ノルデンショルド男爵もまた、四〇年前にこのようなタブーの事例を提供し「性に関連するすべて」と彼が呼ぶものを子供たちの目に触れないようにするための不断の努力としてそれを捉えている。女が出産するとその子供たちに対しては、父親が狩りに出かけたら赤ん坊を角に引っかけたシカに出会ったと説明される。このようにして、赤ん坊がやってくることは、誕生ではなく「シカを捕まえる」と表現される。このようなはぐらかしは、動物の世界にも適用され、雌犬が子を産むと、子供たちは雌犬から遠ざけられ、海の中にいる虫とその犬が触れると子犬になると聞かされる。ペレスは以前、年ごろの娘が浜辺へ降りていき、子犬を手に入れるために雌犬を海に投げ込むのを見たことがあると話した。子供たちはトカゲが雌鶏に卵を持ってくると聞かされるが、卵がどのように生まれるのかを子供たちに知られないように、ニワトリは卵を産むときに閉じ込められる。また、妊娠している動物は、子供たちのいる前で解体してはならない。これらの話の要点は「性に関するあらゆることは極秘に扱われる」ということであり、この禁制はとても厳しく守られている、と男爵は結論づけている。男爵は、とても信じられないようなことさえ述べている。「したがって、少女たちや、若い男たちでさえも、結婚するときにこのようなことについてまったく知らないのが普通」であり、さらに、より適切に言えば、タブーの目的は子供たちの無垢を守るというよりはむしろ、クナ社会の宇宙観（言うなれば、子宮にまつわる宇宙観）の核を覆い隠すことではないか、と示唆している[15]。

フロイトにとっては、不気味なものは、呪術的、霊的、アニミズム的な力の感覚であり、目に見えない力が現実という見せかけの裏側で動いているという気味の悪い感触を伝えるものだった。一方で、そのような不気味さが治療者や患者のあいだに存在するかどうかを確実に突きとめるのに役立つようなものはクナの民族誌にはなく、また、実際に私の知る限りでは、いかなる情動のようなものに関しても民族学的な言及はまったく存在しない（残念ながら、人類学の書き方としてはよくあることである）。私たちは少なくとも、現実とはその裏で霊的分身が活動している表層である、と言われていることは知っている。この二重性はとても印象的なものなので、誇張することはほとんど不可能である。より端的に述べよう。フロイトは不気味なものを「密かに親しみがあるもの」であると強調し続けた。抑圧に耐えたあとに、たとえ歪んだ形であっても回帰するものである。クナの民族誌に目を通したいまなら、私たちが考えるべき内容、まさに私たち自身の不気味な感覚は、フロイトの「密かに親しみがあるもの」という西洋の精神分析による説明ということになる。実際、それは、クナが「起源の物語」と呼んでいるものの二重性（ものの魂であり精神に相当する）のことである――クナの人々を別にすれば、グレートマザーの子宮を通ってやってきたのは人間の自我だけでなく、世界のすべてのものがそこから生まれる。とりわけ、素晴らしい薬や、治療に使われる木像が彫られる木材も子宮を通ってやってくるのである。「性的な」事柄、もっと正確に言えば、出産に関する事柄に対する積極的な禁止や、そして、チャントで歌われる「起源の物語」とその他の起源についての特徴がとてもあからさまで粘り強く、また、愛情あふれる詳細さで描かれることでこの禁止を転覆させ、抑圧されたものを「回帰」させるという事実を考えると、ほぼいつも男性であるこれらの歌い手と薬草医が扱う模倣の呪術的な力と子宮のあいだのつながりに私たちの注意が促されるのはたしかにもっともなことである――母系社会において、秘密にされたもの、極秘にされたもの、つまり、グレートマザーの秘密のような抑圧されたものを回帰させるのは、家父長的な担い手なのである。身体を固定化され、まっすぐと前を向き、歌うことによってそれらの秘密を、模倣化する世界への入り口であるヨーロッパ的で「非先住民的な」木像へと変える(16)。

この点こそ私たちが、西欧的伝統において繰り返されてきた、調和、物語的閉合、構造的全体性を求める偉大な古典的伝統と意見を異にしなければならないところである。西欧的伝統においては、治癒の儀式の呪術を均衡の回復と矛盾の解消に結びついたものとして「説明」する。それとは逆に、このように秘密を声に出したり禁忌を犯したりすることは、儀式によって封じ込められている侵犯の美学に呼応している。ここで作用している「呪術的な力」を物語的閉合の一部と考えることはできない。また、そのような呪術的な力を意味ありげに「抑圧されたものの回帰」という常套句に組み込むこともできない。ただし「回帰」のもつ侵犯の力の意味や性質に焦点を当てる場合は別である――侵犯の力のもつ危険と魅力、正常性への誘惑、端的に言えば、その爆発的な力を重視する場合は除く。侵犯が、儀式によって設けられた境界や緩衝地帯の中で起こり、またその中でしか起こらないのは事実である。犯されるために禁忌が存在するのと同様に、侵犯が禁忌を強化しているのは事実である。しかし、このような均衡が、侵犯という行為がそれ自体で不確定性の危険をともなうという事実を損ないはしない。不確定性は、崩壊によって「存在」を脅かすものではあるが、同時に「存在」の構成要素でもある。「模倣の横滑りによるズレ」を胚胎し、実際に創造するのは、侵犯の瞬間を不安定に抑え込んでいる爆発である。模倣のズレによって複製は一気に変質し、またそれによって、精霊（イメージ）の模倣する力は自己を変容させる力となる――したがって、治癒させる力にも悪化させる力にもなり「存在」そのものを変容させる。

トランス／フォーミング

前述したように、明らかなのは、模倣によって分身になる精霊に着目し固定化するにもかかわらず、精霊たちは偉大なる越境者だということである。彼らは卓越した模倣者、この世で一番優れた模倣者である[17]。彼らは「この」世界を手本としているのかもしれないが、だからといって、彼らが「この」世界での姿形がはっきりとわかる安定性を有しているというわけではない。禁忌の侵犯を越えて現れることから、彼らによる優れた模倣の正確性はそのまま彼らの背信の証となる。

チェーピンが取り上げている、ウストゥポ島の若いクナの女を例に取ろう。その女は、初めて会った若い男と愛を交わす夢を見て、その三カ月後にウミガメの卵を産んだ。女とその母親はこの事実を誰にも話さなかったが、隣人たちが地面の下を流れる水の音を耳にするようになり、罰を与えることにした精霊たちが津波で島を水浸しにしようとしているという噂が広まった。ある者が女の夢の内容に気づき、相談を受けた賢者は、女が愛を交わした相手は人ではなく、姿を変えたウミガメの精霊だったことを突き止めた！（113-14）このような夢に対する治療の方法は命に関わる場合もある――これについては後ほど論じる。

　このような精霊の人格化は、たいていは深刻な事態の前触れとなる。ときには肯定的な側面もあり、たとえば、人の姿をしたゾウになって知識や情報の源となる。そのことは、ルベン・ペレスが仕えたネレ（賢者）によってわかったことである。もっとも危険な種類の悪霊はニアである。この名前はスペイン語で悪魔を意味するディアブロやデモニオと通常は訳され、黒人（アフリカ系アメリカ人）の男の姿で描かれることが多い。精霊たちはさまざまな方法で変身することもでき、たとえば、魅力的な女や男になって、クナの人々を誘惑しようとする。また、友人や身内の姿になる場合もある（344）。「この世界のすべてのもの、目に見える現実は、それをコントロールするもう一つの現実に、霊的な分身をもっている」と、ジーン・ラングドンは、一九七〇年代初頭にコロンビア南西部のプトゥマヨ川沿いに位置するブエナ・ビスタのシオナ・インディアンたちから学んだ宇宙観を要約して記した[18]。繰り返しになるが、精霊たちの姿を変える能力は、印象的である。彼らは人や動物など、あらゆる姿になって現れることができ、ときには音や感情（たとえば、人が幽霊の出る洞穴に入ったときに覚える感情）だけになって現れる。ラングドンは、一般的には「さまざまな領域に旅をするにつれて、その姿かたちは変化」すると述べている[19]。そのため「この」世界でのブタは、夢、あるいは麻薬によって引き起こされた幻覚を通して到着した精霊世界の動物たちの家では、少女として現れる。しかし「またある時は〈この〉世界ではブタに見えるものが、実際には、その猟師に危害をもたらすためにブタの姿をした精霊であることもある[20]」。

　したがって、この見せかけの世界には、模倣とごまかしをおこなうひどく不可解な能力が存在しているように見える。そこでは「オリジナル」と「コピー」が存在論的な優位性を求めて徹底的に闘い合う——知覚の忠実さ、認識の確実さ、そして、まさに人間たちの命に行使する力を要求するためにおこなわれる闘いである。

これが「賢者」がいなくてはならない理由である。見かけから言い当てることができ、分身のさまざまな姿かたちを見極めることができる治療者がいなければならない理由である。

だとしても、そのような識別の能力はまだ十分ではない。「見通すこと」は治療の一部でしかない。というのも、治療者が有する力の方もまた分身に頼っているからである！　原因を突き止めて治すという治療者の能力、すなわち、魂をもとの状態に戻す（分身を読み取り、イメージを読み取る）能力は、分身から離れて分身を作れるかどうかにかかっている。模倣の呪術を用いて分身を生み出す歌は木像に命を吹き込み、そうすることで治療者は分身と闘う分身を作り出す。精霊と闘う精霊や、コピーと闘うコピーを生み出すのである。世界の二重性をさらに二重にする、次の治療のときまでずっと。

第一〇章　他者性

模倣はとても似ているものと、まったく似ていないもののあいだで、あなたをあちらこちらへと引っ張りまわすようなダンスの妙技をおこなう。とても信じられないことだが必要なことであり、実際には日常において、模倣は同一性と異質性の両方、つまり、似ていることと他者であることの両方を示す。このような不安定な性質から安定性を作り出すことは、容易なことではない。けれども、同一性の形成の重要な点は、同一性のままでいることではなく、他者性を通して同一性を維持するというこの常に心を引き締める活動と関わっている。一般的に知られているクナの歴史は、この一連の過程の論理に奇妙な光を投げかける。というのも、断固として「クナ自身」であり続け、過去のヨーロッパ――はっきりと述べるならば――ヨーロッパの黒人奴隷と向き合いながら断固として変化させることによって、クナの人々は力ずくで変化する世界の中で「変わらずにあり続けて」こられたからである。

幾度となく、このクナの変わらない同一性（があるように見える様子）は指摘されてきた。このことは、アラスカからティエラ・デル・フエゴに至るインディアン社会の衰退と絶滅に対するノスタルジックな落胆を述べるときの従来のリベラルな比喩表現とは著しく対照的である。いわく、西欧の宗教や倫理観、土地の収奪、西欧の疾病、西欧の言語、西欧の衣服、西欧のジャンクフード、西欧のアルコール飲料、西欧のヘアスタイル、そしてたいていの場合は、西欧が映し出されたに過ぎない自己卑下とインディアンであることに関するゆがんだ心理的葛藤のせいで、彼らは文化的な破壊という避けられない道の上にいるように見える。しかしクナは、これは不可避なことではないとあっさりと証明し、そのため、西洋での異国情緒の宝物箱の中でもとくに気に入られている。彼らは、新世界の民族誌における王冠にはめられた宝石のようなものであり——二〇世紀の終わりまで本当のインディアンでいることによってこのような状況を達成したインディアンである。とりわけ、他者性はあらゆる点で関係性であり本質的に固定したものではないことを考慮すると、まことに驚くべきことである。この場合で言えば、インディアン性を構成するものに対する相反し矛盾するヨーロッパ人の期待を、積極的な介在をともなう植民地的関係性が満たしている。さらにその上、この特有の植民地的歴史は深くジェンダー化されている。伝統の特徴を負っているのは——鼻輪や、目の覚めるような美しい色合いのアップリケをほどこしたモラブラウスやかぶり物など——クナの女であって、男ではない。ものごとが企図する視覚的な枠組みの中では、他者であるのは男ではなくインディアンの女であり、そこでは外観のもつ霊的な力を解放しながらあらゆるものが旋回する。(1)

外国船がもたらす夢の世界

ここでは、夢は無意識へと続く王道というよりは、霊的な動きが存在する場所へとつながる道を示してくれる。魅了する力と嫌悪する力のあいだのパラノイアを表現した夢の世界である。霊的な攻撃を受ける夢に苛まれたならば、これは深刻な災いをもたらす唯一と言ってもいい原因であること、そして、そのような攻撃はつねにクナのコミュニティーの外部からやってくることを念頭におこう。その言明には決定的な特徴が示される。すべての不可思議な災いには他者が関わっている。そして、あるクナの人が、別のクナの人の呪術的な病の原因であると思われることが起きる場合、前者のクナの人（キアタッカレットに分類される）の魂は外部の精霊に支配されてしまったからである。このように精霊に支配されると、その人物は同じ村の住民（複数の住民）の夢の中に精霊として現れ、さらに彼らの死を引き起こすことさえある――「内部」と「外部」のあいだの魅惑的な差異を自己崩壊させることは言うまでもない。性的な力と呼べる以上のものを含む差異は、夢見ることを他者性と結びつける。船でやってくる他者と同じように、他者に憧れることによって形成される他者性であり、つねに存在する内面化された他者性である。

このことは、ルベン・ペレスがノルデンショルド男爵に、彼の祖父が見た夢について語ったことを思い出させる。ある夢の中で祖父は、大型の船が入り江に入ってきて、埠頭に横づけして係留されるのを見た。凛とした美女が岸辺に上がってくると、愛を交わそうと彼のところへやって来た。彼は同じ夢を何度も見た。それどころか、日中は浜辺に降りていき、その船がやって来ないかと海の中まで入っていった。そうして、彼の病気は治った。

ペレスの祖父はこの夢を非常に重要視していたようで、同じような夢で悩まされたら、そのたびに折を見て自分に知らせるようにと孫に助言した。このことは、そのような夢が注目に値し、おそらく文化的に共有されている現象であるだけでなく、不安の原因にもなっていることを示唆している。このクナの男性があの美女と、つまり魅力的な他者と愛を交わしていたら、どうなっていただろうか？この夢はなぜそんなにも恐怖を与えるのだろう？

「かつてクナ・インディアンは」と男爵は謎めかしてこう書いている。「ここに書いたような夢に支配された者たちにたびたび毒を盛った。ときにはその者たちを焼き殺した」。彼はさらに続けて、ある例を引いた。ずっと昔、ペレスの祖父と同じ夢を繰り返し見た女性がいた。彼女の場合は、訪ねてきたのは男たちだった。彼女が住んでいた村はすっかり崩壊し、地面に飲み込まれていた。「したがって、クナ・インディアンは、このような夢をよく見る者たちを殺すことにしていたのである」と男爵は話を結んでいる(2)。

民族学の文献が正確ならば、クナの女性が受けるそのような夢の治療は、クナの男性が受けるものよりもはるかに劇的なものである。このことは、男爵が説明した二つの夢の中だけでなく、あるクナの女性が数年前に、夢の中で見知らぬ男と性行為をおこなったあとにウミガメの卵を産み、村全体が津波に襲われる恐怖を招いたというノーマン・チェーピンが再録した話でも示唆されている。チェーピンは注で、その後この女性は無人島に連れていかれ、ウミガメの精霊を体内から追い出すための薬を飲まされた、と書いている。その薬はあまりに強すぎて、彼女は昏睡状態に陥り、死んでしまった(3)。

クナの天国――クナのパラドックス

ノルデンショルド男爵は、同じであり続けるために外部を吸収して世界を変える、というある種のクナのパラドックスとして捉えられるものに感銘を受けた。インディアンたちはきわめて保守的であるけれども、目新しいものにとても影響を受けやすいと彼は述べている(4)。この見解に対して直接的な刺激となったのは、死んだ後のクナの魂の旅について彼が聞いた内容であった。魂が通過する死者の景色は明らかに西欧的であり、まぎれもなく現代的で近代化しているが、クナが同じままであり続けるために、これらすべては巧みに計画されていた。スウェーデンのイェーテボリ博物館で、人類学者たちにクナについて説明していたクナのルベン・ペレスからこの話を聞いた男爵によれば、クナの死者の世界は、西欧の消費財で埋め尽くされているだけでなく、流行や進歩の流れにも広く開かれている。「死者の世界は、すばらしい夢の国として描かれている」と男爵は結論づけた。「その多くは白人からのものであり、インディアンが新しい経験をするたびに変化する」。このような訳で、一九二〇年代に荷馬車として現れるものは、一九三〇年代には自動車として登場する。「換言すれば」と、男爵はよりいっそう刺激的な一節の中で続ける。このような死者に関するクナ社会では、

インディアンが金持ちで白人が貧乏人である。蒸気船、自動車、列車など、現世で白人が所有しているものは、来世ではすべてインディアンのものになる。こういったものの精霊の多くは、すでにあの世に存在している。あるクナ・インディアンがパナマ運河を通過する船の一隻に乗り込むことができれば、その船は来世でその男のものになる。ペレスは冗談めかして、イェーテボリ博物館が死者の国では自分のものになるだろうと言ったものだ。(291)

私たちは、亡くなったインディアンが迎える未来の時間における人類学博物館の所有権の変化を再考するだけの理由があるだろう。いまのところは、西欧の商品の魂を所有しようとするクナの生活での収集品を心に留めておくことが重要である。彼らは、白人の世界に順応することによって、すなわち、そのきわめて重要な側面に順応することで、同じままでいることが意味するものの印象的なイメージとして商品を所有しようとしている。ここで私たちは、すべてがこの「順応」という奇妙な言葉に決定的に依存していることが見え始めてくる――たとえば、民族言語学者のジョエル・シャーザー

は、クナの話し言葉に関する示唆に富んだ研究の中で、次のように指摘している。パナマ運河地帯で働いている（その前は白人の船で働いていた）男たちが、テープレコーダーなどの新しい技術を使い、外国語を学ぶなどの変化が起きるにもかかわらず、そのような変化は、クナの女たちがアップリケをしたシャツ――有名なモラであり、クナのアイデンティティーを表す国際的な象徴――の伝統的な装飾の中に、ネズミ取り器、月着陸船、野球の試合などの「デザイン」によって模倣させることでクナの生活に取り込まれる。彼の言葉によれば「クナの適応する能力は、文化変容と混同されるべきではない。その能力は、新しいものを古いものに変え、拒絶ではなく包含するような、クナの社会的・文化的生活がつねに有してきた伝統的な特徴なのである(5)」。

しかし、これは男爵が述べるパラドックスが問題にしているもの、すなわち、それを構成しているまさにその概念――伝統、変身、適応（文化変容をともなわない）のような概念――を分解して解明するというよりも、むしろ強調するように言い直されている。たしかに、これらの概念はそれ自体、アイデンティティーを構成するさらに基本的な論点の上にある虚飾である。それらは、物自体として見られる必要があるのではなく、植民地的な表象の分野の内部における模倣と他者性で織られた関係性として見られなければならない。すべてのものは外観によって決まっている。

商品の魂はそのイメージにあり、燃焼によって解き放たれ、危険な精霊を魅了し、クナの人々を危害から遠ざける

他者性のもつ霊的な力、すなわち、イメージが有する力の印象的な例として、ヘビにかまれた傷の治療法についてノルデンショルド男爵が説明しているものがある。まず初めに、ヘビにかまれた傷は、

身体的にも霊的にも大きな出来事であることを理解しなければならない。チェーピンはこれを「危機的状況」と呼ぶ。なぜなら、ヘビにかまれると、その患者と村人たち全員が、ヘビやそれに結びついた精霊、たとえば、触れると腫れが生じるヒキガエル、イットウダイ、鎖鉄球、釣り針（激痛をもたらす）、そして、大量出血を引き起こす赤い動物の精霊から、さらなる攻撃を受けやすくなるからである。[6]シャーザーもまた、ヘビにかまれた傷は「とても敏感な部分」であると述べている。というのも、パナマ本土では男が農作物を育て、女が水をくみに行くが、とても危険なヘビが大量におり、そのかまれた傷が、あらゆる深刻な問題と一緒になって、そのかまれた傷をもつ人の住む村に危険な精霊を引き寄せることになる、と信じられているからである。そのため、万が一ヘビにかまれた場合は、村全体で静寂を保たなければならない。実際、島全体が音を遮断するのは――ラジオの音も、船外エンジンの音も、ビーチサンダルのパタパタという音でさえも、そして、必要なときにひそひそ話をする以外は話し声もしなくなる――珍しいことではないようである。話し声がにぎやかなことで知られる文化でこういったことがおこなわれるのである。[7]チェーピンは、静寂が必要と考えられているのは、騒音の魂が空を横切って、患者の弱った魂を揺り動かすからだ、と述べる。[8]シャーザーが、ヘビにかまれた傷の治療とともに疫病の治療も含めていること、そして、疫病に対処するために、住民全員を巻き込んで八日にわたって続く全島をあげた儀式が開かれることにも、私たちは留意すべきである。この儀式ではまた、多くの等身大の木像が使用される。先述した、淡青色の上着にピンク色の胸ポケット、ドイツの鉄十字勲章のようなものをつけたダグラス・マッカーサー元帥の像は、このアプソケット〔ネレを補助して悪魔祓いの儀式をする人物〕用の人形の一つだった。ヘビにかまれた患者の治療が問題になっているときは、木製の小型の治療用の人形（ヌチュ）がその患者の周りに置かれる――ちょうど、共同体全体を守るために島の周囲に等身大の像が置かれるように。

さて、興味深いのは、男爵が聞いた次のような話である。ある呪医は、商品カタログや挿絵入りの雑誌から「あらゆる種類」の絵を集め、誰かがヘビにかまれたとき、あるいは重い病気になったときに、それらの絵を焼いて灰を患者の家の周囲にまいた。その論理的根拠は、こうして焼くことで絵の魂が解き放たれ、その結果、男爵の言葉によれば「巨大なショッピングモール」ができあがり「患者の家の上に集まっていた悪霊たちが、その店に置かれているすべての素晴らしいものを見るのにあまりに忙しくなり、病人にかまけている時間がなくなってしまう」からであった。さらに男爵によれば、ネレと呼ばれる偉大な預言者であり政治的首長がさまざまな絵を集めていたけれども、ネレ自身はそれらをどのように利用するかをまったく知らなかった、とルベン・ペレスは付け加えた（366, 398, 533)。

ここでは、それぞれ特有の絵と同じくらいに、西欧の存在に気づかされる。実際、もし消費者用の商品よりも西欧の存在を思い起こさせるのによりふさわしい表現行為があるとするならば、それは間違いなく商品のもつイメージである。さらに思い出すべきなのは、西欧の商品のイメージは、三重に決定された霊的なレベルでの含みを有していることである——先述したように、チャールズ・スレーターは「イメージ」と書いているが、スウェーデン語のテクストはそれを「精霊」と訳している。また、チェーピンは、精霊／魂を指すプルパの意味の一つに「写真」があると私たちに教えている。最後に、男爵は、クナの死者の国は白人の商品であふれていると表現し、これらの物質の精霊／魂の多くがすでにそこにあると述べている。しかし、なぜ絵は焼かれなければならないのだろうか？

もしかすると、外国語を習得するためにオウムを使用することが、この疑問に光を投げかけるかもしれない。男爵の記録によれば、外国語で言葉を話せるオウムを大量に購入し、食べるか焼く（焼くほうが多いようだ）。焼く場合は、外国語を学びたがっている者の舌にその灰を塗りつける。外国語を教えるのはオウムの魂である、と男爵は強調している。これは夢の中で起こり、そこではオウムの魂は外国人の姿で現れることがある。イェーテボリ博物館の蔵書目録の中に、ルベン・ペレスの書いた「口の軽さを治すための薬」という項目がある。この薬はペレスの兄弟が一九二〇年代に使用していたものだった。材料は、数種類の植物、二種類の特別な鳥、聖書のなかほどからとった数ページ、そして歴史書のなかほどからとった数ページで、鳥と本のページは焼いて灰にされる（341, 349, 351, 365, 517）。

治療師が木像に向かって歌い、木像とともに歌うことによって、その霊的な力を作動させるのとまったく同じではないにしても、類似した過程の中で、燃やすことは、焼かれるものの魂を解放し作動させ、魂を世界の中で効力をもつものにするために重要であることがわかる。商品のイメージを焼くという行為は、生け贄を捧げる行為に似ていると考えることができる――意図的な破壊とそれに続く神々との交換を通して聖なるものを作るという行為だからである。また炎を、商品のイメージ内部にある物神的力を解放するものとして考えることもできるだろう。しかし、理解しようとするこれら二つの努力は、あまりにも概略的であり、もっとも有益でもっとも呪術的と思われるものを捉えきれていない。すなわち、イメージの物質的な死を通して活性化されるイメージをもつ霊的な力の創造を捉えられていないのである。

言い方を変えれば、外観がきわめて重要なのである。純粋なる外観。不可能なものとしての外観――物質性をともなわない実体である。いくらかノスタルジックな論理が逆にあてはまるかのようである。そこでは、精霊の形は、物資的な形を消し去ることによって初めて活動するものとして存在することができる。創造は破壊を必要としている――それゆえ、あれほど大量のイメージがただようクナの死者の国が重要なのであり、さらに、写真のもつ走馬灯のように次々に移り変わる性質が必要な

のである。(9)

とは言うものの、一方では、灰が存在する！　もはや、精霊のもつ外観の非物質性というものさえ存在しない。まさに物質それ自体！　物質の中の究極の物質。形の最終的な死。話す鳥の場合には大量の灰が舌に塗られ、大挙して押し寄せる悪霊たちを楽しませるために、静寂な村においてヘビにかまれた者が住む家の周囲に、山盛りの灰がおかれる。

灰になるまで焼き尽くすことで、フレイザーの言う奇妙な共感の論理が、模倣と接触の論理が、模倣と感覚性の論理が発動される——ここにおいて再び、外側の形はヨーロッパ人（模倣）で、内側の実体はインディアン（接触）という木彫りの人形の形状について考えずにはいられない——それは治療者に効力をもつ守護霊（のイメージ）を与える。私がここで強調しているのは、呪術的に重要なのは木の精霊であって、外側に彫られた形ではないという、民族学に基づいた主張である。もしかすると、聖書のページ、歴史書のページ、オウムを燃やすことは、ヨーロッパ人の姿をした物質的な外形、物質的なシミュラークルが概念的に消失するという木像の彫刻とは同列には語れないのだろうか？こうして「消失に基づいて読み解く」という実践が新しい観点のもとにおかれる。私たちは、イメージの内実についての疑問が、次のような疑問に取って代わられることを知る。「なぜそこまでしてイメージを作るのか？」「なぜ精霊に姿をもたせるのか？」——創造は破壊を必要とし、精霊が具体的に姿をもつことはその離脱をも必要とすることを私たちは知るのである。

ある予兆

一九世紀初頭、中央アメリカ東海岸のインディアンたちと精力的に交易をおこなっていたオーランド・ロバーツは、魅力的な光景を書き残している。一〇〇年後に男爵によって記された、クナの死者の国にある西洋の商品を収めた貯蔵庫の先駆けである。一八一六年、ディアブロ川に船は停泊し、大砲がその到着を知らせると、首長たちと偉大な聖職者と小柄なペヨンの人々が集まってきた。

彼らの助言にしたがい、私たちは数人のインディアンを雇った。インディアンたちは岩礁に私たちのための一時的な住まいをあっという間に建てた。その家の中で、私たちが売ろうとしている商品を並べられる空間は、船中のそれよりも広かった。二、三日後に私たちは上陸し、売らなければならない商品を準備し、オウボク［黄色の染料が採れる木］を受け取るための場所を片づけた。インディアンたちはオウボクを集めるために、よその村々まで出かけていた。あらゆることが私たちの航海の成功を暗示するよい兆候を示していた。まもなくカヌーやドリーに乗ったインディアンたちが、海岸の至るところからオウボクを携えて到着し始めた。五〇〇キロから三、四、五トンの量を運んできた者もいたが、五トンを超えた者はいなかった。これと交換に、私たちは彼らにレーブンダック、オスナブルク、チェック柄の布地、青のバフタなどの工業製品や――山刀（あるいはジョージ三世のモノグラムのついた舶刀）、そしてこの交易にふさわしいさまざまなおもちゃや小さな品物を提供した。これらの品は物々交換でやりとりされ、途方もない値がついた。[10]

「外部からの勢力を他の外部からの勢力と争うように仕向けるという昔からの原則を彼らは守り続けている」

ジェームス・ハウをはじめとするクナ世界の出来事の解説者たちは、このような言葉によって、カリブ海における四世紀以上にわたる西欧と米国の植民地主義の中で、クナの人々が続けてきた生き残りの戦略をまとめている――私の考えでは、模倣と他者性の駆け引きにすべてを負っている戦略である。[11]私が「クナの人々」について語るとき、どの話も必然的に私たちを戸惑わせるということを念頭において、再検討してみよう。というのも、クナの男とクナの女、首長たちと村民たちのあいだにはあらゆる階層の人々がいるというだけでなく「クナの人々」を中心に会話を作り出すことは、実際、分析を本当に必要としているもの――すなわち、まさにアイデンティティーのもつ性質――を作り出し、固めていくことだからである。

一五一一年から一五二〇年における最初の植民地化の波は、ダリエン地峡のほか、そこに接するウラバー湾やアトラト川流域に居住する先住民社会を壊滅させたように思われる。しかしそれ以降、先住民たちは、地峡を戦略的に重要なものにしている地理上の特性をスペイン帝国に対して巧みに利用することができた。荷物を積み替え、地峡を横切ってスペインへと運ぶのが、南米大陸の太平洋側にあるペルーの有名な鉱山ポトシから銀を運ぶ主要なルートだったのである。太平洋とカリブ海を分けるこの細長い土地は、海賊たちを引きつけずにはおかなかった。ウィリアム・ダンピアの船医であったライオネル・ウェイファーの話を読むと、ダリエン・インディアンがヨーロッパの国同士の争いやヨーロッパのフロンティアの不安定さをいかにうまく利用していたかがわかる。[12]ウェイファーが引き合いに出した例によると、ダリエン・インディアンと手を組んだ英国およびフランスの海賊はスペイン帝国と対立していた。ウェイファーの話からも明らかなように、エリオット・ジョイスによる地峡地域での海賊行為に関する報告でも、先住民たちは標的を教え、この地域の情報や食べものを提供することで、積極的に海賊たちを支援していた――ときおり、占いや薬草による治療法を施したことは言うまでもない。一六九八年にダリエンに建設された不運なスコットランドのコロニーが存続できた理由の一つは、インディアンからの支援だった。スコットランド人は、スペイン人に（イングランド人に対してと同様）潜在的な敵対心をもっていた。より成功を収めていたフランスのユグノーは、一八世紀初頭にダリエンに入植すると、クナの女たちと結婚し子供をもうけた。ノルデンショルドによれば、フランス人入植者は、スペインとの戦いにおいて影響力を有していた。たとえば、一七一二年にサンタ・クルス・デ・カーニャの村が、フランス人シャルル・チボーの指揮のもと、八〇人のフランス人と三〇〇人のクナによって略奪された。スペイン人はインディアンを力で制圧することができなかったため、そのフランス人たちと彼らの子孫を対象とした協定に署名した。しかし一七五七年に、クナがそのフランス人たちを殺してしまったのである――ノルデンショルドによると、英国の説得に応じてそうしたと伝えられている。彼らはクナに武器を提供していた。当時、フランス語はインディアンたちのあいだで広く話されていたと言われている(13)。

一七九〇年以後、地峡は落ち着いたように見えた。外国勢力は他の場所で手いっぱいだったからである。しかし、貿易船、とりわけ米国からの貿易船との接触は一九世紀を通じて重要であり、クナの男たちの多くが船員の仕事についた。クナについて書き記している者たちは、このような状況がクナの人々のアメリカ人への好意を作り出したと見ている。シャーザーによる「文化変容をともなわない適応」というクナのもつパラドックスとともに、男爵が提示する、新しいものに対する好みと混交した保守性というパラドックスを明らかにしている実例として、クナの男たちがそのような船で船員の仕事についた結果、ヨーロッパ風の名前を使うようになったという事実がある――英語を話すクナ・インディアンのチャールズ・スレーター氏も同様である。人類学者のデイヴィッド・スタウトは、一九四〇年代初頭にクナの人々のあいだでおこなったフィールドワークをもとに、そのような改名は、クナが「インディアン式の名前を使うときの慎重さ、とりわけ自分自身の名前を口に出すときの慎重さ」と彼が呼んだものに原因があるのではないかと考えた[14]。彼はまた、多くの島では、クナの女性が外国風の名前を借用する機会や必要性はまだほとんどなかった、とも指摘した。

　クナの人々は形の上では、一九世紀の大半を通じてコロンビアという国民国家の一員であったけれども、本土の山がちな内陸部の南方の奥深くに位置するコロンビアの首都ボゴタからは想像を絶するほど遠く離れ、政治的に孤立した僻地に暮らしていた。クナの人々は、外国船や貿易商人らとともに放っておかれていたのである。しかし、一九〇三年、アメリカ合衆国のセオドア・ルーズベルト大統領がコロンビア共和国からパナマ州の独立を画策したことで、すべてが変わった。一年後、米国は、クナの地から約五〇マイル離れた場所で「世界史上もっとも偉大な技術的快挙」と称されたパナマ運河の建設に着工した[15]。いまや、生まれたての国民国家であるパナマは、いくつかの点において、米国の「想像上のコミュニティー」となり、現実には間違いなく米国の植民地であった。そのパナマの支配階級は、クナ劇場において北の巨人との愛憎劇を演じ始めていた。かつては、パナマ人の劇場で演じられていたものをインディアンの劇場で演じるようになったのである――彼らは、フロンティアにおける文明対未開のドラマを醜く再現したものを猿まねし、今回のクナの人々の場合では、彼らの外見――それは差異のもっとも可視的なしるしであり、とりわけ女性たちの服やアクセサリー――を精力的に葬り去ろうと試みた。

クナの人々は国境線近くにいたため、当初はパナマ政府とコロンビア政府とを敵対させることができた。しかし、クナの所有する土地の学校や警察がパナマ政府に統合されたことで、地球規模でおこなわれている国家間の武力外交や人種差別主義者のもつ実行力を使うことによって、自分たちの切り札を出す絶好のチャンスがもたらされたことにクナの人々は気づいた。「文明」に対するまさにインディアンらしさを利用することで米国とパナマ国家を敵対させ、その結果、運河地帯にいるアメリカ人やワシントンDCの科学機関のメンバーから即座に支持を集めたのだった――その科学者たちの中には、社会や歴史における人種差別理論、とりわけ反ニグロ理論に傾倒した優生学者が多かった[16]。大半のアメリカ人にとって、パナマ人の国家はただの国家というだけではなく黒人の国家でもあり、その「黒さ」がニグロであるかメスティソ（インディアンと白人の子孫）であるかはたいして重要ではなかったことは記憶しておくべきである。

あの子たちも仲間に入りたがっているね（「サンアンドレス島とプロビデンシア島がパナマ共和国に加わりたがっている」新聞記事）。『クリーブランド・リーダー』1904年頃

　黒人のパナマ人警官隊がクナの女性たちを虐待したというおそらく誇張された報告がさらに後押しして、一九二五年のクナの人々による暴動では、クナ・インディアンと北の擁護者たちのあいだのこのような連携は活性化し

た。この暴動は、サン・ブラス海岸から出航した米国巡洋艦のクリーブランド号がちょうど現れたおかげで、成功裏に終わった。このまさに驚くような反乱を「率いていた」のは(一八世紀にクナを統率したフランス人、シャルル・チボーを彷彿とさせる!)「インディアンのコスチューム」に変装した白人米国人のR・O・マーシュだった。彼は一九一〇年にパナマの米国公使館で第一書記官の職に短期間ついていたが、一九二三年、二〇世紀初頭の米国産業資本主義の雄ヘンリー・フォードとハーベイ・ファイアストンの委託を受けてゴム園用の土地を探す中で、ダリエンにいる白いインディアンを探すことにとりつかれてしまった。興味深い話ではある――とともに、今日まで続いている米国とクナのあいだの実り多い関係の幕が開いたことを示してもいた。パナマ国の圧力から身を守るために、地球規模でも繊細と言えるこの地域に対して米国が抱いている軍事的不安と科学的関心をクナの人々は利用した――パナマ国からの圧力は、一九二五年になる直前、インディアンを「文明化する」と強く要求するところから始まった。その方法は、クナのインディアン性にとって他者性を帯びた必須条件である、女性の外見を解体することだった。

バナナ共和国

このパナマ、クナ、米国の三角関係の中で作用する矛盾した傾向を示すよい例は、近年において、米国政府とパナマ大統領マヌエル・アントニオ・ノリエガ将軍とのあいだの長期にわたる確執について報じた『ニューヨーク・タイムズ』の紙面にある。一九八八年四月一日のタイムズ紙は「パナマシティーでアンクル・サムの人形を燃やすデモ隊」とキャプションをつけた一枚の写真を掲載した。黒い長ズボンを履き、足がなく、星条旗のストライプが描かれた大きすぎる帽子をかぶり、リンカーンのような気難しい顔をした等身大の人形（クナの人々が島の住民を治療するために使うダグラス・マッカーサー将軍の実物大の人形とそれほど違わない）が燃えているという写真である。鉄製の柵の後ろでは、パナマ国旗を振る女性が一人立っている。写真に添えられた記事は、このささやかな儀式はノリエガ将軍に対するパナマシティーの人々の多くの支持を示している、と端的に伝えている。

　三週間後にも同紙は、同じくらいの長文の記事を掲載し、サン・ブラスのクナの人々がパナマ国に対して反乱を起こそうとしている、と報じた。クナの人々の思いは、彼ら自身の旗ではなく米国旗を掲げることで示され「地元パナマの駐屯地の兵士たちを怒らせた」とジャーナリストのデービッド・E・ピットは伝えた。彼はさらに、パナマシティーから送った四月二一日付けの記事の中で、この国旗の掲揚は偶発的な出来事ではないと述べた。「米国旗を揚げた理由の一つは、軍隊を激怒させることがわかっていたからだとクナの人々は言うが、彼らの多くはアメリカ人に対して特別な好意をもっている」とピットは付け加えた。その後の出来事は知っての通りである。さらにもう一つの無秩序なバナナ共和国は、さらにもう一つの米国による侵略を受けることとなった。

良い未開人／悪い未開人

第三世界のそれぞれの国家から強制的に搾取しようとする力のある第一世界の国家、とりわけ米国を利用することに深く関与している模倣と他者性の戦略は、近代史において重要な要素であるとともに、悲劇的な要素であることが多い。ベトナム戦争で米国に利用された、東南アジアの「山岳民族」であるモンタニャールを思い出そう。また、ニカラグアのミスキートの人々を思い出そう。インディアンに向けられた高圧的なサンディニスタの政策に対してのミスキートの恨みが、レーガン大統領と米中央情報局（CIA）に利用された。その後、数世紀とはいかないまでも数十年にわたり、彼らは、これらインディアン側についたヨーロッパ列強とは協力関係にあった。また、ブラジルの先住民たちのあいだの同盟を思い出そう。北米および西欧諸国の人々の善意を借りることで、先住民たちは鉱山員や牧場主たちを押し留める力を期待したのだが、その結果、国家の統治権への挑戦とみなされてブラジル国家を激怒させた――一九二五年に原初的な第四世界を主張したあのR・O・マーシュが、クナの人々を（米国が強要した）自治権へと「導いて」パナマ国家を激怒させたのと同じ構図である。

私の考えでは、これらの状況が提示する現実的政治の存在を維持できるのは、良い未開人と悪い未開人がいるという強力な現代の神話のおかげなのである。この神話に基づいて、ヨーロッパの白人や北米人たちは、悪い未開人を追放する良い未開人を利用することによって自分たちを純潔化している。悪い未開人が、ベトナムの共産主義者、ニカラグアのサンディニスタ、腐敗し環境意識に欠けていると言われているブラジルやパナマの第三世界政府であるにせよ、そして、とりわけ、第一世界におけるホワイトネスという歴史的に構築された内部にいる悪い未開人であるにせよ、彼らはヨーロッパの白人や北米人たちを純潔化することに利用されている。

未開人のもつこのような二面的な感覚は、近代の進歩という偉大な神話と呼応している。良い未開人は汚される前の「起源」を代表し、調和が行き渡っていた堕落する前のエデンの園のようなものであるのに対して、悪い未開人は歴史によって負わされた永遠に続く傷の象徴であり、無駄の象徴、退化の象徴、阻止された物語の象徴となっている。後の章で詳述するように、新世界ではこれらの良い未開人と悪い未開人の象徴はそれぞれ、先住民とアフリカ系アメリカ人に担わされた。しかし、純粋な先住民という実体のない象徴が第一世界からの欲望の対象となる一方で、その同じ先住民が、第三世界における抹消の対象とまではいかなくても、不安の要因となることは多い――有名な例をあげるならば、グアテマラがそうである——考古学への関心を示す通貨のデザインの中で、そして、観光産業のために先住民女性が作った織物の広告宣伝の中で、ある種の先住民性がどれだけ国家によって使用され促進されたとしても、同じことである。実際には、これらのしるしは、ラテンアメリカの国民性がどれだけ第一世界の基準に結びつけられているのかの度合いを示しており、受け入れられ満足してもらえる差異を第一世界が承認してくれることの程度を示している。また、それだけではなく、そのような国民性を有している人たち、つまり、全体としての大衆と同様にエリートたちもまた、基本的には抵抗することのできない両面性の中に置かれていることを示している——真のインディアンでもなく真の文明人でもないということであり、永遠にホワイトハウスや『サウス・アメリカン・ハンドブック』のような旅行ガイドブックの言いなりになるのである。このようにして、この悪魔のようなアメリカ人によるアイデンティティーを作り上げる仕掛けは、不安定に渦巻いている雑種性のもつ謎めいた中心部のまわりに他者性を寄せ集めて組み立てる。そして、その不安定さは、純粋に他者であることを適切に固定しようとする第一世界の探求を脅かす——黒人男性によって提供されるゼロ度というものがないとするならば、ダリエンの白いインディアン女性のような、それよりもさらに信じられないほどの架空の創造物が存在しないのは言うまでもない。次は、彼らたちについて論じることにしよう。

第一一章　他者性の色彩

人類学者のデイヴィッド・スタウトが、一九四〇年代初頭にクナの人々のあいだでおこなった研究の要約の中に、米国の人類学会に倣って「接触の連続体」と奇妙な呼び方をしたものがある。そこには注目に値する考えが含まれている。他者性の文化政治学は、たとえば、アメリカの人々対クナの人々のような一対一で構成されているだけではなく、魅了するものと嫌悪するものの植民地的モザイクの内部における他者性の階層で成り立っている、と捉えられるべきである。そのモザイクでは、プラスのエネルギーを放つ他者もいれば、マイナスのエネルギーを放つ他者もいる。スタウト自身の言葉を引用しよう。

要約すれば、サン・ブラスのクナとスペイン人との接触は、近年に至るまで、敵意があることがほとんどだった。これに対して、クナとイングランド人、スコットランド人、フランス人、アメリカ人との接触の大半は友好的であった。一方、ニグロやムラートは、長いあいだ軽蔑の対象となっていた。クナの自民族中心主義については初期の観察者たちが言及してきたけれども、それも大規模な文化変容の抑止力とはならなかった。むしろクナの人々が、自らの尺度で他のグループを評価し始めるきっかけとなっている。というのは、クナの人々は自分たちを一位に、アメリカ人とイングランド人を二位に、スペイン人とパナマ人を三位に、そしてニグロを最下位に格付けしているからである。(1)

スタウトが「根深い偏見」と各所で言及しているこの「自民族中心主義」の考え方は、より直接的に言えば、単純に人種差別と呼んでいいだろう（人種差別自体はけっして単純ではないのだが）。スタウトは、その原因の一部は「ニグロが長いあいだ経済上の競争相手であり、クナの土地やウミガメの狩り場を侵害し、クナの農場からココナツやバナナをたびたび盗んできたという事実」にあると見ている。(2) その「原因の一部」がどんなに重要だと考えられているとしても、希少資源を求める競争であるというよくある訴えは、その競争自体に深く関与している人種のグループ分けという社会学的および神話的な用語を説明することにはならない。(3) 民族誌の記録を読むと、ニグロやムラートに対するクナの人々の（スタウトが言うような）「軽蔑」は、経済的合理性から大きくそれているように思われるが、この「過剰さ」こそが、植民地の歴史がボーダー文化に提供する豊かな想像力に富んだ資源を利用しながら、灯台の明かりのように光り輝くのである。さらに言えば、この軽蔑は、約四〇〇年間にわたるアフリカ人奴隷貿易とパナマ運河の建設で生まれた反黒人感情が大きく流入したことで作られたヨーロッパの人種差別にあまりにも一致している。パナマ運河は、一八八一年にフランス人が着手してある程度建設が始まった後、セオドア・ルーズベルト政権下の米国政府が一九〇四年に始めた軍事土木機構によって閘門が設置された。運河史のある研究者は、そのときに生まれた社会を「厳格なカースト社会」と表現している。(4)

白い運河の黒人労働者

黒人に対する意識についての近年の研究によると、運河を管理する機関が作り上げた人種差別は、米国の北部や南部に比べても深刻であり、その状況は二〇世紀が進むにつれてさらに硬直化し、少なくとも一九七〇年代まではずっと、運河地帯は米国の南アフリカ的飛び地のようなままであったことがわかる。[5] 黒人に対する人種差別は、一九〇三年にルーズベルトが米国の利益のために地峡を獲得する以前において、パナマ社会では間違いなく深刻であった。しかし、運河建設のために組織された労働および官僚組織という文化構造に組み込まれた皮膚の色についての神話が、人種差別をより高い水準に引き上げたことは間違いない。運河の建設は、巷間で伝えられているように「世界史上もっとも偉大な技術的達成」としてだけではなく、人種的な構築の達成としても捉えられる必要がある。運河が作られただけではなく宇宙もまた作られたのである——白人の命令が黒人を対象として規定した仕事の統制と効率性から作られている文化。その文化においては、黒人の性質はまったく適任とは言えないものであったが、商業的な権力を求めて海域を結びつけるためには、白人による運河が貫かなければならないものであった。高温、湿度、カビ、マラリア、黄熱病、死に満ちた恐ろしい地域について何度も話される話にかならず付随し、それらについて繰り返される不満と同じくらい自然につきまとうのは、ニグロの働きがいかにひどいかについての不満だった。フレデリック・J・ハスキンは、官僚のお墨付きを得た『パナマ運河』(運河史初期の一九一三年に早くも出版された)の中で「運河地帯でよく言われていたのは、給料が二倍に増えたら、ニグロは半分の時間しか働かないだろう、ということだった」と述べている。

これが悪名高き「[黒い]後方屈曲型労働供給曲線」である。植民地事業（いうまでもなく、ヨーロッパにおける初期資本主義の賃金労働システム）の呪いであり、また、うらやましいとは思わないまでも「規律をもたない劣等な人種」のもつ性の特徴や鷹揚な態度に関して神話のように広まったものの起源である。実際、ハスキンの次のような記述は、この性的なものも含めた親密な関係、それに関する渇望、その夢のような情景を裏づけている。ニグロの多くは「週に四日働き、残りの三日は楽しく過ごしていた。〈ブッシュの住人〉[運河地帯に住むことを拒んだ黒人で、衛生基準にのっとって下級労働者のために家が用意されていた]は、居住地区に住む男ほどは科学的に満たされていなかったけれども、ニワトリ、ヤムイモ畑、豆畑、家族やフィドルをもち、科学的な管理の中で失ったものを楽しみながら補っていたかもしれない[6]」。ハスキンは、公衆衛生と医療技術について広く宣伝に努めたにもかかわらず、運河建設に雇用された黒人の死亡率は白人のおよそ三倍であったことは指摘しなかった。

金と銀

運河地帯の人種は、通貨の色によって、二つのカーストに公式に指定された。金と銀である。金は「金本位制」に基づくアメリカ・ドルを指しており、アメリカ白人に支払われた。銀が意味したのはパナマ・バルボアで、これはパナマ人、西インド諸島民、そして（当初は）他の国々からやってきた何人かの白人への支払いに使われた[7]。金と銀は、南アフリカで数十年後に実施されたアパルトヘイトと同じくらい効率的にこの新しい宇宙を分断するようになった。この分断は自ら成長して複雑化し、やがて、公式上の利便性の問題を越えるものとなった。「実際、皮膚の色による差別は、ほとんど活字になることはなかったけれども、運河地帯での日常生活のあらゆる面で行き渡っていた。米国深南部の至るところや、アフリカでもっとも柔軟性に欠けた植民地の居留地と同じくらい、肌の色の境界線は明確に引かれ、詳しく観察された[8]」と、近年のある運河史研究者は述べている。フレデリック・ハスキンは、運河の最高責任者であったゴーサルズ中佐の公的な承認のもとで「人種の境界線は、現場のあらゆる場所で自然に、しかしはっきりと引かれており、ニグロは銀の労働者、アメリカ人は金の労働者に指定されていた」と、早くも一九一三年の時点で記述できたほどだった。

郵便局には、どちらの入り口が銀の労働者用で、どちらが金の労働者用かを示した看板があった。売店にも同じ決まりがあり、鉄道会社は一等席と二等席の運賃を根拠に、全面的な区分けをできるだけ実施していた。これに抗議するニグロはほとんどいなかった。アメリカ人のニグロが郵便局へ行き「銀」の窓口に並ばなければならない、と言われることがあった。彼はしばらく抗議したが、無駄だとわかると、黙ってそれに従った[9]。

じつのところ、金色と銀色を区別することは「人種が混じり合うことで発生する諸問題に対する解決策[10]」として、給与支払い担当者が思いついたものだった――金と銀という区別が詩のような優雅さを欠いていたというわけではなかった。太陽と月で構成される古代宇宙論の影響を受けた空想上の土地が欠けていたわけではない。ハリー・フランクは、運河地帯の警察官をしていたときの回想記の中で強烈な皮肉を述べ、官僚主義的な区分けを宗教的なもの、さらに言えば宇宙的なものとして捉えている。そう彼が考えるのも無理はないし、不思議なことではない。フランクは、米国での運河に関するメディアの報道や見解から、つるはしやスコップで自ら運河を掘っている幸福な白人男性たちと出会えるだろうと期待していた。「いつか、厳かな気持ちで片手を上げ〈私はそれに携わりました〉と誇れるだろうと思っていた。しかし、そう考えていた私は未熟だった。その後……運河地帯では、聖なる白人であるアメリカ人とそれ以外を分けている恐ろしい格差があることに気づいたのだった[11]」。

沈黙――そのような「恐ろしい格差」――は、金と銀といううきらきら輝くような設定と同じくらいここでは重要であり、公式に発表された説明に関する限り、山地をつらぬく巨大な切り通しの下でアリのようにうごめいている黒人労働者の大群は事実上消し去られていた。彼らはホテルで食事や飲み物を給仕し、埠頭で船の荷をおろし、料理と掃除と白人の子供の世話をし、郵便物を仕分け、家のペンキ塗りをし、氷を運び、蚊のわいた水に油を吹きつけ、白人の家で見つかった季節はずれの蚊を一匹残らず衛生局のためのガラス容器に回収するなどして働いていた[12]。彼らは存在する。けれども、存在しない。見えない人間。見えない存在――だからこそ、近代史や人間の条件に対する非常に優れた人種的な読解をおこなうのに役に立つのである。

このように人種の境界線が綿密に編成され、公式の労働者名簿と同じくらい日常生活のあらゆる場面で無情にも跡をたどられ、中央アメリカおよびカリブ海地域で圧倒的なまでにきわめて重要な存在として雇用と金と権力を生み出してきたことは、数世紀以上前から「ある勢力を別の勢力と争わせて利を得ること」に長けていたクナの人々の黒人と白人に対する見方に影響を与えなかったとは考えにくい。さらに、運河から五〇マイルにあるサン・ブラス諸島のクナ・インディアンは、北米人たちにとってかなり異なる地位にあったことをあらゆるものが示している。いまもまだそうである――人々の心を引きつけるユートピアのような場所。魅了するような憧れに満ちた場所[13]。この他者性のモザイクは魅力と嫌悪からなる階層を擁し、通貨によって金色と銀色に彩られただけではなく、性的にも特徴が付加されていた。

存在と境界線について——他者性のもつ色彩の性的な特徴

ノルデンショルドの指摘によれば、フランス人、そしておそらく他のヨーロッパ人の「血」はクナの人種構成に入り込んでいた。「その一方で、ニグロとの混血はけっして起こらなかった。黒人たちはつねに、クナの人々によってもっとも深い軽蔑の中に置かれ続けていた[14]」。ここで血に関して触れるならば、プルパ（魂）は血によって運ばれると考えられているので、クナの人々は輸血に対して非常に慎重であるとチェーピンは述べている。注で彼は「ニグロから輸血を受けることを考えると、クナの人々は恐怖で震えあがる[15]」と付け加えている。

スペイン人が一七四一年という早い時点でクナとの和平協定を結ばざるを得なかった頃（約八〇〇人のフランス人ユグノーがクナとともに暮らし、ユグノー男性とクナ女性との結婚がおこなわれていた）、ノルデンショルド男爵によると、その協定には、ニグロ、ムラート、ザンボ（インディアンと黒人の間に生まれた子）は、クナの領地に住んだり通過したりしてはならないと明記されていた[16]。クナの人々がこのように設定した動機は、彼が「異人種間結婚」と呼ぶものに対する恐怖心にあったと男爵は考えている。しかし、彼が指摘するように、一八世紀のクナの男たちは、クナの女たちがフランス人の男たちと交わることにまったく反対しなかったようである[17]。たしかに、男爵が頻繁に引用しその意見を仰ぐ偉大な預言者ネレは、フランス人とクナの血を引いていたと言われている。また、一七世紀末期の英国の海賊ライオネル・ウェイファーと二〇世紀初頭にパナマに駐在していた元米代理公使R・O・マーシュは両者とも、地位の高い先住民の男性から若い娘たちを差し出されたと話していることにも私たちは留意すべきである。この白人男性たちへの結婚の申し出と思われるものと、一九二五年の反乱以降、クナ・インディアンの女とパナマ人ニグロの警察官のあいだにできた子供の中にはクナの人々によって殺された者もいたという報告を対比してみよう。「人種の純潔を守るため」であったとノルデンショルドは述べ「ニグロの子を身ごもった女性たちは堕胎を強要された[18]」と書き加えた。

マーシュやノルデンショルドの話と異なり、クナの土地で勤務していたパナマ人警察官のほとんどは黒人ではなくメスティソであった、とクナを研究している人類学者のジェームス・ハウは反乱のずっと後の一九八六年に述べた[19]。この記録の訂正は、人々がいかに「ニグロ」というレッテルを張りたがっていたかを示唆しており、マーシュの話の誤りについて私たちに注意を促すだけでなく、より重要なことは、その過剰さの誇張と緊張についても注意を喚起している。つまり、黒人男性がクナの人種的純潔――ここではとりわけ女性の性的純潔――を汚しているという幻覚のようなイメージについて警告を発している。この恐ろしいイメージには、他者性の絶対的ゼロ度としてクナの人々が夢想したものと、マーシュが空想したものとのあいだの神秘的な偶然の一致があり、それこそが正真正銘の模倣である。他者性の絶対的ゼロ度とは、黒人のペニスを指している。クナの民族誌によれば、もっとも危険な精霊であるニア（悪魔）は病気だけではなく、狂気や自殺を引き起こし、どのような形状もとることができる。

（……）背が低くずんぐりとしていて、肌が黒く、巨大なペニスをもった姿であると表現されることが多く、「そして」ワカとして、すなわち、インディアンではないよそ者として人々の夢の中に現れる。その典型的な姿は、スペイン語を話す黒人である[20]。

世界史上で人種差別が作られるパターンにおいて、内部と外部、クナと非クナを作り出そうとするような、想像力を駆使した努力を把握することはきわめて重要であり、また、性的な意味合いを帯びた境界のしるしを作り出す他者性の組み合わせに向かって、さざ波のように押し寄せる魂の力が歴史の中で合流する地点を理解することも決定的に重要である。このクナの事例について興味深く感じるとともに不安をかき立てられるのは、すでに存在していた文化的誤解の非道さにもかかわらず、白人とインディアンが奇妙な共犯関係をもったことである。白人文化によってその意味を明らかにされたように、この共犯関係の中で、未開性の肯定的な面と否定的な面の両極は、模倣と他者化を通して形成される文化的アイデンティティーであるインディアンの宇宙観に慎重に縫い込まれたのである。

しかしながら、これをダリエン特有のものと見なすのは間違いであろう。アメリカ大陸でのアイデンティティー形成をより広範囲に眺めると、白さにとって紛れもなく神聖な力をもつ未開性の際だった魅力と嫌悪は、実際には、心の底においては高貴なインディアンであるという観点から絶えず具体化されてきた。それに比べて、堕落した黒人は歴史から忘れ去られたばかりか歴史に埋もれてしまった。このような歴史はあらゆる点で労働統制の歴史であり、無数にあるバナナ共和国におけるヘーゲルの「主人と奴隷」の熱帯地方版である。そのことを私は明らかにしたいと思う。この歴史は、世俗的な時代においては「神聖な歴史」でもある。人種に対する幻想が天国に対する幻想の代わりをしているのである。このこともまた、私は明らかにしたい。なぜなら、熱帯地方でのプロレタリアート化がもたらす肌の色の差別のない社会において男たちは女性を交換し、これから明らかにされるように「人種」は、男たちがため込んでいる感情的な思いを運ぶ責任を担っているからである。ここにおいて、ペニスの色は悪魔のような力を充分に蓄える。エミール・デュルケムがロバートソン・スミスにならって「不浄なる聖」と呼んだものの力である。

（……）無秩序の産みの親であり、死や病気の原因であり、涜聖の教唆者である、不浄な悪い威力である。これに対して人が抱いている唯一の感情は、恐怖であって、これには、一般に、嫌悪も含まれている。妖術者が、それの上に、または、それによって、働くところの力、屍体から、月経の血から出てくる力、神聖な事物のあらゆる俗化によって自由になった力などがこれである。死者の霊、あらゆる種類の悪霊が、その人物化された形態である。(21)

「存在」の優位は「境界」の保護をともなうと必然的に前景化することが、ここでは重要である。クナの民族誌によって明らかにされたように、ニアあるいは黒い男性器の姿は、植民地の歴史の中で模倣と他者性から作られた境界線がもつ性的な恐怖と興奮への注意を喚起する。このことは、本質的なアイデンティティーが中心から外に広がって極限まで拡張したものを境界線として考えるのではなく、境界線こそがその中心であると考えさせてくれる。言い換えれば、絶えず性的な意味を与えられた境界線が放つ沸き立つような興奮によって、また、境界線が抑制するのではなくむしろ放出する性的・霊的な荒ぶるエネルギーによって、アイデンティティーは十分な堅固さを獲得するのである。

ダリエンの白いインディアン

ここで、R・O・マーシュの冒険の話に戻ろう。彼の手記によれば（ほぼ同時代の『ロード・ジム』やマレー群島にいたラジャ・ブルックを彷彿とさせる）、ダリエン内陸部の失われた種族である「白いインディアン」を探すというまったく信じられないような旅の直接の結果として、成立したばかりのパナマ国家での一九二五年のクナの反乱をマーシュは成功に導いた。デトロイトのヘンリー・フォードやハーベイ・ファイアストンといった偉大な実業家たちの財布に頼っていた夢想好きな探検家マーシュは、ダリエンが増幅させている、性と人種と資本主義に関する現代神話の内部にある熱帯の辺境地帯と同じように、彼自身の存在の中に熱帯の辺境地帯をもつようになり、その場所を彷徨う。

マーシュは、外交官としてはまったく機転が利かず、素朴と言ってもいいような人物として私たちに伝わっている。人を不快にさせたり恫喝したりし、アフリカ系アメリカ人に対する生理的嫌悪を公然と支持したりした。一九一〇年(運河完成の四年前)、マーシュはパナマ駐在米国代理公使だった。白人ではなくムラートのカルロス・メンドーサが大統領に選ばれれば軍隊による占領や併合が起きる恐れがあるとして、米国政府とパナマ議会を操ろうとした。「メンドーサが当選すれば、自由党の影響力が強まるだろう。自由党にはニグロや教養のない連中がいるので、反米的になる傾向が強くなる」と彼はワシントンに書き送った。しかし、米政府が彼にワシントンに戻るよう要請せざるを得なくなったのは、彼の人種差別主義ではなく、分別のなさのためであった[22]。一九二五年に起きたクナの反乱で自分が果たした役割についてマーシュが記した描写は、彼に分別が欠けていたことをさらに裏づけている。実際、彼の手記(『ダリエンの白いインディアン』として一九三四年に出版)を価値あるものにしているのは、二つの驚くべき出来事――パナマ国家に対する先住民の反乱と、スミソニアン協会の後援を受けた白いインディアン探し――の過程の中で、具現性の問題から語られる自由奔放な幻想をまさに言葉に置き直したことである。その文章の過剰さがあればこそ、約六〇年たって、当時と現在の、そして、マーシュ氏だけでなく私たちも、実際の出来事の中における植民地的幻想の働きを見定めることができるのである。

彼の手記が重要なのはさらに、米国での二〇世紀の自然科学において、性心理と人種の関係を示唆していることである。マーシュがダリエンの白いインディアンの探索を始めたのは、一九二四年および一九二五年のスミソニアン協会による探検を通してであった。彼の文章を、当時であろうと現在であろうと、実証科学の精神とは密接な関係がまったくないかのようにして一笑に付すのは、言い逃れに過ぎない。この探索をおこなう動機となったとは言わないまでも正当化したのは、移民や「人種の混淆」に対する深い不安が米国に存在した時代の、白さのもつ謎に対する明らかに優生学的かつ神秘的、物質的、人類学的な関心であった——その関心は偶然にも、クナ・インディアン（少なくともクナの男性の代弁者）自身がおかれていた状況と共通していた。身が引き締まるような精神的誘発力として、このような人種的な純潔は、クナの子宮を熱狂的に監視する男たちの抱いていた被害妄想と少なからず関係があった。クナの子宮は、自然、社会、伝統、そしてインディアンらしさ自体を模倣的に複製する宇宙モデルにとって生命を超えた象徴だった。しかし、当然ながら、そのような伝統やインディアンらしさを明確にするのは境界線であり、したがって、境界線は子宮を模倣の臓器にするのと同じくらいに他者性の臓器へと変えた。この点において、米国の男たちの「科学」はクナの土地の男たちの「宇宙観」とじつにみごとに融合したのである。さらに、ニュアンスは多少変わったかもしれないけれども、この関心の重なりは今日、これまでになく強まっているように思われる。『ダリエンの白いインディアン』は、新世界の現実と空想を描いた歴史で起こった驚くべきエピソードの物語である。その物語は、決まりきった言葉で書かれ、扇情的——熱帯地方、植民地、ヒステリー——であるからこそなおさら重要なのである。

マーシュ氏のトランク

あなたは肉体のレベルで敏感に何かを感じている。マーシュが『ダリエンの白いインディアン』の中で称賛している先住民男性の肉体のレベルで。そのたくましい筋肉をなめ回すように見るマーシュの視線を感じ、手ではつかめないものを目が捉えるのを感じる。マーシュのもの書き特有の目は、波打つ肌をなで回す彫刻家のように、「接触」の呪術を施す呪術師のように、その筋肉を愛おしそうになめるように見るのを感じる。堕落とは無縁のプリミティヴな肉体を称えるこの詩のような描写には、筋肉の力を使用して評価する目のようなものもまた存在している――おそらく、外国船から勢いよく降りてくる異邦人が登場するクナの夢とそれは完全な相互関係にある。

最初の「ベースキャンプ」――この用語は明らかに軍国主義的であり、白いインディアンを探す「探検」全体は、科学と戦争の混合体であった――においてマーシュは、ニューヨークの波止場からダリエンのジャングルまでずっと悩まされてきた厄介な代物を、なんとかしなければならなかった。三七〇ポンド〔約一七〇キログラム〕もある「行商人用のトランクである。とびきり頑丈で重いこのトランクの中には、先住民への贈り物になる――山刀、斧、猟刀、南京玉、鏡などの多くの品々が入っていた」[23]。ニューヨークで船に乗せるときには男が四人必要だったが、ダリエンではある先住民の男がたった一人で、満面に笑みを浮かべたまま、鏡や南京玉の入ったこのトランクを船から下ろした。「これまでにも体力と持久力による偉業を見てきた」とマーシュは述べ、ゴムの探査などのために旅をしていたときに、モンゴル、中国、フィリピン、ペルーで目にした、第三世界の屈強な男たちを挙げた。「しかし、ばねのような筋肉と疲れを知らない持久力がそろっているとなると、ダリエンのチョコ・インディアンに匹敵するものは見たことがない」。

それにもかかわらず、彼らは大男ではない——むしろ小柄で、身長が五フィート四インチ〔約一六二センチ〕を超えることはほとんどない。体つきは均整がとれて美しく、胸板は厚くて肩はたくましく、脚にはみごとに筋肉がついている。彼らがすばらしい身体能力を備えているのは、筋肉の大きさではなく、その質のおかげである。のちに私は、彼らが丸太をくりぬいて作ったカヌーで山あいの急流を上り、疲れの色をいっさい見せずに夜明けから深夜まで棹をこぐのを見た。一方、私たちが連れていた、とくに力のあるニグロたちは、同じ作業を一時間続けるとすっかり疲れてしまい、くたびれ果てて文字通り船から水中に落っこちてしまったのである。　(67-68)

トランクいっぱいの贈り物を空にすることは、交換がいかにして被植民者を作り出すかを示すだけでなく、被植民者が被植民者性の中でいかにして見て見ぬふりをして黙認するのかを明らかにする

ダリエンの熱帯雨林の中を引きずられてきたこの巨大なトランクから渡された贈与は、フエゴ島民に贈られたダーウィンの緋色の布とはどこか異なり、性差による区別がより大きく、模倣の観点からはより複雑であった。実際、被植民者、女性の主体、男性の主体を作り出す白人男性とともに、そのような主体を作り出す際のクナの人々による黙認を確かなものにする力を私たちが充分に見極めるのは、マーシュの三七〇ポンドのすてきなトランクからの贈与においてである。そのことについて読み取る際に私たちは、一九六〇年代もしくは一九七〇年代以来、クナのアイデンティティーに関する国際的

なイメージは、女性の「伝統的な」衣装、つまり有名なモラというアップリケの施された布地であるということ、そして、布地、針、糸、はさみはすべて商人を経由して外部からもたらされたものである、という事実に注意する必要がある――モラ自体はおそらく、女性たちが衣類として用いるアップリケの施された布地という形態では、せいぜい一九世紀中葉にさかのぼるにすぎない。

ダリエンの奥深くにおいて、努力の果てに大切なものを探し当てられるとするならば、それは首長であるマタの善意に全面的に頼っていたおかげである。マーシュはそのクナの首長マタとともに、首長の娘のカルメリータとその母親を「オフィス・テント」と彼が呼んでいた場所へと連れていき、そこで自分が持っているあらゆるもののサンプルを彼女たちにプレゼントした。

(……)金色の布地、赤と青の綿布、はさみ、鏡、くし、針、糸など。最後に、英国製のキャンディーの入ったつぼは予想を越えて喜ばれた。マタ首長は、自分の身内の女性たちに豪華な品々が贈られたのを見た途端、自分が身につけている、清潔だがややくたびれた服を少し悲しそうに見つめた。首長の背格好は私とほぼ同じだった。そこで彼を私の就寝用テントに連れていき、白のダック生地のズボンと白のテニスシューズ、白の木綿の靴下と靴下留め、それに灰色のフェルト製の帽子をプレゼントした。彼は、私の指示を受けながらすばやく着替えると、新しい衣装で堂々と表に出ていき、家族と従者たちの称賛を集めた。(102)

男たちは銃やナイフやズボンや帽子をもち、女たちは衣類にするための布地をもらい、しかも、喜んで受けとる、という事実だけではない――女たちがこの結果、白人の男たちからと同様にクナの首長たちからも「本物」のインディアン(明らかに他者的な衣類や鼻輪や髪型をした、信憑性と他者性を身につけていた）に作り替えられるという話だけでもない。むしろ、両者からの非常に積極的な同意があったため、このようにしてあるべき姿となる——クナの男たちの積極的な黙認は、白人の男たちと「他者」であるクナの女たちの模倣なのである。

ライオネル・ウェイファーのダリエンに関する記録によれば、一七世紀後半に彼が出会った先住民の男たちは、金製か銀製の、もしくはプランテーンの葉でできたペニス・カバー以外は何も身につけていなかった——それはろうそく消しのかぶせ蓋のような形をした円錐形の容器であった、と彼は述べている。(24) 女たちは、ウェイファーがぼろとか布きれと呼んだものを腰に巻きつけ、それを膝のあたりまで垂らしていた。女たちはこれを綿から作っていたが、ウェイファーによれば、ときには「スペイン人の支配下にある近隣のインディアンたちとの交換を通じて、やや古びた服を手に入れることもあった。これらの服を、彼女たちはとても自慢していた」。(25) ジョージ・パーカー・ウィンシップは、自分が編纂した海賊の原稿に注釈をつけ、そこに、ウェイファーの上司にして偉大な海賊であったウィリアム・ダンピア氏とダリエンの反抗的な首長との出会いを記録している——この首長について、ダンピア氏は次のように書いている。

はじめのうち、私たちとどのような会話をしているときも彼はかなりあやしげな人物に見え、私たちが問いかけた質問にとても尊大な答えを返してきた。たとえば、彼は北側への道はまったく知らないと言った（……）それ以上の答えを引き出すことはできなかったし、彼は始終、私はおまえたちの友人ではないときっぱりと宣言しているような、非常に怒った調子で話していた。それでも私たちは、この苦境に耐えるしかなく、彼の機嫌をとった。というのも、インディアンに腹を立てるべき時でも場所でもなかったからである。私たち全員の命が、彼らの手の中にあった。

私たちは困り果て、どうしたらいいのかわからなかった。というのは、南京玉、金銭、手斧、山刀、あるいは長刀で首長をその気にさせようとしたのだが、そのどれもが彼には効き目がなかったからである。そのとき、私たちの仲間の一人が自分の袋から空色のペチコートを取り出し、首長の妻に履かせた。妻はその贈り物をたいそう喜び、すぐさま夫に早口で話し始めた。すると、あっという間に彼の機嫌がよくなった。彼は北側への道を知っていると私たちに告げ［そして］案内人を必要としなくてもいいように自分が面倒をみると言った。(26)

独立心を表す色

さて、マーシュのトランクを運んだチョコ・インディアンたちが印象的であったというのなら、クナたち自身は彼らよりもどれほど印象的であったことだろう――「四方八方から彼らに圧迫を加えている混血のニグロたちに比べ、この独立心をもったインディアンたちはどれほどはるかに優秀であったことか」とマーシュは記している。クナの人々を見れば見るほど、

（……）私は彼らのことが好きになった。彼らは威厳があり、親しみやすく、親切で、快活である。頭がよく、機転が利く。勇猛果敢であり、そうでなければ、こんなにも長く独立を維持することはできなかったであろう。彼らは熟練の船乗りであり、技巧に優れた手仕事職人であった。社会組織は高度に発達し、安定していた。私は［とうの昔に廃れたスコットランドのコロニーである］カレドニアにたどり着いてすぐに、次の結論に達した。独自の文化をもち、はるか遠い昔から変わることのなかったこの小さな「トゥーリ国」は、あまりにも尊いものであったがために、

営利目的のアメリカ人やパナマのニグロによる開拓に委ねられることはなかった。（196）

マーシュは、引き立て役としてのインディアンに飛びつく。黒人を「堕落したプリミティヴィズム」として際立たせるように作られた、ユートピア的な希望としてのインディアンに。黒人は「高貴なアフリカ人」ではなく、野蛮な現代文明における野蛮な産物である。その第一の理由は、奴隷貿易とプランテーション生産における奴隷制様式にあり、第二の理由は、それよりは最近の、パナマの海岸に沿って広がるユナイテッド・フルーツ（・バナナ）・カンパニーなどの企業のせいである。「私はこれまで、文明の進歩を心の底から称賛したことは一度もない」とマーシュは述べる。

熱帯アメリカではたいていの場合、魅力的で自由なインディアンが、半奴隷状態のニグロという堕落した人間たちに最終的には取って代わられる。インディアンたちは、インディアンたちは独立心と自尊心があまりに高いため、そのような状況下で働くことはできず、むしろ、移住するか、あるいは死の方を選ぶ。ニグロは働くことは嫌いだが、仕事に没頭させることは可能である。（36）

したがって、マーシュの白いインディアン探しの旅の中で、表には現れることのない歴史上の力として識別できるものは、資本家の開拓によって約束されてはいるけれども、継続的に妨害されるこのような力と自由の幻想である。影絵芝居の中にいるかのように、インディアンと黒人は、その存在を通して、資本家の事業における労働規律と自由のあいだの絶え間ないジレンマが描かれる者たちである。文明化の過程によって未開性は抑圧され方向づけられなければならないのだが、この規律の問題はその未開性をわかりやすくするために拡大する。そして辺境は、そのような状況を提供する。

人種的な時代における無秩序な瓦礫

マーシュが探していた白いインディアンは、少なくとも、黒人があえて立ち入ろうとしない、名もなき谷を流れる川の源流あたりの神秘的な場所から動かずに暮らしていた。一方で、その谷へ向かう途中にある海沿いや川沿いの村々にいた黒人たちは、秩序を乱す侵入をおこない、予期しない時間の歪曲を作り出していた。パナマの黒人（そしてコロンビアの海岸の黒人）は、白人の歴史の秩序を乱し、現代における圧倒的な混乱と折り合いをつけようとする書き手の試みを台無しにする。しかし、インディアンは歴史を固定し、崇高な秩序を回復するためにそこにいる。彼らは「起源」であり——それゆえ「白く」そして「女」でもある。

けっしてマーシュの贈り物のつまったトランクは、神話的足取りで一歩ずつ、進化の時間をさかのぼってゆっくりと進み、人種的に純潔だった故郷、プリミティヴのふるさとへと赴くわけではなかった。というのも、マーシュが一九二四年に白いインディアンを探して苦労しながら上流に向かい、ダイナマイトで道を切り開きながら発見したものは（実際には、彼自身もその一部なのであるが）そのような起源の場所ではなく歴史の瓦礫だったからである。最初、この瓦礫は、白人の廃墟の中の孤立した露出部分として生まれた。一八七一年、三七〇名の海兵隊員とともに、のちに運河が建設される地域を調査したセルフリッジ船長にマーシュは悪態をついている。船長は、米国の諜報機関のために地図を作製したのだが、この地図はあまりにも不正確であったことがわかっている[27]。さらに、ユナイテッド・フルーツ・カンパニーのある社員が、数年前にかなり上流まで到達したことがあると主張していたが、マーシュはこの男は自慢話をしているだけだと判断する。また、シンクレア石油会社の探検隊は、マラリアにかかりながら森の中で活動し、非常に大勢の白いインディアン、「どんな白人にも劣らないほど白い」インディアンを確かに見たとマーシュに話した。マーシュは、彼らがひそかに石油ではなく金を探しているのではないかと疑い、まともには受け取らなかった。マーシュの「ベースキャンプ」はと言えば、三七〇ポンドのトランクとともに、かつて石油会社の男たちがいた土地に設営された。そこは、第一次世界大戦時にドイツ軍の脱走兵が滞在しようと考えついた場所と言われる、心地よいココナツ林の中にあった。その脱走兵は、ウラバー湾口の近くに、潜水艦秘密基地のための無線通信所を開設したチームの一員であった。そのチームは英国海軍に虐殺されてしまったが、この兵士だけは森に身を隠し、黒人たちにココナツを植えさせた。ドイツ人たちのあとには、米軍がほぼ同じ場所に秘密無線通信所を設置した。そして、軍用機が郵便物をこの地に届けて帰る途中に、規則に違反してダリエン内陸部を横断し、雲のために低空飛行を余儀なくされていたときに、白い肌の人々が住んでいる村をたまたま発見したのだった。だから、一九二五年においてさえも、このダリエンはきわめて往来の激しい場所であったことがわかる。孤立した人跡未踏の地でありながら白人と黒人が不思議な作用を作り出す歴史の交差点である。パナマ警察に対するクナの反乱についてマーシュが記述したものを読むと、このことがなんとなくわかるだろう。数日のあいだで、以下のような記述に出会う。

米国海軍の掃海艇バルカン号は到着が遅すぎたため、スミソニアンのベーア教授を救出できなかった。その上、教授の遺体から発生していたガスに艦長がおびえたため、遺体を艦上に収容することができなかった。

カルディ沖に停泊していたコロン・エクスポート・アンド・インポート・カンパニー社の軍需物資輸送船エル・ノルテ号は、弾薬を求めたマーシュとクナの男たちに襲撃された。

ギリシア人の貿易商人は、ニグロの助手を引き連れており、オレンジ・キーに店を持っていた。

「体格のよいアメリカ人」三名は、運河管理局に勤めていると主張した。ガトゥン湖岸に小さなプランテーションを所有しており、そこで四人のクナを雇っていた（インディアンが人に雇われることはないとマーシュが言っていたのを思い出そう）。

「厳重に武装した、粗野な風貌のアメリカ人およびカナダ人」五名は、アメリカン・バナナ・カンパニー社の従業員である。

四隻の米国の潜水艦が訪れた。

おびただしい数の米軍偵察機。

最後は、巡洋艦クリーブランド号がマーシュを避難所へと連れていき、クナが有利になるような決定的な影響を与えた。

このごちゃごちゃしたダリエンの時間と人種の空間には「時代錯誤」があふれている。プリミティヴな人種は同化することを拒み、「起源の固定」を受け入れることを拒絶する。マーシュがついに人里離れた山奥に住むクナ・インディアンと接触したとき、彼は首長と対面した。その首長はハンモックに寝そべり、完璧な英語でマーシュにあいさつをした！「やあ、はじめまして。会えてうれしいよ」。首長はニューヨーク市で英語を習得し、二〇年間帆船で働き、ニューヨーク、カリフォルニア、ハンブルク、パリ、それに日本を訪れていた。彼の名前は「サリシーマン」といった。これは英語の名前で、マーシュによれば「チャーリー・シーマン」がなまったものである。

地球上でもっとも奥まった場所の一つであるダリエンの住民の大半は、無邪気な自然児であるどころか、都市から集団で逃げてきた浮浪者のような難民の集団であることがわかる。それはまるで、マーシュが白いインディアンを探し求めて、自然のもつ野生の中に深く分け入れば分け入るほど、彼が見つけたのは歴史の荒廃だけであったかのようである。マーシュは未知の世界へ飛び込む準備ができていたため、仲間の白人たちがカヌーをうまく操る体力や技術をまったくもち合わせていないことはすぐにわかり、また、労働力が不足していたため、熱帯雨林の開拓地のどこかにいる、彼が「有能なニグロ」と呼ぶ人々を「必死に」探さなければならなかった。彼は高い賃金を約束して、今までに出会った中で「もっとも屈強なニグロの脱走者を大勢」雇ったが、そのニグロたちは、プエルト・オバルディーアのカリブ海沿岸で労働力不足に悩んでいたユナイテッド・フルーツ・カンパニー社で働いている黒人たちに似ているとマーシュは思った。この企業は「ニグロの犯罪者、浮浪者、麻薬の売人など」をかき集めてプランテーションに船で輸送するために、パナマ政府に対して影響力を行使する必要があった（これはマーシュが情報源で、米公使館の一等書記官であった彼なら当然知っているはずだった）。そのプランテーションでは、地方行政区のコレヒドール〔行政長官〕も黒人たちに目を光らせていたため、彼らは働かざるを得なかった（と説明されている）。このことから私たちは、人間のありようを人種的側面から理解するために、冷静な視線を空に投げかける白人の雇用主の認識が導く日々の現実に対する洞察力を獲得する。マーシュが述べた「インディアンたちは独立心と自尊心があまりに高いため、そのような状況下で働くことはできず、むしろ、移住するか、あるいは死の方を選ぶ。ニグロは働くことは嫌いだが、仕事に没頭させることは可能である」（36）という真理のように。黒人は歴史上の漂流物のような存在であり、はみ出しもの、歴史の不合理である。一方でインディアンは、秩序を、自然の秩序を根づかせる——歴史に対して。つまり、あるべき場所に存在しているのである。このことがマーシュを磁力のように引きつけ、彼のテクストが表現するインディアン性の中の白さに対して磁力を使う。というのも、その「起源」にあるいくつかの秘密を捕まえられるかは、歴史のもつまさにその不合理性をどのように用いるかを学ぶかにかかっているからである。

この話のどのグループにもかならず首長、リーダー、頭がおり、マーシュが採用した「リーダー」は「バルビーノという名の年老いたニグロ」だった。彼は数年前に金探鉱者を殺し、パナマシティーで死刑宣告を受けていた。マーシュは彼のことを「逃亡中のニグロの殺人者」と説明している。それ以外にただ一人言及されているのは「屈強で傷跡のあるごろつき」である。マーシュは「彼らの群れを集めてキャンプへ連れていき」そこで「最終的には処分されるために彼らを太らせる」（133）。あとになって、ニグロたちが、邪悪なインディアンたちとその呪術を恐れて暴動を起こすぞと脅迫してきたら、マーシュは彼らを一列に並ばせ、おまえたちは全員パナマの刑務所に入る資格があるのだと言い放つ（139）。労働市場が枯渇してバナナ・カンパニーだけが国家を利用したわけではない。当然ながら、国家——この場合は米国によってつくられた国家——も、インディアンに対してとは異なる関係を黒人と結んだ。ところが、黒人たちの無軌道な気性と犯罪行為のため、この熱帯の浮浪者のもつまさにその堕落性が絶対に不可欠であることが証明される——白いインディアンの探索と同じように。歴史の逆流に足を取られることで、この浮浪者は、未開人や未開の土地の扱い方を会得した。そのニグロには脱走者としての記録があり、探検の初期には反乱を起こされかけたにもかかわらず、マーシュはこの男に尊敬の念を抱き始める。当たり前のようにマーシュは「彼は私が知っている中でもっとも優秀なカヌーの漕ぎ手で、条件の悪い流れをものともしなかった」と記している。「しかも緊急時には、稲妻のごとく機転が利いた。彼はのちに私のもっとも忠実な部下に成長し、私とともに運河地帯に戻った四人のニグロのうちの一人となった」(145)。

エピファニー

マーシュが初めての遠征で、ダリエンの上流地域に入っていく途中で立ち寄った最初の開拓地はヤビサだった。そこでは歴史が粉々に砕けて無秩序な瓦礫の山となり、腐敗する入り口と化していた。まず「小川のほとりに建つ五〇軒ほどの竹でできたぼろぼろの小屋――至るところにいる黒人の赤ん坊、ハエ、汚らしい犬、ごみ、がらくた、そして泥」(25) から成るニグロの小村を彼は見つけ――においを嗅いだ。村人たちは内陸部にいるインディアンを迷信のように恐れているという印象をもった。彼らが言うには、ニグロが支流のメンブリージョ川よりも上流に足を踏み入れるとインディアンは皆殺しにするということだった。それは、彼らが総じて奇妙な先祖返りをした「堕落した黒人であり、アフリカから来たときよりも文明化の度合いが下がっている」(25) とマーシュに思わせるに充分な証拠だった。そのとき、エピファニーの瞬間が訪れた。この堕落の真っただ中にたたずみ、森の切れ間をのぞきこんだマーシュは、まばたきをして目をこすった。

細長く開けた場所を横切って歩いていくのは、三人の少女だった。年のころは一四歳から一六歳くらいだっただろうか。彼女たちは小さな腰布しか身に着けていなかった。そして、そのほとんどむき出しの身体は、どんな北欧人の身体にも劣らぬほど白かった。彼女たちの長い髪は肩の上に垂れ下がっていて、まばゆいばかりの金色であった！　すばやく、そして優雅に、少女たちは空き地を横切ると、ジャングルの中へと消えていった。

私は呆気にとられたままニグロの首長の方を向いた。白いインディアンだ！　(26)

私たちはその恍惚に注目する。それは模倣の能力に関してヴァルター・ベンヤミンが着目したことである。ベンヤミンは、類似性の知覚は――マーシュに関していえば、ダリエンでの経験――一瞬の閃きと結びついていると述べる。「類似性の知覚は、星の配置と同じように、束の間、眼前に現れ、そして過ぎ去ってゆく」。類似性の知覚は模倣の模倣であり、そこにおいて、プリミティヴな人間や、子供や女、あるいは彼らすべてが、模倣の能力をもつ呪術を裏づけるためにもち出される。金色の髪。敏捷性と優雅さ。豊満な白い素肌。それらを備えた年頃の女たちは、いやましに高揚しつつ、模倣を作り出す。人種差別、労働規律、性的欲望は、鮮明でありながら捉えどころのないイメージの中の一瞬の閃きを求めて集まり、情緒的に危機に瀕する状況に見えるすべてに関する模倣を作り出すのである。

第一二章　白いインディアンの捜索

マーシュによるダリエンの白いインディアンの捜索は、目覚ましい成功をおさめたクナの反乱に関する彼の記述とみごとに融合している。まるで、ジャングルに身を隠している肌の白いインディアンの捜索そのものが、そのような類いまれな政治的事件をあらかじめ予期していたかのようである。実際「黒い」パナマ国家に対する反乱の中になだれ込むものは、あらかじめ演出された白さの噴出という暴かれた事実である。最初は、幻覚を起こさせるような関係、もっと具体的に言えば、女性的な関係で表現された、詩的で性的な神秘がきわめて重要な商品となった。それは、とてつもなく魅力的だけれども、捉まえて手元においておくのは極端に難しい金髪のもつ性的魅力を使って人々の心を惑わせる。そのきわめて重要な商品のために、クナの人々は、パナマ政府から自治権を得るための一つの手段として、まず彼らの白さを、そして、彼らの文化や周辺の生態系を研究するために、ヨーロッパや米国の人類学者たちに喜んで門戸を開いた。これを実現させているのは模倣の契約であり、北からやってきた白人と彼らが研究し「保護」しているインディアンとのあいだの、大部分は無意識のうちにおこなわれている一連の共謀である。

インディアンの肌の白さを性的なものにすることは、マーシュが暴いた事実をあちこちで強調する。私たちは、認識の閃きを目撃したばかりである――マーシュは、一九二三年に三人の金色の髪の少女の姿をした白いインディアンを初めて目にしたと認めた。さらにその一年後にも明らかになった事実があったが、これを報告したのはスミソニアンの民族学者ベーア教授であった。ベーアは急速に体調を崩しており、その目撃の直後に、伝説のバルボアが一六世紀に処刑されたのと同じ浜辺で死亡した。パヤ・インディアンの「人類学的な測量を完成」させようとしていたときに、ベーアはその探検で初めての白いインディアンを目にした（「――もしくは、少なくとも目にしたと彼は思っていた」とマーシュは書き留めている）。親切な首長の助けを借りて、ベーアは村のはずれのジャングルにある小さな家に連れていってもらった。

彼が入っていくと、おびえきった少女がいた。家の中には彼女しかおらず、家を飛び出してジャングルへと駆けていった。少女は腰布しか身に着けていなかった。その全身と長い髪は非常に濃い青色に、ほとんど黒色に塗られ、目は明らかに空色で、目の周りの肌と、色を塗られることを免れた身体のほかの部分は間違いなく白かった。

腹を立てたパヤ・インディアンが大勢やってきたため、ベーアはそれ以上少女を探すことはできず、その隔離された家に戻ることも許されなかった。その少女は年若な白いインディアンだったと私は確信した［とマーシュは記している］(1)。

ベーアの病状は絶望的で、探検を続けさせてくれるようマーシュに懇願せねばならなかった。「これは、私の人生において科学に関する最大の機会なんだ。白いインディアン研究ではじめて公認の人類学者になれたならば、私の出世の要因となるだろう」と述べた。ベーアはすでに、彼らが発見したサルの身体や脳やその他の臓器の重さの測定に時間を費やしていた(134)。アメリカ自然史博物館の博物学者ブレダーが小さな白いカエルの新種を発見しており、また、ベーアは自分で一〇〇人ほどの「チョコ」インディアンを測定して「頭示数」を得ており、そして非常に多くの子供の毛髪が明らかに薄茶色であることを発見していたことから、ベーアの興奮はさらにかき立てられていた。

マーシュは体調を崩しているこの肥満体の男の耐久力に疑問を抱いていたけれども、当初は、科学的権威者の保証を得るとともに、スミソニアンの代表になることを希望していたので、ベーアを受け入れることにした。しかしスミソニアン側もまたおそらく、マーシュを必要としていた。性と色彩、模倣、他者性という神秘的な表面でみごとに包まれた正真正銘の熱帯地方が待っていたからである。マーシュの著書における図像の構成は、まさにこれについての深い知識、つまり、女性という未知のものと科学を融合するためのきわめて大きな必要を連想させる。冒頭の長々とした献呈の辞では「ワシントンDCのスミソニアン協会の人類学者で民族学者」のベーア教授の死を悼んでいる一方で、扉には、羽毛の王冠をかぶった若い女性の全ページ大の口絵があり、ここで再現したとおりの説明書きが添えられている。それはまるで、この女性がベーアを生き返らせるかのようである、白人の科学そのものではないとしても。しかし、彼女を測定することでそれはすでに死んでいた。

白いインディアンを象徴させる女性のこのような使用は、より網羅的な衝動をかき立てるには不可欠の要素である。そう結論づけるには充分な根拠がある。その衝動によってインディアン性のオーラそれ自体が、白いインディアン女性によってひときわ意味深く象徴させることができる。肌の色が白くない場合でも、それでもなお「普通」よりは「肌の色が白く」はあるけれども、クナの女たちとの幻覚のような出会いが提示される。マーシュは誰もいなかった家で目を覚ますと、一人の女が彼を見下ろしていたというエピソードを記している。

彼女は美しい娘で、みごとな体つきと、山地のクナの多くに一般的に見られるようなごく淡いオリーブ色の肌をしていた。彼女は私を、他人ではなく親しい来客としてもてなし、私への敬意を表してくれた。トゥーリ［クナ］の女性が自宅内でおこなっている習慣に従い、長いスカートとアップリケのついたブラウスを脱ぎ、チョコの女性のように短い腰布一枚の姿になったのである。私はインディアンとの色恋沙汰にはいっさい手を出さないと心に決めていた。そのような情事が引き起こしうる苦々しさを知っていたからである。しかし、私は考えずにはいられなかった（……）。(110)

そうした考えは、文明化した大国ではほとんど実行に移されることはないとしても、ジャングルの闇を背景にした色彩豊かな呪術が射精されるという特別な行動につながることがある。その夜、マーシュは村に戻ると「首長の栄誉をたたえて派手に散財しよう」と、もってきた花火をすべて使い切ってしまうことに決めた（彼の記述には、基本的に二種類のインディアンが登場する。色白あるいは白い肌の女たちと、男の首長たちである）。回転花火用の支柱が立てられた。大きな軍事用信号弾ロケット用のパラシュートが用意され、さまざまな色の照明弾が半円形に並べられた。「食事の最後になって私たち白人は、米国のどんな村祭りの観客にも劣らない眼をもった観客に対して、漆黒のジャングルを背景に花火を披露した」(111)。

ついに白いインディアンと出会う

マーシュは、サン・ブラス海岸のサルサディでおこなわれたクナの首長の集会での演説で「ダリエンのインディアンの中には自分たち自身の肌であるかのように白い肌をもつ者がいる。その事実ほど、影響力のあるアメリカ人たちに共感を引き起こすことはないだろうと私は説明した」（194）と語った。これは武装蜂起の一年前のことであった。マーシュは続けて「トゥーリ［クナ］民族は、自分たちの土地で白人文明と出会う訓練をしなければ、絶滅するか、ニグロとの混血が進むか、あるいは事実上の奴隷状態になることが運命づけられている」と首長たちに告げた（194-95）。

首長たちは一晩じっくりと話し合った結果、ワシントンDCで援助を求めるために、マーシュとともに代表団を送り込もうということになった。

ミミ。白いインディアンの少女（マーシュ『ダリエンの白いインディアンたち』口絵）

首長のイナ・パヒナは「チェプ・トゥーリ（白いインディアン）をいまでも連れていきたいと考えているか？」とマーシュに尋ねた。

「はい」と答えた。彼は自分の耳が信じられなかった。

「海岸沿いの者たちはみな、あなたに会いたがっている」と首長は言った。「そ

の中に、チェプ・トゥーリが大勢いるはずだ。ほしい者をみな連れていってよい」。(195-96)

こうしてマーシュは危機を脱した。以前は、大変な苦労をしたにもかかわらず、ほんの一瞬しか白いインディアンの肌を目撃できなかったというのに、いまではインディアンたちは「一つの勢力をもう一つの勢力と」闘わせるという昔ながらのゲームにおける新たな要求に気づいていた。白人が以前ほしがっていたものは金と銀であり、その次はオウボク、つまり黄色の染料のとれる木であった。いま彼らがほしがっているのは、白い肌、正確にいえば白いインディアンであった。マーシュの船は、勝利を喜びながらサン・ブラス海岸沿いを前進し、ワシントンに向かう帰路の最初にポルトガンディに停泊した。多くのカヌーが最初の白いインディアンをマーシュのもとに運んできた。まばゆいばかりに美しい活発な少女は一人もいなかったが、真っ白な肌の一四歳の少年が無表情のままそこにいた。

暗い色の肌をした同郷の男たちの中で、彼の姿は間違いなく異質であった。髪は淡い黄金色で、肌はスウェーデン人のそれと同じくらい白かった。目は茶色で、青色や灰色ではなかった。彼の顔立ちはほかのインディアンたちと明らかに異なっていた——むしろ、北欧の白人のほうに似ていた。そして、彼の全身は、白くて細く柔らかな二センチほどの毛におおわれていた。

私は息をのんで彼を見つめた。そこに私が待ち望んでいた白いインディアンがいた。しかし、何が彼を作ったのか私にはわからなかった。彼は通常のタイプのアルビノではけっしてなかった。というのは、アルビノの目はピンク色で、髪は白いからだ。だが、彼が何者であれ「米国にいる」科学者たちはこの少年の謎を解き明かすという素敵な時間を過ごすことだろう。(199)

その後、クナ自らが民族学的骨董品になるという驚くべき幕開けの瞬間が訪れた。以前とはまったく対照的に「私たちは家や船といった村人たちの所有物の写真を撮り、調査しながら村を歩き回ることを完全に許された。これまでにポルトガンディでこのような特権を得た白人は一人もいなかったと知り、とても嬉しかった」(199)。

マーシュは首長に、白いインディアンは「インディアンと白人とのあいだにさらに深いつながりがあることを証明してくれるかもしれない」と熱心に説いた。首長は喜ばしいことだと答えた。「私がほしかった白いインディアン全員を手に入れるよう彼は取りはからってくれるだろう」(201)。しかしインディアンが、この興味深い白人の模倣的分身を生み出すことで、自分自身を他者化する機会が与えられる前に、マーシュはまずインディアンを他者化しなければならない――それは必然的に、女性たちを作り直すことを意味している。

パナマ政府が「インディアン」(もちろん、女性のことである)に「鮮やかな民族衣装を着せないように」し、代わりに「運河地帯付近のニグロが身につけているおぞましい〈ゆったりとしたワンピース〉」を着せようとしているという話を聞くとすぐに、マーシュは行動を起こした。

これに対して私は、小型帆船に積んでいた色あざやかな布地と小さな装身具を船長からすべて買いとった。サン・ブラスの衣装は非常に絵画的で美しく、肌の露出はとても少ない。女たちはさまざまな色で華やかに装飾したブラウスと、アップリケのついた長いスカートを着て、黄金の耳輪、鼻輪、南京玉などをたっぷりつけている。私は贈り物を浜辺に上げると、女性たちに配り始めた。(202)

すると、インディアンたちは彼に白いインディアンをもう一人連れてきた――八歳くらいの、白い肌をした裸の小柄な少年で、髪は黄金色で目は青緑色と茶色であった。首長はその少年を正式な贈り物とした（202）。マーシュはいまや、ジェットコースターのようにめまぐるしく変化する模倣と他者性を体験していた。彼は「何気なく」口にした。「陶器、矢、やり、木像、籠などを買いたい」。

するとまもなく私は、あらゆる種類の品々を持ってきた何百人もの男、女、子供にもみくちゃにされた。いくつもの樽がいっぱいになった――精巧で芸術的な陶器、美しく装飾された草で編んだ籠、武器類、柄に彫り物がついた杖、土と木でできたワニ。

値段は重要ではないようだった。私はそれぞれに数セントずつ支払った。数分で、私のカヌーで運べるものはすべて手に入れたが、まだ人々はやってきていた。村のすべての家族が、私に売ったり渡したりするためになんらかのものを持ってきたと思う。私は小型帆船に戻ったが、それでも人々が殺到し続けたため、鳴禽や果物、それに奇妙な象形文字が刺繍された美しい色あざやかなワンピースといったものをすべて受け取らねばならなかった。二時間後には、世界中の博物館の所蔵数を上回る数のサン・ブラスの芸術作品が集まった。夕方までに帆船の船倉は、想像しうるあらゆる種類の民族学的標本でいっぱいになった。（202-203）

さらに多くの白いインディアンたちが、山や川、ほかの島々からその村へやってきた。真っ白な者もいれば、白と褐色の中間色の者もいた。「私たちは彼らの写真を撮り、彼らに遠慮なく質問をした」（203-204）。こうして取り決めは、民族学的な科学に飲み込まれた――政治的に強力な移り変わりに関与している、言うなれば、白人の科学である。それは、模倣と他者性のもつ、繊細と粗野、意

識と無意識のあいだで揺れ動く。(2)

完璧なタイミング

その五〇年後、クナについて詳しく研究していたある学生が、一九二七年(反乱のわずか二年後)、スウェーデン人のエルラント・ノルデンショルド男爵の指揮の下「真に科学的な遠征隊が初めて」サン・ブラスに進出したことを知る。「スウェーデン人たちのタイミングは完璧だった」とこの学生は述べた。というのは、首長(ネレ)は「その当時、伝統を記録するという計画に没頭しており、クナ民族の神聖な情報をすべてノートに写し取るための文章作成能力を身につけるよう、インディアンたちに奨励していた(3)」からである。

ワシントンDCのスミソニアン協会でJ・P・ハリントンに声を録音されている「白いインディアン」

実際、一九三一年にイェーテボリ民族学博物館で働きながらスウェーデンに滞在していた六カ月のあいだに、世界の民族学的情報の目録にクナ文化を載せたのは、ネレの秘書の一人であるルベン・ペレスであった。かつてサン・ブラス海岸で偉大なる預言者の秘

二人のクナの男性と録音機，スミソニアン協会

書を務めていた彼は、いまやイェーテボリ博物館の偉大な民族学者の秘書となっていた。ペレスは、男爵が価値ある文書資料であると考えたもの——治療師から聞き書きした治療用の歌、その他、ネレ、大首長、大預言者の口述を書き留めた資料——をクナ語とスペイン語に訳しただけではなく、膨大な時間を費やしてこれらの資料を目録にまとめ、すでに目録に記録されていた項目に加えた。私たちはペレスのことを、偉大なる預言者が率いた斬新な運動の一員としてみなさざるを得ない。しかも彼は、クナの歴史の熱心な収集家でもあった。以前、ペレスは、クナの過去に関する記録を探すために、湾の向こう側にあるコロンビアの要塞港カルタヘナに派遣されたことがある。彼はスウェーデンでの仕事もこれと同じように考えていたようである。

さて私たちは、模倣が曲がりながら他者性へと入り、そして再び戻ってくる八の字型のような場所、ちょっとした冗談で活性化される場所へとやってきた。その民族学者は旧大陸のヨーロッパを出てインディアンたちのところへ入っていき、また、そのインディアンはヨーロッパへと入っていく——偶然にもそこはヨーロッパの中でも「とりわけ白い」地域であり、マーシュのダリエンに関する記録の中でも非常に注目している地域である（マーシュは一瞬目にしたインディアンの肌の白さを、最初はノルウェー人、後にはスウェーデン人のようであったと記録している）。さらに、マーシュに同行したスミソニアンの言語学者は彼に、クナの言葉はほかのインディアンのどの言語にも似ていないと語った。それどころか、クナの言葉は、古期ノルド語の痕跡を示していた！　ここで、私たちの多くは、忘れ去られた感情や、はるか昔に過ぎ去った先入観の遺物をただ感じたいだけなのだ、と笑いとばすのはたやすい。さらに、ルベン・ペレスによるイェーテボリでの軽い冗談がある。それは、白人の商品で埋め尽くされている死者の国に関するクナの信仰の目録作りに関連している。この冗談を男爵は愛着を込めて記録しており、それは、ペレスが、死者の国ではイェーテボリ博物館は自分のものになるだろう、とふざけてよく言っていたというものである(4)。

科学的好奇心の対象となることは、死んだインディアンの未来に関して友人同士で軽い冗談を言い合うだけではなく、政治的切り札をクナの人々にもたらした。これは明らかであるように思われる。何よりもまずクナをクナたらしめているのは、白い他者化のあらゆる領域において自分たち自身を売り込むことのできる技術である。売り込むという仕事は、非常に大きな援助――双方向的関係――がなければ達成されることはない。最近のある著名なクナ研究者が、一九六八年および一九七〇年にフィールドワークをおこない、ほかの場面では制約を課しがちなこれらの人々が「大変親切に私をもてなしてくれ、感受性豊かに興味をもって私の研究に協力してくれた(5)」と、著書の序文で打ち明けているのは、ただの礼儀ではない。

地勢

地球は「グレートマザー」の身体であり、当初、彼女は裸であった。
――チェーピン「サン・ブラスのクナのあいだでの治療」

地勢は、嵐のように迫りくる黒人に対して、捕まりにくく、肌の白い、女性的なインディアン性を行使するにはきわめて重要である。クナとマーシュの両者にとって、共鳴の差があるとはいえ、この大地は不思議なほどに女性的である。マーシュにとって大地は「偉大なる白い女性器」であり、それは、六分儀による科学的手法でまず発見され「測定」された「未知の谷」である。その後、運河地帯からの軍装備品と軍用機を使い、航空写真術によって見つけられ「撮影」された。クナにとって、エネルギーをもった治療師の歌や理論が導くところによれば、世界の大半は子宮から生み出されたものとして概念化され、イメージ化され、活性化される。つまり、大地は具体的な意味、また、宇宙的な意味においても「グレートマザー」である。そのうえ、マーシュとクナのどちらの地勢の比喩表現でも、彼らの防衛規制としての抑圧によって、実際の場では、性的なものは他の記号に取って代わられている。マーシュのケースではこのことは明らかである。クナ自身のあいだでは性的な事柄は検閲され抑圧されている一方で、自分たちの女を見つめるよそ者へ向けてのクナの男たちの敵意があり、それについてマーシュは絶えず言及しているのだが、これは置き換えているわけである。民族学の文献を通して性的な事柄が悪名高いものであるならば、クナの日常生活においてであれ、形式化された治療のための歌やその他の歌における掛け言葉や言葉遊びにおいてであれ、置き換えはおこなわれている。

繰り返すが、驚嘆すべき点は、このように大地を表現することに関する詩的で、究極的には政治的な出産だけではなく、フロイトが不気味さに関する小論の中で、母の大腿部のあいだの心地よい場所と表現したものに関する、マーシュとインディアンたちとのあいだで重なり合う興味深い模倣である。この場所の代わりにおこなわれる出産は、クナ研究では普通に見られる。もっとも有名な人類学的解釈および分析への言及においても明らかにされている——すなわち、一九四八年にスウェーデン人のニルス・ホーマーとヘンリ・ワッセンが最初に出版し、その後、一九五二年にクロード・レヴィ＝ストロースが分析した難産のための治療歌ムー・イガラについての解釈および分析が明らかにしている。

彼らの解釈は、シャーマンの守護霊が、ムー（「グレートマザー」）を探して分娩中の女の産道の中に入り、それに沿って旅をするとクナの人々が信じているという仮定に基づいている。三〇年後、クナの言語に関する充分な知識を携えて討論に加わったチェーピンは（文字通りの意味は比喩とは切り離せるという結局のところはあやふやな根拠に基づいて）、クナの人々は実際、シャーマンの守護霊は分娩中の女の現実の膣に沿って旅をするのではなく、霊的な川に沿って旅をする、と信じていると主張し、この仮定に全面的に異議を唱えた。クナの人々の言う霊的な川は突然、産道の模倣的で霊的なコピーに、つまり、クナ世界の霊的な構造にとって非常に重要なコピーに「瞬時に」変わるのである。これらすべてがどれほど不思議なまでに複雑であるかがわかるだろう。この模倣の能力が人を導き入れるのはなんと奇妙な道であろうか――とりわけ、マーシュ氏の最初の章である「未知の谷」は次のように始まるのである。

この物語はまさに、ダリエンの太平洋沿岸においてポラス氏がおこなった六分儀による「測定」から始まる。この「測定」の結果を手にしていなければ、おそらく私はこの地域のうわべだけを調査し、パナマには適当なゴムの生えた土地はなかったと雇用主のヘンリー・フォードとハーベイ・ファイアストンに報告し、リベリアかフィリピンに移動してしまっていたことだろう。(3)

航海技術に長けた彼の前に明らかになったのは、この幸運をもたらす六分儀の「測定」である。それによって彼は、地峡の地図が正しくないことを知り、まだ地図にされず、描かれもせず、そして、そのような意味において、誰にも知られていない谷が内地に沿って走っていることを知り、その谷へと否応なく引き込まれていった。(6) しかし、なぜこの谷は、彼をそれほどまでに魅了したのか？　彼にはその理由がわからなかった。徐々に、人を引きつける不思議な力をもつイメージとともに、谷は渦を巻いていく。しかし、なぜそのイメージはそんなにも魅力的なのだろうか？　マーシュが、その谷を探検したいという抑えがたい情熱のため、仕事——フォードとファイアストン——をやめるという不可解なプロセスの裏には何があるのか？　谷に近づくにつれマーシュは「すぐ向こう側にある未知の谷、そして私のかわいい友人たち、スウェーデン人の肌の色をしたインディアンの少女たち」(29)を思い出して眠れなくなった。谷の「ディフェンス」と彼が呼ぶものがいよいよ立ちはだかるにつれ「肥沃」になっていく。けれどもそれは「黒人にとっては死」を意味する——白人だけに用意された、白人によってのみ明かされる秘密——メラニンの不足によって結ばれている、見知らぬもの同士のわずかな親近感。やがて、まだこれから発見されるのを待っている存在として、谷は「私の」谷となり、大都市の魅力はわきに投げ捨てられる。

私は、アクロンがゴムを手に入れるかどうかを気にかけるのをやめた。パナマ運河で働いている幾千人もの堕落したジャマイカのニグロによって、この自然のままの美しい谷が蹂躙されるのは嫌だった。無害で魅惑的な谷のインディアンたちが、虐げられ皆殺しにされてほしくはなかった。そこは「私の」谷であった。(35)

盲点——近づけば近づくほど、謎は深まる

なんと不思議なことだろう、とマーシュは思いを巡らす。世界最大の航路の一つから数マイル内にあるダリエン地峡に、未知の部族が存在しているとは。彼にとってそこは「ラテンアメリカにある無数

の盲点の一つ」であり、電車の中でつり革を握ってブルックリン橋の上を通り過ぎる人たちに気づかれることなく存在している、橋の下のスラム街に相当する。興味深いのは、近づけば近づくほど謎が深まる点である、とマーシュは述べている（11）。興味深いという点に関しては、次のように言い足した方がいいかもしれない。少なくとも米国の大運河に隣接したダリエンにおいて、この盲点は光の色である白によって特徴づけられているということ、そして、この光は不吉な闇によって、言い換えれば、破壊的な商業の世界を先導している陰茎の黒さによって、執拗に輪郭が浮かび上がらされるということである。隠すこととそれを暴くことの交流電流の中で、この盲点は、性別、人種、商品生産、さらに土地をなんと狡猾に混ぜ合わせていることだろう。「近づけば近づくほど、謎は深まる」——フロイトの不気味さの植民地版である。白い世界が、模倣と他者性の交互におこなわれるリズムを捕まえるには、白いインディアンの不気味なイメージを用いるのが一番である。一方では、白さによる模倣的暴露があり、もう一方では、ダリエンのジャングルに身を潜めたインディアンによる他者性がある。模倣と他者性の二つの「瞬間」は、ここでお互いにエネルギーを与えあう。その結果、そのような現象を模倣的、つまり「私たちと同じように」捉えれば捉えるほど、より強く他者性を作り出す。逆の場合もまた同様である。

出陣のための化粧

この交流電流は数え切れない方法で描写されるが、クナの蜂起の武装戦にマーシュが個人的に関わった二つの出来事ほど奇妙なものはない。いずれのときも、マーシュによれば、インディアンの男たちはマーシュの命令に従って射撃を開始し、自分が立案に大いに貢献したとマーシュが主張するある計画を実行した。一度目は、マーシュがクナの首長たちとともにクナの独立宣言（米国の独立宣言に関する彼の知識をもとにした）を起草した直後であった。(7) 二度目は、二二人のパナマ人兵士が死んだ砦での攻撃であった。この攻撃が蜂起の結果を大きく左右した。

この二つの出来事においてマーシュは、インディアンの服を身に着けた、とうっかり口にしている。戦いの前に「インディアンの服を着た私自身を含めて全員が、頬を赤く塗り、鼻に赤い線を引いた。そして、ある調合薬を飲むようにと一人一人に手渡された。それはインディアンの呪医たちが調合したものだった」（255）。この一年前の一九二四年に、内陸部の「チョコ」インディアンの踊りで女性たちが彼の身体に色を塗ったときを除いて、このような格好をしたとマーシュが言及している場面はほかにない。

男たちが共通の目的の下で一体化する戦闘のもっとも激しい部分において、模倣と他者性はみごとに絡みあう。動きの速い戦闘用のカヌーの櫂と連動して、交流電流は滑らかに素早く流れる。このときは夜間に攻撃するには辺りは暗かったけれども、私たちは自らが率いているインディアンたちのあいだで身を隠しているマーシュの姿をほぼそこに見つけることができる。少なくとも私たちの想像の中では、羽飾りがひるがえり、出陣のための化粧がきらめいているように見える――そのとき不意に私たちは、その場面からクナ・インディアンたちの写真、たとえば米国巡洋艦クリーブランド号に乗船しようとする彼らの写真の前に引き戻される。マーシュが身に着けていたこの「インディアンの服」というのは、何なのだろうか？　インディアンの女たちが手の込んだモラと鼻輪をつけて中央に恭しく置かれ、米国の水兵のように伝統の重みを背負っている一方で、インディアンの男たちはまったく違う服装をしている。男たちは西欧式の長ズボン、白いシャツ、ネクタイ、そして山高帽を身に着けている――当時もいまも、これが身なりのよいクナの男性の標準的な服装である。マーシュが初めてサン・ブラス海岸にたどり着き、首長のイナ・パヒナと出会ったとき、パヒナは白いシャツとズボンを身に着けていた。クナの男たちは「ヴィクトリア時代」からズボンとシャツを着ていたと言う者さえいる。(8) フランス海軍当局者であるアルマンド・ルクリュは、一八七〇年代後半にパヤ川沿いのクナ数人のもとを訪れ、クナの男のほぼ全員がズボンと米国製の木綿のシャツを着ていたと述べた。ルクリュはさらに、ヨーロッパがアメリカ大陸を征服しているときに、このような荒野の真ん中で羽飾りをつけたインディアンに出会うことを期待している訪問者は、ひどい幻滅を味わうことになるだろうと長々と説明した。(9)

　このヨーロッパ風のズボンとシャツ（とおそらくネクタイ）という装いが、マーシュの変装だったのだろうか？　その格好で、白人を模倣したインディアンを模倣して、戦闘用のカヌーにかがみこんでいたのだろうか？　あるいはそうではなくて、ひょっとすると彼は女装し、男ではなく女を模倣していたのだろうか――「インディアンの服」において圧倒的に支配的な指示対象である女性の服を。私たちはけっしてわかることはないだろう。私たちにわかるのは、二度の輝かしい瞬間に、マーシュによって「率いられた」パナマ国家の「ニグロ」への攻撃の中で、模倣と他者性がついにお互いに溶け合ったということだけである。そのときだけは、マーシュ自身が白いインディアンだったのである！

第一三章　女としてのアメリカ――西欧の衣服がもつ呪術

模倣の能力を発揮するには、日常生活における外見の技術を使うことである。その技術は、本質と外見のあいだにある差異という解き明かすことのできないパラドックスを増幅させ、大喜びしたり激怒したりする。クナの民族誌は、イメージの形をとってこのパラドックスから現れる精霊の力について多くのことを教えてくれる。あえて言うならば、精霊がある種の境界をもった集団、たとえばイモムシのようなものであると考えるのは、まったくもって間違いである。それどころか、クナ人のチャールズ・スレーターの言葉を「わかりやすく」翻訳したものが明らかにしているように、「イメージ」と「精霊」は交換可能な言葉となり、外見の捉えがたく抗しきれない力の証明、外見と本質の神秘的な関係の証明となる。つまり、精霊、イメージ、（いくつかの）外見を使って、知覚できないほどにぼやけた魂を表す言葉のさまざまな意味によって巧みに説明される事実である――これらは、八章「模倣の世界、目に見えない分身」ですでに触れた。

ここで把握するべき本質的なことは、妙に単純でありながらも、結局のところは理解しにくいという点である。外見は力であるという点であり、言い換えれば、外見そのものが密度と実体を獲得できるという事実のもたらす機能をもっているという点である。外見のこの特性こそが、精霊と魂とイメージを一つの星座へと呼び込む。このことが、恐れ、憧れ、驚きを引き起こすということは、少しも驚くようなことではない。祭壇や呪術のイメージに宿る物神的な力は、外見のもつこの触知可能性が高められ長期化された例にすぎない。接触と模倣のあいだ、触覚と視覚のイメージとのあいだで行ったり来たりする流れもまた、この外見の力を証明している。真実はつねに(ただの)外見の背後に存在しているという考えと結びついた科学的認識論は、悲しむべきことに、他では明らかなこの点を見過ごしてしまう。しかしながら、日々の生活は、それとは異なった方法で進んでいくのである。

植民地における歴史もまた、イメージの力がきわめて有効な手段となる霊的な駆け引きの場として理解されなければならない。クナの民族誌はこの点について有益な教訓を与えてくれる。とりわけ注目に値するのは、クナの人々のあいだでおこなわれている模倣的労働の性差に基づいた分業である。

この分業は、ある宗主国をもう一つの宗主国と争うように仕向けるという昔からのゲームの中で鱗のように重ねられ、宗主国の性的な原動力とぴったりとかみ合っている。クナの男たちが、高い地位や神聖な役職にある場合にはとくに、山高帽やシャツ、ネクタイ、ズボンといった西欧式の衣類で着飾る一方、クナの女たちはきらびやかな他者として自分たちを派手に飾りたてる。インディアン性のもつきらめく外見を呈するのは女たちである。そうすることで、彼女たちは、伝統をもつ外見の担い手として、また、国家の具現化の担い手として、多くの第三・第四世界の女たちに共通して見られる役割を果たしている。とても魅力的なのは、模倣的労働におけるこの男性と女性による分担が、植民地的想像力の性的ダイナミズムと融合する様子である。私たちはすでにクナの存在の中心を女性として提示するマーシュのテクストの中で、一定の緊張感をもちながら、この融合を目撃する機会を得ている――魅力があるけれども触れてはならず、きわめて不気味な意味において「子宮的」で、黒人の汚染により危険にさらされている女性である。

女としてのアメリカ

それでは、一六世紀から一九世紀中葉にかけておこなわれた、アメリカを女として想像するという植民地支配による実践から、私たちは何を生み出すことになるのだろうか？　私がここで思い浮かべるのは、羽の頭飾りと弓を身に着けた、ヨーロッパの所有する裸身のアメリカである。ハンモックからゆったりと発見者たちを迎えたり、あるいは、去勢をおこなう者が血まみれの犠牲者の頭部を握って新世界を堂々と闊歩したりする姿である。

「アメリカ」1581-1600年，フィリップ・ガル

「アメリカを“発見”するヴェスプッチ」16世紀後半，テオドール・ガル，ストラダヌス（ヤン・ファン・デル・ストラーテ）の模写

この女性として描かれた植民地アメリカのイメージは、反植民地主義の考え方の中にも及んでいる。一八一九年に、ボゴタの画家ペドロ・ホセ・フィゲロアによって描かれた以下に掲げるボリバルの肖像画での、反帝国主義的で革命的な独立の図像について考えてみよう。この絵では、植民地化されたアメリカの女性的なイメージを変換するどころか、独立革命の名のもとで一層しっかりとそのイメージを維持しており、ボリバルの抱擁にすっかり身をゆだねている。(植民地化された)他者性、真珠と黄金の贈り物を、弓と羽の頭飾りとともに身にまとっているアメリカは、間違いなくヨーロッパの模倣である。彼女の顔はヨーロッパ女性の、おそらくイベリア半島の女性の顔である。彼女の肩をわがもの顔でとは言わないまでも守るように抱いているボリバルと比べた彼女の小さなサイズからわかるように、この緋色の軍服を着た不機嫌そうな顔つきのクレオールの指導者と、インディアン性をヨーロッパ的な象徴で着飾ったスペイン風の顔立ちをした人形のような女性とのあいだの力関係については、疑う余地はまったくない。

このことは、一世紀後にマーシュを守ってくれるものとなる。

このイメージの基本形式はブロンズ像にもなり、一九世紀半ば、クナの人々からそれほど遠く離れていないパナマのコロン港に設置された。この像は、ヨーロッパの貴族からスペイン系アメリカ貴族への、つまりウージェニー元皇妃からコロンビアの大統領に三度就任したトマス・シプリアーノ・モスケラへの贈り物であった。この像のことは、フランス海軍士官でフランス運河会社(コンパニー・ユニベセル・ドゥ・カナル)の総代理人であったアルマンド・ルクリュが、一八七六年から一八七九年のパナマ地峡探検に関する自叙伝の中で記述している。ルクリュは、この像が建てられた小さな港が、白人の住む場所と黒人の住む劣悪な環境という二つの異なる地域から成る湿地帯に造られたという事実を強調したあとに続けて、港の誰も訪れないような場所にある公共の芸術作品、コロンブスとアメリカが並んだ壮大なブロンズ像のことを描写する。提督は直立して炎のような激しさをたたえ、美しくて小柄な裸の女アメリカを守っている。ルクリュにはアメリカがおびえているように見えたが、同時に誘惑しているようにも見え、魅惑的なパリジェンヌを彷彿とさせた――それは「白いインディアン」であったと言えるかもしれない。少なくとも、フランスの白いインディアンである。(1)

キャスリーン・ロモリは、伝説のコンキスタドールであるバスコ・ヌーニェス・デ・バルボアに関する一九五三年の労作の中で、ダリエンの植民地化における女性を中心とした物語について伝えている。ロモリは、初期の年代記作者たちを引用し、クエヴァン・インディアンの女性たちがスペイン人の男たちに、いかにして目の覚めるような美しさを印象づけたかを述べている。さらには、彼女たちは「恋人にするならスペイン人の方がいいと喜ばせた」(2)のである（愛の獲得が「一方を他方と争わせる」という四世紀に及ぶステージを準備したと言えるだろう）。「未知の谷」でマーシュを燃え上がらせ、クナの宇宙観を中心におく役割をも果たしている、女性を中心においた言葉の修辞が表す状況と起源の基本原理にコンキスタドールたちが恩恵

シモン・ボリバル，解放者にして国民の父。ペドロ・ホセ・フィゲロア，ボゴタ，1819 年

を受けているだけではなく、歴史学者であるロモリ自身もまた恩義があることを彼女は明らかにしている。ロモリが慎重に執筆したその冒頭近くの言葉は、場所に対しての伝説と同じくらい、期せずしてダリエンとそこでの彼女の立場を確かなものにしている。この伝説ははっきりと、母性的であり生殖的、独創的であり模倣論的である。ロモリは次のように述べる。ダリエンは「メキシコからティエラ・デル・フエゴにかけておこなわれた探検と植民の母であった。その物語は――派手なメロドラマであると同時に、初期の植民地的手法の要約である――スペインによる新世界征服全体の、便利で完璧な、小規模の実用模型だった(3)」。

しかしもし仮に、性的な意味合いと母性の両方あるいはいずれかを付与された女性としてのアメリカを、守るようにわがもの顔で抱擁するボリバルを描いたフィゲロアの肖像画が表現する寓意から導かれた歴史を研究するならば、私たちは何がわかるだろうか？　一六世紀以降、ヨーロッパによって植民地化された世界の大半とは異なり、ラテンアメリカでは、植民男性と現地女性の同居はもとより性交渉はめずらしいことではなく、メスティソの人々の割合（多くの場所で数的に優勢）の明らかな原因だった。バルボアは美しいインディアンの愛人が地峡にいたし、スペイン人による新世界にくまなくヨーロッパ人の存在を確立したのは、インディアンの女たちと暮らしていたスペインの貧しい男たちであった。しかし、クナにとってのストーリーは異なっているように見える――大きく異なっている。ここで顕著な特徴は、女性への接近を男性が制御していることである。よそ者から女性を隔離するのである――断続的なリズムにしたがって、黒人の場合は完全に、白人の場合は部分的に――もう一つの特徴は、その結果としての投資、特別な植民地的オーラをまとったこれらの女性への投資である。こうして、女性たちの外見そのものが、物神としての役割を果たすようになる。

物神としての女のイメージ——アップリケの技術

この物神的魅力については、一九世紀初期に中米沿岸を航行した英国貿易商オーランド・ロバーツが説明している。彼はまず、(サン・ブラスの) クナの人々は、自分が取引したことのあるほかのどのインディアンとも異なっていると明言し、とりわけ、彼らの身長の低さ、勤勉さ、髪の長さ、アルビノの割合の高さを挙げている。そして、男たちについては、以下のように記す。

(……)(男たちは) 独立性を侵されまいと非常に用心しており、これまで懸命にそれを守ってきた。また、ほかの南米のインディアンたちにはあまり見られないことであるが、女に愛情を注ぎ、大切にしている。(4)

男たちの外見はほとんど言及されていない。その一方で、

その船に乗った首長たちには女性が数人同行していた。女性たちは青色のバフタや十分に成長した綿を使い、自分たちで作ったゆったりとした服を着ており、その丈は胸元から脚のふくらはぎの少し下まであった。足首には小さなガラス製の南京玉を無数につけていて、それが幅二インチから三インチ半の帯状になっており、手首にも同じような帯や腕輪を巻いていた。耳だけでなく鼻の軟骨にも飾り穴を開け、そこに金や銀の輪をつけている。イヤリングはおもにジャマイカの商人から手に入れていた——鼻輪は彼女たちの手作りのようで、円周四分の三インチほどの丸み

を帯びた三角形をした厚みのある輪である。首には、おびただしい数の鮮やかな色彩の美しい南京玉や、赤珊瑚の首飾りをしていた。首長の妻たちが身に着けていた首飾りの中には、それだけで数ポンドの重さがありそうなものもあった。彼女たちの髪は非常に長く黒色で、優美にまとめられ、亀の甲羅や硬い木などで作られたヘアピンの一種を使い頭頂部で留められていた。彼女たちの顔の肌色は男性たちのそれよりもずっと明るくて美しい。頭の上から青色のバフタやサヘンポアを一枚かぶり、背中と胸元と顔の片側を完全に覆っていた。まったくもって、この女性たちのふるまいはきわめてしとやかで控えめであり、好感が持てるものであった。[5]

もしかすると、この商人による過剰なほどの視覚化は、他のすべての感覚が女性たちに届けられないこととの埋め合わせかもしれない。映画と同様に、手で触れられないものを目が捕まえるのである。

彼女たちの夫はよそ者を非常に警戒する。このことが、彼らがヨーロッパ人に本島への入植を許さない理由の一つと言われている。商売に関する取引はつねに、沿岸に無数に浮かぶ小島や島の一つでおこない、目的に合わせて島を選ぶのである。[6]

これらの女性たちは、ただ見られるだけである。しかし、その見ることが、国民国家の政治学においては、かなりの価値をもっている。というのも、いまやほとんど存在しなくなった差異が、華やかなブラウスで飾りたてられたイメージとしての女性に高い価値を与えるからである。「サン・ブラスの先住民と外界のあいだにある唯一にしてもっとも重要なつながりは、女性のモラ・ブラウスである」[7]と記すモラ研究者もいる。

外の世界に対してのクナの定義がそうであるように、一九六〇年代後半からサン・ブラスのクナたちのあいだで研究をしてきた二人の人類学者の言葉によれば、女性たちのこのような外見もまた「クナの人々に対する社会統制の立派な要素」なのである。人類学者たちは、クナの女性たちは（クナの男たちから）「か弱い存在で、壊れやすく、すぐに誘惑され、助言や指示を必要としている」と考えられていることが多い、と説明する。研究者たちによると、このテーマは、クナの集会や会議で何度も繰り返され、会合は週に数回、村全体が参加し、通常は日が沈んでからおこなわれる。[8] これらの会議は、女性たちが正しいふるまいをするための主要な伝達手段となっている。「モラを縫いに行け！」が、このような集まりが催される前日の告知によく使われるかけ声である。[9]

> 女たちにつねにモラを作らせておけば、トラブルを回避できる。より具体的に言えば、女たちが通りを出歩かずにすむようになり、モラを作る場所——家の中や会議の場——に留まらせておける。女たちは衣服を買わずに自分で作るため、そして、この衣服が尊敬の源であるため、モラ作りにやりがいを感じている。クナの人々は自分たちの伝統を維持し、それらを会議のような公の場で披露することに非常に重きをおいているため、会議には二つの機能が付与されている。一つは、村人たちを全員集め、伝統についての知識を披露する指導者の話にみんなで耳を傾けるという機能であり、もう一つは、女たちに不品行をさせないようにし、モラを作らせるという機能である。[10]

女たちはつねに作り続け、身に着けているその衣服を用いて、クナの世界をこつこつと美しくしながらも、その世界からは距離を置いている。このような記述を読むと、クナの女性たちは、自分たちを鉄の鳥かごの中へと縫いつけているように思える。

このような夜の会合では、村人たちが一堂に会して性別と地位にしたがって整列する。そこでおこなわれることは示唆に富んでいる。広い部屋の真ん中にあるハンモックに座ったり寝そべったりしている年長の男たちのあいだで、まず、その日の緊急の要件が話し合われる。次に、その中の二人が、儀式的な発話の形式で対話を演出し、その内容は後に、おそらく二時間ほど後に、他の村人たちに向けて通訳され説明される。この対話をおこなう際に、二人の男性は宙の一点をじっと見つめ、腕は動かさずに脇にたらし、一切の感情を見せない。彼らを取り囲んでいるのは女たちと子供たちで、さらにその周囲に、クナの警察官とともに残りの男たちが秩序を守らせたり、うたた寝をしている者を起こしたりしながら取り囲んでいる。女たちはもっとも高級な服装を身にまとい、黄金の装身具とともに自分たちが作ったモラを身に着け、夜の仕事——仕上げている最中のモラ——が入った籠をもってくる。中央の男たちが詠唱するあいだ、女たちは（少なくとも子供の面倒をみるために道具をおいてこなかった者たちは）「モラを切ったり縫ったりするのに精を出す。かなりの数の者たちが、その作業のために小さな一本足のテーブルを持参し、また各々は、ココア缶で作られた石油ランプを持ってきている。ろうそく用の芯のためにてっぺんに穴が空いていて、そこからは咳を誘う煙が出ている」(11)。まさにこの光景自体が人類学者に感銘を与える。その光景はさまざまな煙のにおい——パイプ、タバコ、灯油ランプ——から始まり、その場の独特の雰囲気に適合する。その雰囲気を完璧なものにしているのは、以下のようなものである。

（……）女性たちが色とりどりの配列でまとまる象徴的な席順は、ぼんやりとした暗がりの中では、モラとスカーフの鮮やかな赤がひときわ目立っている。全体としての印象は、劇的な明と暗のそれである。すべては「集会の家」のそびえるような屋根の下にあり、その家は、竹とヤシの複雑な模様を形づくっている。[12]

しかし、この明と暗の効果を劇的なものにしているのは、間違いなく、高くそびえる竹やヤシを背景としてぼんやりとした暗がりの中で浮かび上がる赤いモラの鮮やかさだけではなく、とびきり上等な服で着飾った男たちの衣装でもある――「西欧風のズボン、シャツ、帽子」を着ていて、年長の男たちはしばしばネクタイもつけている。[13]

クナの男性が携えている異文化に対する意味やイメージがどれほど異なっているかを立ち止まってよく考えると、女性によるイメージ化や女性のイメージ化は、なおいっそう際立つようになる。クナの男たちは一〇〇年以上前から軽々と、そして大胆に外界と通じ、水夫、季節労働者、運河地帯の労働者として働いてきた偉大な仲介者であり[14]、聖なる知識と聖なる言語を習得し、伝達することを独占しているだけではなく、彼らの外見は、西欧のデザインを模倣している。女性が鼻輪からモラにいたるまで、根源的な他者性を身にまとい、したがって、根源的な他者性を伝える役割を担っている一方で、男性は少なくとも一〇〇年間にわたって、西欧式の衣装で飾り立てられてきた。とりわけ、治療をおこない、あるいは、大事な職務を遂行するような重要な機会には、ネクタイと山高帽で盛装する――影響力のある外部の者に写真を撮られるときもそうである。実際、写真は、植民地を正確に映し出すというまさにその行為を申し分のない程度まで濃縮し、レンズは、植民地的分断のそれぞれの側から発せられる模倣の衝動的欲求を統合する。

これを実証しているのが、クナの「首長」が、かやぶき屋根の家の前で妻と並んで立っている姿を写した四分の三ページ大の一枚の写真（アン・パーカーとエイボン・ニールのみごとな写真入りの書籍『モラ――クナ・インディアンの民族芸術』から）である。[15]
彼らはこわばった格好で立ち、両手を脇や脚に下ろしているが、直立不動というわけではない。まさに彼らは「展示されている」と考えることはそれほど想像力を必要としない。そう考えることで「首長と妻、リオ・シドラ」というキャプションに彼らを閉じ込めようとする目の存在をあらかじめ予期することになる。

クナの人々に向けられた西欧による写真表現は、精霊の世界を表現しその世界に近づくために作られたクナの木像の使用を補完するのか？

このイメージとヌチュ――私が模倣の探求を始めたときに出会った木彫りの治療用の人形――を比較する誘惑に私は抗うことができない。探求を始めたとき、私はその木像が西欧風であるという趣旨のノルデンショルド男爵の記述を引用した。五〇年後にチェーピンは、木像は「非インディアン的」であると述べ、ノルデンショルドの記述を支持している。しかし、それにもかかわらず、男爵はさらに続けて、治療師の歌を演じる力を備えているとみなされるのは外側の形態ではなくて内側の実体――すなわち、木そのものがもつ人格化された精霊――であるとも述べていた。この人格化された精霊はクナの人々の姿にそっくりであり、ヨーロッパ人の姿ではない。それゆえ、次のような疑問が生じる。クナの情報提供者が言うように、外側の形態ではなく内側の実体である精霊が本質で、治療の「呪術的」要素を構成しているのならば、なぜ西欧風の外見でなければならないのだろうか？
治療用の木像はこのような西欧の写真によって示されるように、模倣的労働の男女による分業と一致している。クナの男性の外側のイメージは西欧世界に対してとてもはっきりと勇敢さを装っているので、木像の外側の形態はそのような男性のイメージを模倣している。一方で、木像の内側の精霊は、子宮から生み出されたクナの力の起源が存在する場所であり、クナの女性らしさによって模倣される、というのはどうだろうか？[16]　この提案は重要である。なぜなら、一九世紀初頭のオーランド・ロバーツによるクナ女性に関する過剰な描写のように、外部の目と対峙したときの「ある選ばれた外見」のもつ役割を正確に示しているからである。この外部の目がとらえた構成とヌチュの呪術的構成とを比較するとき、私たちは呪術的な力のもつ異文化間の視覚的な源に注目する——画像を使ってヌチュの生成に加担している第一世界の写真家の役割を正確に示していることは言うまでもない。この男性と女性が合成したイメージは、クナの人々にとってヌチュが病気に効くように、西欧の観察者にとっても治療効果がある。「写真家は小銭をたっぷりと持っていく必要がある」と『サウス・アメリカン・ハンドブック一九八二年版』は助言している。「クナ一人にポーズをとってもらうのに二五セントかかるからだ」。

「首長と妻，リオ・シドラ」（パーカー，ニール，1977年）

西欧の衣装がもつ男性的呪術――死者の旅

女性の身なりに対する細心の注意について考えてみると、すなわち、女性の見た目やイメージにじっくりと注目すると、男性の外見価値が霊的に決定される断片に出くわすのは興味深い。私たちはこのことについて、ノルデンショルドとペレスによって出版された、死者の魂の旅について歌われた歌を通して読み取る。そこでは、服を身に着ける動作の段階が二回あり、一つ目は、男が死ぬ場面であり、二つ目は、歌い始めていた治療師が死者の国への旅を引き受け、死者の魂を守る精霊になる木像を彫り出す段階に進む場面である。その歌は私たちに以下のことを伝える。

その男が死ぬと魂は身体を脱け出す。髪の魂、指の魂、心臓や舌の魂が抜け出す。魂は身体に戻れないため、ハンモックの端に立って涙を流す。涙がこぼれ、頬をつたう。

このすべてが歌にのせられる。

家族が死者を抱き起こし、埋葬布の上に寝かせ、身体を清める。

彼らは白いシャツを着せ、ズボンを履かせる。ネクタイをつける。顔に色を塗り、化粧を施す。髪をとかし、帽子をかぶせる。彼の汗（血）が地面に滴った。[17]

死者の妻は歌い手のもとへ行く。歌を使って精霊を導くことのできる男である。彼女は彼に尋ねる。「私のために木の杭［木像］を用意してくれますか？」。これらはすべて歌の中で語られる。

ここで第二の段階がやってくる。そこでもまた西欧の衣装を男性の遺体に着せる行為が繰り返されるが、今度は服を着るのは歌い手自身であり、治療用の木像の中の精霊の力を引き出す歌い手とそれは直接に関連している。

歌い手は自分の妻のところへ行き、水を用意するように告げる。妻は水を注ぎ、歌い手は古いズボンを脱いで、身を清める。歌い手は白いシャツと黒いズボンを着込み、ネクタイと帽子を身に着ける。「私は神の道を歩いて上っていくつもりだ」と彼は言う。[18]

次に、歌い手はいくつかの木の杭を彫り、それらに羽根とビーズをつける。このすべてが歌われる。歌い手はそれらにシャツを描き、死者が使っていたハンモックの下に置く。歌い手はココア豆を求める。こうして歌い手はこれらの木の杭を精霊に変える。男の精霊が八人と女の精霊が三人である。彼らの仕事は歌、ここからは魂が、まさに始めようとしている旅において、その死者の魂を守ることである。

他者化している西欧人の目が、先住民女性の「色とりどり」の衣装に心酔しているときに当然のことながら見落としがちなのは、西欧自身の、つまり西欧の男性の衣服が呪術的な意味をもち得るということである。ズボンとネクタイと山高帽もまた、魂の旅に対して遺体の準備をし、歌い手の用意を整え、木製の人形にスピリットの命を込めることで呪術を作り出す。

西欧の衣装がもつ男性的呪術——悪魔を打ち負かす

この点については、クナの治療師の歌であるニア・イカラ——ニア（悪魔）の方法——から、かなり正確さを欠いた奇妙な一節を引き合いに出すのが適切である。ニア・イカラは、ノルデンショルドの元弟子であるニルス・ホルマーとヘンリ・ワッセンの二人によって、一九五八年にスペイン語とクナ語で出版された。クナの学校教師であるギリェルモ・アヤンスから手紙で受け取ったテクストがもとになっており、ホルマーとワッセンはスペイン語翻訳の正確さや語句の意味についてアヤンスと手紙のやりとりをおこなった[19]。男性が身に着ける西欧の服がもつ機能の説明に関して、ノルデンショルドとペレスによって記録された死者の魂の旅のための歌ときわめてよく似ており、よって、この歌の一節を私はここにもち出したいと思う。

男性治療師の家庭内の出来事が細かく描写されたあとで（約一七〇行）その歌は次のように語る。ある女が近づいてきて、夫が女の悪魔に誘惑され、今は正気を失っていると言う。治療師は力を貸すことに同意し、そして歌う。その歌は、病人のさらわれた魂をつかまえるのを手助けしてくれる数多くの木像を描写し、木像が一列に並べられている様子や、それぞれの木像がその木に彫られている精霊として呼ばれているその様子を語る。木像の一つ一つには名前がつけられており、そうして木像はみな、命あるもののように会話をしている。木像がみな一列に並んでいるという事実は三度繰り返される。そして驚くことが起きる。

ペニスのごとく、治療師の中に流れ込んできなさい
ペニスのごとく、治療師の中に波のように入ってきなさい
ペニスのように、彼らは治療師のお腹の中で立つ
ペニスのごとく、彼らは治療師の子宮を占有する
いまや治療師は魂である[20]

治療師をしゃべらせているのはその魂である（一九七―二〇二行目）

この最高潮に達する場面で、治療師は妻に次のような頼みごとをする。


「私に白いシャツを持ってきておくれ。

シャツは私に危険な精霊に立ち向かう強さを与えてくれる」

治療師は話し続ける。「私に黒いズボンを持ってきておくれ。

ズボンは私に精霊に立ち向かう強さを与えてくれる。私は精霊と戦うために必要な勇気を手に入れる」

治療師は言う。「私に黒いネクタイを持ってきておくれ。

ネクタイは私に精霊に立ち向かう強さを与えてくれる。私は精霊と戦うために必要な勇気を手に入れる」（二〇三―二〇八行目）

さらに治療師は、顔に塗る塗料と鏡を妻に頼む。彼が歌っている歌は、衣服を身に着けていく様子を描写する。一つ一つの衣服である。歌のずっと早い段階において、一つ一つのおこないもまた説明されてきたその動きの一つである。やがて、家庭内での穏やかな静けさが描写される。間違いなくここでは、項目別にされた衣服のリストと、着たり脱いだりする行為が繰り返されることに意味がある。もう一つの人格を身につけた俳優のように、あるいは、可能性に開かれた世界の前で裸になって、複数のアイデンティティーをもって演じることのできる寓話のように。それにもかかわらず、白人が身に着けている山高帽、白いシャツ、ネクタイの前で裸になると、演技は脱いだり着たりという終わりのない繰り返しによって制限されてしまう。ノルデンショルドが「西欧風」と呼んだものを木像自体もまた「身に着けて」いることを、少し立ち止まって思い起こしてみよう。公平な立場にあるすべての演技者が、大きくても小さくても、人間であっても木であっても、彼らの内側にある、クナの「秘密！」を隠しながら西欧の衣装をいくら美しく着飾ろうとしても、この大いなる治療の儀式は、結局は、いかに並外れた模倣学的芝居という結果になってしまうことか！[21]

治療師は西欧の外見を真似ている（模倣）だけではなく、身に着けている（接触）。身に着けることで治療師は、西欧との身体的な接触を成し遂げている。皮膚を身にまとっているような手触りであり感触である。ロジェ・カイヨワが擬態と伝説的精神衰弱に関する論文の中で着想した、三次元的に自己の形を変える写真という模倣学的技術と同じように、ここでは治療師の身体そのものが模倣的外観の三次元化される媒体となり、完全な目となる。

では、どのような場面でこの西欧の皮膚を身に着けるということが起こるのだろうか？　それはまさに、治療師がインディアンの精霊の人格と、「西欧風」に木像が彫られるさまざまな種類の木の精霊の力を引き出しているときである。言葉では言い表せないこのような瞬間が生じるのは（これら二つの歌のテクストの中で）治療師が西欧の男性の服装をちょうど受け入れようとするときである。精霊が木材から流れ出し、つまり「自然」から生じ、そしてそれが具現化され、人格化され、失われた人間の魂の追求といういますぐに取りかからなければならない作業のために用意される瞬間である。模倣的能力は、女性から生まれ、（読み解かれたイメージである）精霊の世界との交流を通して男性によって継続的に行使され、そして、植民地的他者性によって極限まで完璧な状態に磨かれる。そうすることによって、物質的なものが代わりを務めているイメージのもつ霊的な力を引き出すというまさにこの決定的な問題に、模倣的能力は影響を与えるのである。

戦闘用のカヌーでインディアンの服装を身に着けていたマーシュのように、また、白いインディアンという概念そのもののように、模倣はみごとに他者性と融合する。その結果、呪術的効果に必要なつながりを作り上げ、私が以前ほのめかしていた電気の一種である、差異が急速に振動する直流と交流のパターンであるつながりを作り上げるのである。必要なのは巧妙な組み合わせと、組み合わされた混乱との戯れである。それは、模倣が自らの裏側にある他者性を暗示するという事実をはるかに越えた壮大な過剰さである。必要な不可能性が手に入れられたとき、模倣が他者性になるときに、最大の効果が生じる。そのとき初めて、精霊と物質が、歴史と自然が、お互いの他者性の中に流れ込むことができるのである。

第一四章　蓄音機

マーシュは、一九二四年の白いインディアンを探す旅で、科学者たちとニグロの労働者たちを連れ、かなりの装備を持ち込んでいた――エルト社の船外機、約一トンもの重さがある無線装置のほか、六〇フィート〔約二〇メートル〕の望遠鏡用の支柱、軍事用の野外コンロ、白人用の帆布が張られた折り畳み式デッキチェア、贈り物が詰まった約三七〇ポンドのトランク、銃器、マーシュが現場の軍事力と呼んだものに充分なほどの銃弾、ダイナマイト、花火、ビクトローラの携帯用の蓄音機が二台、それと、大量のさまざまなレコードである。

川をふさぐ倒木をばらばらに爆破するために使われたダイナマイトを別にすれば、重い軍服、無線装置、銃器などのより明らかに軍事向けの品々は役に立たなかった。船外機でさえ大して価値がないことがわかった。効果があるとわかり、必要不可欠なものと考えられるようになったのは、贈り物、花火、それに蓄音機といったより明らかに気晴らしのための「文化的な」もので、幾度となく、花火や蓄音機は、文明化されたプリミティヴィズムの見せ物を提供した。それらは、未開人と文明人の双方ともを満足させる呪術やメタ呪術を交換するものだったのである。

上流に向かうために川をふさいでいた倒木をダイナマイトで爆破し、一九二四年には地峡内陸部の危険なインディアンの土地と考えられていたところへ入っていくと、探検隊は先住民の足跡と、変わった図柄の七面鳥の羽根に出くわした。ニグロの老人バルビーノは、それは呪術のしるしだと言った(のちに彼らは、一列に突き立てられた二一本の同じような羽根に遭遇した。羽根は探検隊のメンバーと同じ数だけあった)。インディアンは一人も見当たらなかった。

インディアンたちが何を企んでいたにせよ、彼らはたしかに私たちを監視していた。そこで、チアティ川のほとりで過ごした夜、私たちはインディアンたちにある見世物を見せた。ベントンがルガー社製の自動拳銃を連射し、次に私が軍事用のロケット信号弾に点火した――それは、数百フィートの高さまで打ち上がって爆発し、その後に緑色の光がしばらく漂い続けるものだった。この見世物が、インディアンの呪術を弱めることとなった[1]。

通常は、見世物はそれほどあからさまに好戦的ではなく、マーシュが明らかにしているように、楽しませることを目的としていた。とりわけ人々の心を動かしたのは、見世物がおこなわれるまさにその時間だった。来る日も来る日もおこなわれるインディアンの祝祭のようなものではなく、夕食のあとの催しであった。そのようなとき、北米の男はもの思いにふけってパイプをくゆらせ、ちょっとした心の安らぎ――ちょっとした気晴らし――が欲しいと思う。このようなダリエンの奥地の場合に限っては、気晴らしはインディアンを楽しませることができるかどうか、つまり、彼らが考える娯楽というものの中に楽しみを見つけられるかどうかにかかっていた。「チョコ」の首長の家で最初の夜を過ごしたあとにマーシュは興味津々に次のように書いている(ニグロたちはカヌーで夜を過ごすよう

最初期の蓄音機と最新の蓄音機，1908 年頃

命じられ、家に近づいたりインディアンと接したりすることは許されなかった)。

夕食が終わり、私たちの寝泊まりする部屋の梁から蚊帳がつるされると、宴の主催者たちは好奇心から私たちに娯楽を要求した。不意に暗闇が訪れた。そこで私たちは、軍事用のロケット花火から始め、次に、持ち運び用の蓄音機を登場させた。私はダリエンでの経験のあと、蓄音機を持たずに「野蛮な」インディアンの地に足を踏み入れようとはけっして考えないようになっていた。何度となく私たちは、無愛想で不親切で、脅威さえも与えるようなインディアンに出会っていた。彼らをまったく相手にしていない振りをしながら、テントの設営やら何やらといったいつも通りの作業を続ける一方で、蓄音機をもち出してレコードをかけ始めたものだった。インディアンたちの注意はすぐに私たちから逸れ、その「音楽が鳴る箱」に移った。彼らの敵対心は消え、好奇心に取って代わられた。インディアンたちはだんだんとその機械に近づき、仲間同士で意見を交わしていたが、ついにはその周りに群がって、できる限り近づき、手で触れて感触を確かめた。そのとき以来、頻繁に、彼らは私たちに深夜まで蓄音機をかけさせた。おそらくまだ友人とは言えないものの、もう私たちは敵ではなかった。この蓄音機、花火、船外機、ダイナマイトの四つは必需品で、これらがなければダリエンの奥地を横断することはけっしてできなかったであろう(2)。

蓄音機は、とりわけインディアンたちに喜びをもたらしたという理由から、探検家たちを大いに喜ばせたに違いない。その機械は、異文化間のつながりを作る容易な手段であることがわかったのである。見知らぬものを発見し同じものを確認する、という白人とインディアンのあいだの社会的相互作用をもたらす新しい文化ゾーンである――マーシュがクナの首長マタの娘カルメリータに蓄音機の音楽に合わせたダンスを教えていたときに、彼女の父は米海軍から贈られたタバコをぎっしり詰めたパイプを満足そうにくゆらせていた。「いままで見たことがないほどの幸せそうな家族だった」とマーシュは述べた――この言葉は、早くも一八九五年には米国の雑誌の至るところに広告を出していたコロンビア・グラモフォン・カンパニー社のスポンサーによる、複製機械と家族との心地よい混合を思い起こさせる。すてきな蓄音機と適切に表題がつけられたある学術研究によれば、その広告が描いていたのは以下のようである。

「プチョのカルメリータ姫」(右), チョコの女性たちから背中に色を塗られているR・O・マーシュ(左)(マーシュ『ダリエンの白いインディアン』より)

(……)うっとりと聞き入っている家族。祖父はゆったりと安楽椅子に座り、息子とその妻がじっと耳を傾けながら彼の両脇に立ち、孫は——小公子風の半ズボンと上着を着て——祖父の脚のあいだで跳びはねる。四人とも、すぐ近くのテーブルの上にある小さな蓄音機から突き出したホーンに注意を向けている。彼らは「話す機械——さらには、笑い、歌い、演奏し、あらゆる音を複製する機械」[3]を、印象的な作法の中で明らかに楽しんでいた。

「カルメリータと結婚しなさい」と首長が言った。「そうすれば、あなたはすべてのタカルーナ族の首長になる。私たちはかつてのように豊かになり力を持てるだろう」。

マーシュはためらった。

首長は「丘の中腹に住んでいる少女」もマーシュに差し出した。彼女は、温かいチョコレートと素肌でマーシュを起こしてくれた女だった――社会の中とテクストの中のこういったすべては、女性とよその者のあいだに境界線を引いている男たちによってきっちりと張り巡らされていた。
　マーシュはこの申し出は断らなければならないだろうと思った。カルメリータは泣きながら飛び出していった。マーシュは「蝶々夫人」を蓄音機にかけ、パイプを吸った。

　クナの土地の至るところで、マーシュによって描写されたこのような本質に関わる場面が、より壮大でより激しい舞台で演じられた。そこでは蓄音機が、クナの女性とパナマの（「ニグロの」）男たちとを隔てていた境界線、そして、一九二五年のクナの反乱の直接的な原因を象徴していた境界線を破壊する恐れがあった。パナマの警官たちは、米国生まれのフォックストロットやジャズだけでなく――クナの親や年長者たちはこれらをひどく嫌っていた――パナマの「民族」音楽をも流す蓄音機に合わせて、西欧式のダンスを踊る社交クラブへの参加を強要した（もともとは都会から帰ってきたクナの若者たちが始めたものであった）[4]。クナの大首長（ネレ）が打ち明けた言葉が、ノルデンショルド男爵の編纂した資料に記録されている。

　やがて、彼らは私たちに重労働を強いるようになり、校舎へ重い石を運ばせ始めた。私たちの頭が痛くなっても、彼らは意に介さず、同じように懸命に働かねばならなかった。彼らは私たちを鎖や縄で打ちすえるようになり、私たちの同胞である女や娘と彼らが踊ることのできるクラブハウスを建て始めた。妻にダンスをさせないようにすると、彼らは私たちを牢屋に入れた。さらに、彼らは私たちの同胞たちに向かって話しかけ始め、おまえたちを助けられる者は誰もいないと言った。彼らは女たちの鼻輪や耳輪を外させるようになり、警官は女たちを交番へ引きずっていき、鼻からリングを外し、粉々に壊してしまった。このようにして、彼らは女たちを暗闇と罪悪の中へと引きずり込んだのである。(5)

このようにして、西欧風の楽しみを運んできたすばらしい模倣機械である蓄音機は、そのような場面を作り出すのに重要であった。クナという存在のイメージ・ポリティクスを担っている女性たちにクナ以外の男が近づく機会をもたらしたということである。首長や年長者が激怒したのは当然だった(しかし、それはクナの人々の間だけだったのだろうか? 二〇世紀初頭からの米国大衆文化の世界中への広がりは、蓄音機によって複製された音楽に多大な恩恵を受けている。それどころか、米国の世界史への多大なる貢献は、大衆音楽やハリウッドによって、まさに世界の耳と目を作り上げてきたことである――「モラル」は言うまでもない)。

植民地の写真

蓄音機やカメラの「社会学」、あるいはそれらの「先住民」に対する影響には、私はそれほど関心はない。より重要な論点は、これらの模倣的に容量の大きい機械に先住民たちが魅了されていることに対する白人男性たちの強い関心である。ここで、蓄音機と比較したときのカメラが、関連する情報を提供してくれる。

マーシュの白いインディアンを探す最初の旅では多くの写真撮影がおこなわれたようだが、蓄音機による音声の複製に比べると、ほとんど言及するほどの価値が認められていない。マーシュは軍事用の写真技術の援助を得て、旅を始める前に撮影の準備に取りかかっていた。未知の谷を調査し、谷の存在と大きさを確認し、インディアンの村の場所をなるべく多く探す必要があったのである。運河地帯の空軍の指揮官がマーシュに飛行機を二機提供してくれた。そのうちの一機には大きな軍事用カメラを携えた熟練の軍の写真家が乗っていた。しかし、マーシュの乗った飛行機が合図を出すたびに、もう一機の飛行機が写真を撮ることになっていた。しかし、このような行動には、どこにも呪術のかけらも見当たらない。逆に「呪術」とは正反対のものとして、「科学技術」をともなった飛行に大いに夢中になっている。飛行機と大きなカメラは、土地の地勢や下にいる人々へ向けられた物質的および科学的な力に対するきわめて冷淡な感情を提供し、地上の人々はまもなく小型カメラの被写体になるだろう。

インディアンの写真を撮ることは、科学的調査の不可欠な部分であると考えられていた。実際、写真撮影の技術は象徴的であるように見える。つまり、科学的態度が存在するかどうかは、写真に撮られたものの存在と同程度であることを実証するのである。ベーアの日記の断片は、このことが「科学をおこなう」にはいかに強迫的で必要性があったかを明らかにしている。日記は、ベーアの死後に、彼のスミソニアンでの上司であったアレス・ハードリチカによって『アメリカン・ジャーナル・オブ・フィジカル・アンソロポロジー』に発表された。

インディアン——キャンプ・タウンセンド——二月九日、土曜日——腕の長さと身長を測定するために表を掲示した。

二月一〇日、日曜日——ホセ・マタと家族から呼び出しがあった。マタと女の写真を撮る。ホセはこの機会に女に新しいワンピースを着せた。裸の息子は姿を見せようとしなかった。

二月一二日、火曜日——チョコの一団が到着。男と一〇歳の娘を撮影。

二月一三日、水曜日——マーシュのテントの中でチョコの人々が話している声で目が覚める。十

「未開人」のためにカルーソをかけるフィツカラルド役のクラウス・キンスキー

『極北のナヌーク』「社会経験としての氷嚢がもつ脱社会的性質」（フランシス・H・フラハティ，1984年より）

O, CARUSO!

数人の子供たちの撮影と調査をして午前中を過ごした。二月一四日、木曜日――多数のクナと数名のチョコを測定。ホセと家族の写真を撮り、さらにチョコの人々をもてなした[6]。

マーシュはあるところで、山地に暮らすクナの男たちが、写真に撮られることから守ってくれるよう走ってきたことについて話している。しかし、マーシュとクナの首長たちの絆がサン・ブラス海岸において強固になり、マーシュの希望した白いインディアン全員が彼に約束される頃になると、科学性を帯びた小さな儀式の中で、あらゆるものは撮影可能となった。このように、クナ王国への扉が開け放たれている状態であっても、カメラかそれが撮影した写真のどちらかに記録された驚くべき奇跡はほとんど存在しない。写真を見てみると、白いインディアンの少女「ミミ」の口絵が入ったマーシュ自身の著書を見てもわかるように、彼らはオーラを抜き去られて標準化されている――「標準化されすぎて」いるようにさえ見える。あなたは「だからどうだというのか？」と自問する。しかし、植民地の辺境において実際に動いている蓄音機をフィルムに収めるとなると、途端にすべてが一変する。ここでは、模倣する科学技術を呪術として表現するあらゆる努力が払われ、次のような質問を繰り返さなければならなくなる――なぜなら、蓄音機を使った演出は「未開の」人々の二〇世紀における描写において、驚くほど普及しているからである――西欧人はなぜ、この機器に対する他者の魅惑にそれほどまでに魅了されてしまうのか。

植民地の蓄音機

民族学的映画の古典の一つとなった作品の中で、極北のナヌークが白人の蓄音機から音が現れるのを聞き、次いでそのレコードを食べようとしたときの、あの狂気じみた驚愕の表情を忘れられる者などいるだろうか？　模倣的感覚の具現化！　しかし問題が一つある。この表情とこの食べようとする動作は「プリミティヴな人々」の演出ではなく、プリミティヴィストの映画監督であるロバート・フラハティによる演出――やらせ――であると考える方がいいのではないだろうか？　模倣の模倣。ホルクハイマーとアドルノが「模倣の組織化」と呼んだものの連鎖の輪の一つである。

　フラハティの目指す意図は何よりまず模倣学的であり、眼は視覚器官である以上に触覚器官となるであろうことは、彼の妻で、長きにわたり作品の共同制作者であったフランシス・ハッバード・フラハティの回顧録の中で明らかにされている。しかしながら、映画によって作られた新しい眼とやや初期のソ連の映画理論（およびベンヤミンによるその理論の拡張）のあいだに合致があるとする彼女の見解にもかかわらず、大きな違いもまた存在する。ショック、モンタージュ、世俗的啓示の理論と比較すると、映画によって人間の感覚器官に与えられた模倣的で感覚的な可能性を通して実現される魂の合一のディスクールがあり、その中にフラハティはどっぷりと浸る。つまり、未開人である極北のナヌークの、そうするための感覚器官を借りることによって、フランシスはそうするのである――少しばかり悪意がある、とまでは言わないまでも、驚くべき技巧である。

　フランシスはまず、夫の映画に出てくる陶工の手のイメージから始める（ベンヤミンが物語作家に関する小論の中で愛情を込めて用いたイメージでもある。彼の論点は、物語作家の存在と生は、粘土に陶工の手のあとが刻まれるのと同じように、物語に刻み込まれるというものである）。陶工の手がやわらかな粘土に触れるのと同じように、フラハティにとっては、映画のイメージはやわらかな眼に触れることになる。やわらかな眼が包み込む身体に触れるのである。「例として、陶工が粘土を形にするときの手を例にとってみましょう」とフランシスは述べる。

> 映画のカメラは、この動きの流れと密接で親密な関係を結んで映像を織り上げ、私たちの視界に引き込みます。見ているうちに、私たちは陶工の手の動きを自分のもののように感じ始めるのです、まさしく陶工が心と技を込めて粘土に触っていくように。その瞬間、私たちは陶工の魂に触れ、そのまま溶け込んでしまいます——その想いを共有し、まるで生命を分け合ったかのように一体化していくのです。ここにいたって私たちは、『モアナ』〔フラハティの一九二四年の映画〕の世界を満たしていた、あの微細なこころの動きを通り抜け、『ナヌーク』〔一九二二年〕で見出した、あの「神秘的な参入」の世界に再び足を踏み入れるのです。これこそカメラという機械（マシーン）に導かれて、私たちがたどる「道」なのです——それは、私たちの見ている世界にまったく新しい次元を切り拓きます。生き生きと脈打つ生命という神秘のリズムに揺れ、愛の力に引かれながら、私たちは魂のさらに奥深くへ、魂の合一へと運ばれていくのです[7]。

複製の新しい手段にともなって広がる、感覚に関する新しい理論とプリミティヴィズムがあり、そのあいだの密接な関係性に関して、よりはっきりと明確な言葉が発せられたかどうかは疑わしい。この点について、ナヌークの蓄音機に対する驚き、ナヌークの舌と歯によって生々しい感情を記録したロバート・フラハティの映画的な表現との関連性なら納得できる。ここにおいて、北極の偉大な猟師のもつプリミティヴィズムとされるもの、まさに彼の歯は、映画によって明らかにされた生活における魂の合一について、モダニスト（フランシス・フラハティ）によってなされた主張と、たしかに演出における生命の発露において深く関与している。

ここには、主体と客体のあいだ、「プリミティヴな」人と世界（たとえば、リュシアン・レヴィ＝ブリュールが提唱したような）のあいだの神秘的な関与の論理が、複製技術によってよみがえっている。それゆえ、映画という視覚的な伝達手段においては圧倒的な優位にあるモダニスト的理論の中で話し合われる再生が、蓄音機の演出によって浮き彫りにされることは興味深い。

この偉大な猟師が音を食べる動作、より正確にいえば、音の複製である人工物を食べる動作、つまり、この模倣の模倣は、ロバート・フラハティの妻によって再び語られた物語とみごとに合致している。山積みにされた毛皮のうえにそっと置かれた蓄音機を怪訝そうにのぞきこんでいる毛皮のズボンを穿いた浅黒い顔のナヌークの写真とは、正反対の印象を与える。一人のヨーロッパ人の男（おそらくフラハティ）が蓄音機の反対側に座り、その機械を見ているのではなく、機械を見ている偉大な猟師を注意深く見つめている。写真の説明文にはこう書かれている。「ナヌーク――白人は声を〈缶詰め〉にする」。フラハティは、映画作家として何をしているのかをエスキモーたちに説明しようと決断し、ナヌークがセイウチを槍で突こうとしている場面の一部を現像し、ハドソン・ベイ社の毛布を壁にかけて、老若男女の「彼ら」全員を招待した。そのときに起きたのは、非常に長く、限りなく魅力的な一連のドラマ、これまで述べてきたような、未開人と機械との「ファーストコンタクト」のドラマが流されただけではなく、偉大な演出である。それは、技術的複製をおこなう新しい機器、すなわち映画のもつ強力な模倣の力が、「プリミティヴな」人々のもつ強力な模倣の能力――「神秘的な関与」の認識論――と出会うという演出である。

一条の明かりの中、映写機はカタカタと音を立てて廻っています。小屋の中はシーンと静まりかえっています。彼らはナヌークを見ました。スクリーンのナヌークとは他に、もう一人別のナヌークが小屋の中にいるのです。これは彼らにとってどうしても理解できないことでした。スクリーンでは、まだナヌークとセイウチの格闘が続いています。ボブ「フラハティ」によると、突然、地獄から響きわたるような声が上がったそうです。「あのセイウチをつかまえろ！」彼らは一斉に大声を上げました。「つかまえろ！」。椅子を蹴り上げ、彼らはナヌークがセイウチをつかまえるのを助けようと一斉にスクリーンに向かって突進していったのです[8]！。

観客たちの心の中にある混乱を模倣の真実性へと変質させるには、ナヌークではなく、槍を打ち込まれ波間でのたうち回る強大な動物、セイウチのイメージが必要であった。さらに――今度は「私たち」が再現された描写の巧みな動きに少しばかり困惑する番となる――エスキモーたちはいったんその映像を見ると、というよりも、その映像に参加してからは「この〈スクリーンの狩り〉についての話題でもちきりでした。彼らは、映画のことを〈アギィ〉と呼ぶようになりました」とフランシス・ハッバード・フラハティは記している。

では、映画『フィツカラルド』でのヴェルナー・ヘルツォークの妄想にとりつかれたような試みはどうだろう？　この作品は、二〇世紀初頭のアマゾン川上流でのゴム景気の時期に設定され、明確なヴィジョンをもつフィツカラルドによって、とても執拗に、とても不器用にその手に握りしめられた蓄音機という物神を中心に構成されている。耳につける大きなホルンがフィツカラルドの薄汚れた白いスーツの脇の下から現れ、カルーソの歌声が森と川とをみなぎらせると先住民たちは、恍惚とさせる芸術形式をもつ古きヨーロッパの雨が彼らの上に降り注ぐことに驚愕した。船の舳先からとどろくオペラ。川を切って進み、黄褐色の先住民たちを釘付けにするのは、蓄音機の大きなラッパ型トランペット、それは、未開の人々の住む深い森に咲いた技術の青いランの花である。つぎはぎだらけの川蒸気船は、南米大陸の暗黒の中心部へと進んでいく。

これと同じような開きつつある技術の青いランの花は、今度は、繊細で、紫色とピンク色を帯びて、一九八八年にセネガルの映画監督ウスマン・センベーヌによって制作された映画『チャロエ基地』の重要な場面に現れる（センベーヌの作品はセネガルでは検閲を受けている）。この蓄音機は、第二次世界大戦中に自由フランス軍に従事した、あるセネガル人軍曹の自慢のもち物である。彼と同僚のセネガル人兵士たちはこのとき、フランス軍から除隊されるのをセネガルの地で心待ちにしている。彼らはナチスに苦しめられたあとに、今度は自軍の白人将校たちからの人種差別に直面することになる。あるセネガル人兵士はブーヘンワルトで気がおかしくなり、狂ったような身振りで「石炭用バケツ」と呼ばれた鉤十字つきのドイツ軍のヘルメットをかぶることを主張する。彼はナチスの兵士を模倣することで、自分自身の敵であるフランス人植民地支配者にとっての敵、とらえどころのない敵となる。彼の恐ろしいまでにばらばらになった存在、ドイツ軍のヘルメットばかりが目につく濃黒色の顔、アフリカにあるフランス軍の練兵場で直立不動の姿勢をとった肉体、これらはこの映画の衝撃的な結末を予感させる。黒人の兵隊で編成された中隊は、動員解除に関する屈辱的な条件に対して反乱を起こしたとされ、フランス軍の最高司令部の命令により戦車と機関銃で皆殺しにされるのである。

しかし、ここにもう一つのばらばらな存在がある。ヨーロッパを模倣する際のとらえどころのない複雑なもの、それは、軍曹がとびきり大切にしている所持品、物神性をまとった亡霊のような蓄音機である。映画の中では西欧の古典的伝統の偉大な音楽とされているもののレコードの上で小さな針が上下し、その上方でじつに重々しくバランスをとっている巨大なラッパ型ホーンはひだをもち、ぐっと迫ってくる。軍曹がパリにいる自分の白人の妻と娘に手紙を書きながら、兵舎の部屋のスパルタ的簡素さの中で聞いているのは、これである。このフランス出身の白人将校たちへの注意と同じくらい、喜びや不安を与えるやり方で、映画がもたらすイメージの流れに対する注意を引き寄せるのは、この機械とそれによって複製された音楽である。彼らと同様の優雅な安らぎの中で、この黒人男性は自分の部屋でこっそりと、機械によって再生された音楽によって、古きヨーロッパの嗜好を呼び起こし吸収するのである。似ているものを複製するためのある機械を通して、この男が自分たちのようになっていくのを見るのは将校たちにとっては喜ばしいことである一方で、この男が似たものを作るためにこの機械を使うというのは、彼らにとっては心を深くかき乱されることでもある。ある程度はこの機械のおかげで、彼はヨーロッパ文化を心地よく感じるだけではなく、黒人であるとともに白人、セネガル人でありながらフランス人であることができる「新しい人間」になる方法を示す。こういうわけで、この映画の中の蓄音機のイメージは、極度の二面性をもつ象徴のイメージへと近づいていく。それは、文明を未開へと縛りつけるような模倣と他者性の回路を流れる神聖なものである。

この象徴的な力の中に、ダーウィンの乗っていたすばらしい船である英国軍艦ビーグル号の艦長フィッツ・ロイが、一八三二年に夢中になったものが存在する。彼は「文明人にとってはなじみのある事柄に対して子供のような無知のふるまいをする人々を観察すること」にきわめて強い関心を示していた。一五〇年後、ボブ・コノリーとロビン・アンダーソンは、映画『ファーストコンタクト』においてまさにそのような振る舞いの場面を収めた——振る舞いの展示（a display of the display）といってもいいかもしれない。あるオーストラリア人の金探鉱者が一九三〇年代にニューギニア高地で撮影した「最初の接触（ファーストコンタクト）」の場面を使用することで、コノリーとアンダーソンは息を潜めつつこの神秘的な瞬間を捉えることに成功する。明かされるべき世界史の幕を白人男性が開け、他者性の具現化を堪能する瞬間である――それを見事におこなえたのは、未開人の表情を背景にして模倣の奇跡を奏でる蓄音機を撮影したその探鉱者のおかげであった。陽気な旋律をもつ「人生の輝かしい面を見て」は、私たちのもつ音の記憶を西方へと誘い、カメラは視覚的無意識を通して、レコードの上を上下する針の中へと私たちを連れていく。すると急に、その機械から現れる音を、明らかに驚いた様子でじっと動かずに見つめている高地人たちのひげを生やした細長い顔へと私たちは連れていかれる(「この歌は私たちの先祖が歌っているのかと思った」と彼らは、数十年後にコノリーとアンダーソンに伝えている)。探鉱者はこれに満足せず、蓄音機を抱え上げると、白人が自分たちの野営地の範囲を示す境界線としてつねに腰の高さに張っていた釣り糸の向こう側に蓄音機を押しやる。高地人の女たちに踊ってほしい、と彼は思っている。彼の動きはややぎこちなく、むしろ奇妙でさえある。というのも、かろうじてバランスを保っている音楽の出る箱を持ちながら、明確に示された境界線を越えて、人々のところへと彼は突進しているからである。彼は先住民以上に白人の呪術に取り憑かれているようであり、この強迫観念は、演奏することを見せること(showing showing)を強く求めている。まず、探鉱者は彼らに動いている蓄音機を見せなくてはならない。次に、蓄音機が人々に演奏しているところを映像に収めなくてはならない。それから数年後、コノリーとアンダーソンは、二〇世紀後期の欧米人がそのような驚くべき暴露を見たいと切望することを正確に予測して、私たちのためにその様子を見せる(display the display)――さらに、その映像は一度ならず繰り返される。とりわけ長々と流されるのは、映画『ファーストコンタクト』の最後の最後、「人生の輝かしい面を見て」とはまばゆいほどに不釣り合いな印象に合わせて流れるクレジットロールである(「この歌は私たちの先祖が歌っているのかと思った」と、誰かが言うのを聞いた)。

高地の少年であるナームについて書かれた探鉱者自身の著書を読むと、白人の呪術に魅了される他者に対して白人が魅了されている様子に光が当てられている。ナームは一九三二年に、探鉱者によって文化的な実験のようなものとして飛行機でラエの町に送られた少年である。ひとっとびで石器時代から消費時代へと解放された少年は「蓄音機に耳を傾け、電灯を目にし、つけたり消したりしてスイッチをすり減らした。ガーニー［パイロット］によると、電灯の次にナームの関心をもっとも引いたように見えたのは缶と瓶の山であった(9)」。ファーストコンタクトには、ある高地人が子供だったころ、探鉱者がごみとして捨てた缶のふたをおそるおそる盗み、それに手を加えて頭につける派手な飾りにしたときの様子を語る、目のくらむような場面がある。しかし、残念なことにファーストコンタクトは、それらの缶と瓶の山を映像に収めるには偏見にとらわれすぎている。というのは、たとえごみが西欧文明のよく目立つしるしであるとしても——ナームが理解していたように——ファーストコンタクトの演出にふさわしいのは、機械による生産物の副次的影響ではなく、むしろ、模倣が企んでいるものの残像だからである。

模倣的過剰

蓄音機に魅了される他者に魅了されることに関してきわめて重要に思われるものは、機械的な複製そのものがもつ魔術である。西欧ではこの魔術は言葉でははっきりと表現できず、文明化されたアイデンティティー形成の技術的な実体として理解されている。一九三〇年代はじめにニューギニア高地で映画を撮影した探鉱者も、二〇世紀初頭にアマゾン川上流のジャングルにいたフィッツカラルドも、そのような問題として蓄音機を捉えることはできなかったし、あるいは、電球のスイッチを理解することもなかった。未開の人々と比較すると、彼らは西欧における発明や商業化に対する驚きの最初の衝撃のあと、日常の一部となってしまうこれらの奇跡を支配する側にある。けれども、それらの衝撃は、技術のもつ神秘的な暗部にまさしく生き続けており——技術が支配する世界における辺境での儀式の中で「呪術」として取り出されるべきものである。ジャングルに蓄音機を持っていくということは、新たな飛躍的進歩に対しての興奮の波が収まったあとにやってくる時代、技術そのものは神秘や詩情ではなく、ありふれたものとしてとらえられるような時代において、機械による複製がもってい る本物の神秘や能力を強調し飾り立てることである。ジャングルに蓄音機を持ち込むことは、木製の櫂に対するエルト社の船外機のような西欧の技術が有する力によって、先住民、ひいては自分自身にも強い影響を与えるが、それだけではない。模倣の能力を機械がもたらした複製技術の中にある神秘として再インストールし、技術が見る途方もない夢の中に潜むプリミティヴィズムを再び生き返らせ、それとともに、過剰な模倣の能力を作り出すのである。

メリーさんの羊

また、西欧の人々は、自分たちの近年の歴史における音声再生の魔術を思い起こせばいい——自分たちが生きている時代に実用化されたトランジスタ・カセットプレーヤーに魅了されたことや、さらには、一八七七年に米国で誕生した最初の音声記録と再生装置の影響を。エジソンが発明した「蓄音機」を人々に紹介した『サイエンティフィック・アメリカン』(一八七七年一二月)の記事は、まるでその中には小さな人間がいて、その人間によって命が吹き込まれているかのような話を意図的に作り、その機器を魔術化した。このふりをするという行為は、自己嘲笑を表す一つの興味深い形式である。というのも、一つには、音声再生の神秘に対する不器用だが心からの称賛、技術を褒めたたえる称賛を表現しているからであり、同時に、その機器がもつ能力には魔法があるとして、そのような魔法を表現するための精霊や魔術が使用している言語を見つけようとしているからである。他方で、そのような魔術化は、模倣の能力そのものへの技術による支配に対してさらにその支配を獲得しようとする試みである。

トーマス・A・エジソン氏が先日この事務所にやって来た。彼は小さな機械を私たちの机の上に置き、クランクを回した。すると、その機械が私たちの体調を尋ね、蓄音機についてどう思いますかと聞き、それはとてもよいと私たちに告げ、そして、心のこもったおやすみの挨拶をした。(10)

これは、マーシュが数十年後にジャングルの中で蓄音機を使って試みた呪術のパフォーマンスと似ていなくはない。ローランド・ジェラットは「蓄音機のしわがれ声（再生の音質はとてつもなく悪かった）に驚愕しつつも信じられないという表情をして」聞き入る群衆を描写し、蓄音機が――ダリエンの森林におけるマーシュのように――目を見張るような光景の機会をもたらしたと力説する。

表現の特質から、蓄音機はあっという間に成功を収めた。国中の聴衆に対して、つねに魅力的でたいていは愉快な夕べの娯楽を提供した。それは、英語、オランダ語、ドイツ語、フランス語、スペイン語、ヘブライ語で話し、犬のほえ声や雄鶏の鳴き声を真似てみせる。風邪をひいたときの咳やくしゃみの音を出させることもでき「あまりに真に迫っていて、聴衆に医者がいたら反射的に処方箋を書き始めてしまいそうなほどだった[11]」。

エジソンの最初の蓄音機（『サイエンティフィック・アメリカン』1877 年）

このようにして、たった一回の蓄音機の披露だけで、一八七八年当時、週に一八〇〇ドルを稼ぐことができたと言われている私たちはここでもまた、とりわけ再生されたくしゃみに対する医者の反応において、ふりをすることに対する自己を過剰に意識する試みを目撃する。ヨーロッパにおいても「蓄音機」に対して感じている魅力はこれに劣らず強かった。一八九四年、パテ兄弟（のちに活動写真産業で有名になる）が「イーグル・グラフォフォン」をそっくりに真似た安価な蓄音機を製造するためにパリ近郊に工場を建て、同年、穴を開けて音を作るシリンダーの生産を開始した。一八九九年までに、一五〇〇種類の音声シリンダーが選べるまでになった。パテ兄弟は自分たちのグラフォフォンを「雄鶏《ル・コック》」と名づけたが、この「雄鶏」の機械があまりにも有名になったため、「闊歩する鳥」は——と、ジェラットは呼んでいる——パテ兄弟社のトレードマークとなった。この雄鶏のマークは、パテ・ニュース映画の冒頭で、いまでもまだ見聞きできると、ジェラットは（一九五四年に）記している。(12)

「ヒズ・マスターズ・ヴォイス」の犬のように、このトレードマークは（フランスの）ナショナリズムの象徴——（アメリカの）ワシと同様に——であるだけでなく、模倣とプリミティヴィズムと技術開発のあいだの因果関係を表してもいる。技術時代においての模倣の能力がもつ自然らしさを再発見し表現するのは動物の役割である——このことは、機械による複製によって模倣が再生するというヴァルター・ベンヤミンの洞察を裏づける。「蓄音機（トーキング・マシーン）」——ここで私たちは、当初からこの機器につけられた通称の中の概念に組み込まれた、明らかなプリミティヴィズム、つまりアニミズムを簡単に避けて通ることはできない——の発明者として高い評価を得ている偉大なトーマス・エジソンは、「メリーさんの羊」を歌っている再生された自分の声を一八七七年に初めて聞いたときに「人生でこんなに不意を突かれた《テイクン・アバック》ことはなかった」と言ったと伝えられている。(13)「不意を突かれた《テイクン・アバック》」は、この歴史的瞬間を表すうえで、意義深い言葉の選択である。子供時代やプリミティヴィズムに引き戻される《テイク・バック》「模倣の震え」（とアドルノが呼んだもの）を無意識のうちにふさわしい方法で表現している。また、女の子たちだけではなく動物もここに呼び出されたことを忘れないようにしよう。メリーだけでなく子羊が呼び出されたということである。それらは、マーシュの蓄音機やレコードを飾っていた「トーキング・ドッグ」を思い出させる。そのロゴは、広告史においてももっとも成功したロゴと言われている。このことは、二〇世紀初期の広告と大衆文化によって、心の奥深いところで何かが共鳴し、ダーウィンが火の島の浜辺で模倣の能力と関連づけたプリミティヴィズムを立証している。

こちらが語りかけた言葉を、一語ずつ一つのあやまりもなく繰り返すことが、かれらにはできた。

また、しばらくはその言葉を憶えてもいられた。

第一五章　ヒズ・マスターズ・ヴォイス

世界中の「プリミティヴな」民族の発見と再生に関わった蓄音機の最初期の歴史と、録音し再生することで、それはそれ自体として「そこにいた」ものとして録音されなければならないという方法について考えてみると、さらに、一九二五年に起きたクナによる蜂起の原因であったことはもちろん、マーシュの旅における蓄音機の軍事的な役割を考えてみると、クナの女性たちが一九世紀末期から作って着つづけており、二〇世紀半ばからは国際的に販売もしている、アップリケのついたモラ・ブラウスのもっとも人気のあるデザインの一つがRCAビクター社のロゴ「ヒズ・マスターズ・ヴォイス」であることは、驚くほどに納得がいく(1)。近代西欧文化――商業的に想像をかき立てる生産物にとても恵まれることになる文化――の観点から見ると、それはまったく普通のロゴとは異なっているのである。

ヒズ・マスターズ・ヴォイスのロゴは「現存するもっとも重要なトレードマークであると一般的に考えられている(2)」と、蓄音機の歴史では述べられている。当時はやや芸術的価値に欠けると考えられていた一枚の小さな絵が、商業的な資産の中でも最大のものになるとはたしかに興味深い。このことによって私たちは、私たちの生きる時代の中心にあるイメージを、新たな感覚によって理解できるようになる。その新たな方法は、昔の愛と美に関する呪文によく似ており、いまや、私たちのポケットからお金をこっそりと抜き出すよう運命づけられている、模倣的感覚をもつ巧妙な呪文なのである。[3]「広告をこれほどまでに批評より優れたものにしているのは、結局のところ何か？　赤く流れる電光文字が語る内容ではない――アスファルトの上でそれらの文字を映して、火のように輝いている水溜まりなのだ[4]」。

このビクター・トーキング・マシン社の「トーキング・ドッグ」のロゴを好む人は多いが、とりわけこのロゴを愛したのがウィリアム・バリー・オーウェンであった。オーウェンはロンドンのグラマフォン社のために、この絵を一八九八年に画家から購入した。しかし、アメリカにいた共同経営者とは違って、すでに天使のロゴを持っていたために、彼は数年間この絵を使用することができなかった。トーキング・ドッグを見ると愉快な気持ちになり、とても心がなごむ。あなたをこっそり微笑ませさえする。この犬はあなたを引きつける。なぜだろうか？

このロゴの力は、その犬の忠実性の姿に起因している、とRCAビクターは考えていたと言われている。[5]しかし、どういう姿だと言うのだろう？　たしかに、犬と忠実性は「相性がいい」という点に関して、西欧の寓話の古い歴史をここに呼び出すことはできる。しかし、この見解は、このシンボルが長年愛されている事実を表しているだけで、その呼び出す力を表してはいない。

忠実性と呼び出す力

世界で知られたこのロゴのもつ力は、模倣の能力の中のプリミティヴィズムとされるものを活用する

「現存するもっとも重要なトレードマーク」。「RCAビクター社のトーキング・ドッグ」はウィリアム・バリー・オーウェンが1899年にグラマフォン社のためにロンドンで購入し，その数年前にフランシス・バローによって描かれた。グラマフォンの円盤に羽ペンで書き込んでいる天使を描いた「記録する天使」というトレードマークがグラマフォン社にはすでにあったため，この絵は当初使用されなかった。「記録する天使」は，エンジェル・レコード社のトレードマークとして1953年に復活した

RCAビクター社のトーキング・ドッグが描かれ，購入されたのと同じ時期に，ケンブリッジ大学の人類学者A・C・ハッドンが，オーストラリアとニューギニアのあいだに位置するトレス海峡諸島でフィールドワークを行っていた。私が持っている資料によると，この写真に写っているのは，伝統的な歌を歌うところを録音されているトレス海峡諸島民である[6]。録音者の神聖な姿勢は，注目に値するのではないだろうか？

その仕方にあると、私は考えている。いうまでもなく、すべては忠実性の二重の意味（正確であることと忠誠心があること）に依存しており、模倣的に鋭敏な存在と考えられているもの——この場合はダーウィンのフエゴ島民ではなく犬——に依拠している。この名高い「第六感」に恵まれた生きものは、未開の人々と同様に、恐ろしいほどの模倣の能力を、つまり、類似性を判断する基盤を備えているのである。

とすると、このロゴは、模倣の強力な力が作動している場面を描いていると考えられる。模倣の能力を豊かにもった犬が、蓄音機のホーンからコピーが流れてくる際に、それとオリジナルを聞き分けようと、楽しそうに身を傾けている場面である。しかし、このロゴはまた、内面的なものも反映しており、言い換えれば、模倣の模倣を描いたイメージである。これに関して、蓄音機の装飾に使われた絵の歴史を思い起こすのがいいだろう——A・ブフナーは著書の中で、一八世紀の機械人形やアンドロイドのような、生きているものの動きを模倣する技術的な創造力の奇跡を取り上げている。ブフナーが取り上げたものを調べると、このように模倣され、忠実に再現された音を忠実に演奏している生きものは、太鼓をたたく少年と道化師を除くと、白人はいないことがわかる。そこにいるのは、シルクハットをかぶりぴったりとした半ズボンを履いたニグロ、太鼓をたたく猿がついた「上下逆さまの世界時計」、「ホッテントットのダンス」、水を飲んでガーガー鳴き、穀物をついばみ、糞をするアヒル、籠の中の鳥、嗅ぎタバコ入れにとまった鳥、そして女——とりわけ女である。ブフナーが記述している中でもっとも古い人形は、サンジェルマン・アン・レーのいわゆるルネサンス期のグロット（庭園洞窟）で作られたセシリアとして知られる人形で、身体の中に隠された装置によって指が鍵盤を押しながら足がペダルを踏むことで、オルガンを演奏した。卓越した技術力をもったジャケ・ドローの父子による機械人形の制作チームは「字を書く子供」や「クラブサン奏者」の人形でその名を知ら

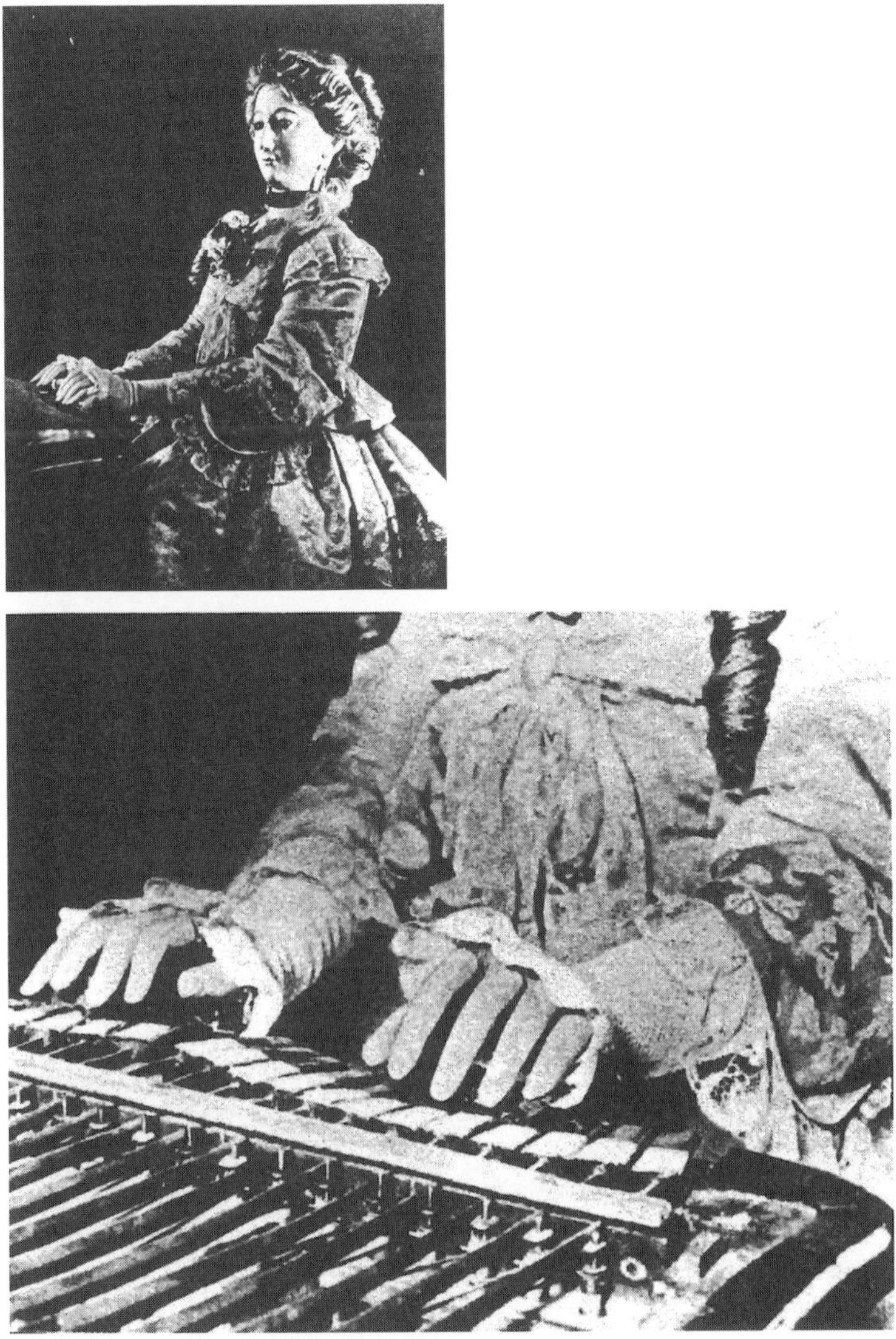

模倣の発現「クラブサン奏者」(機械人形)

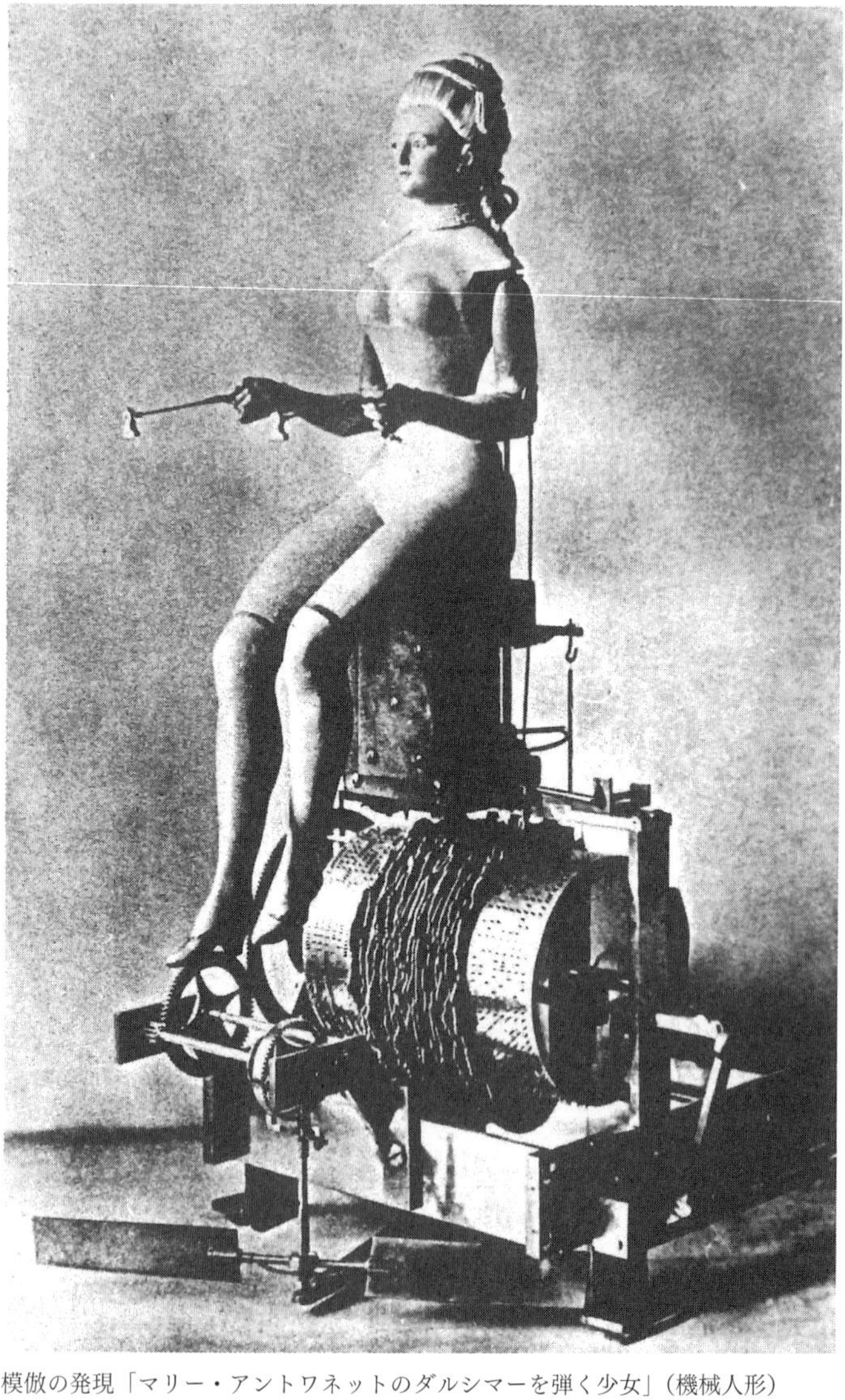

模倣の発現「マリー・アントワネットのダルシマーを弾く少女」（機械人形）

模倣の発現「ミンストレル」(機械人形)

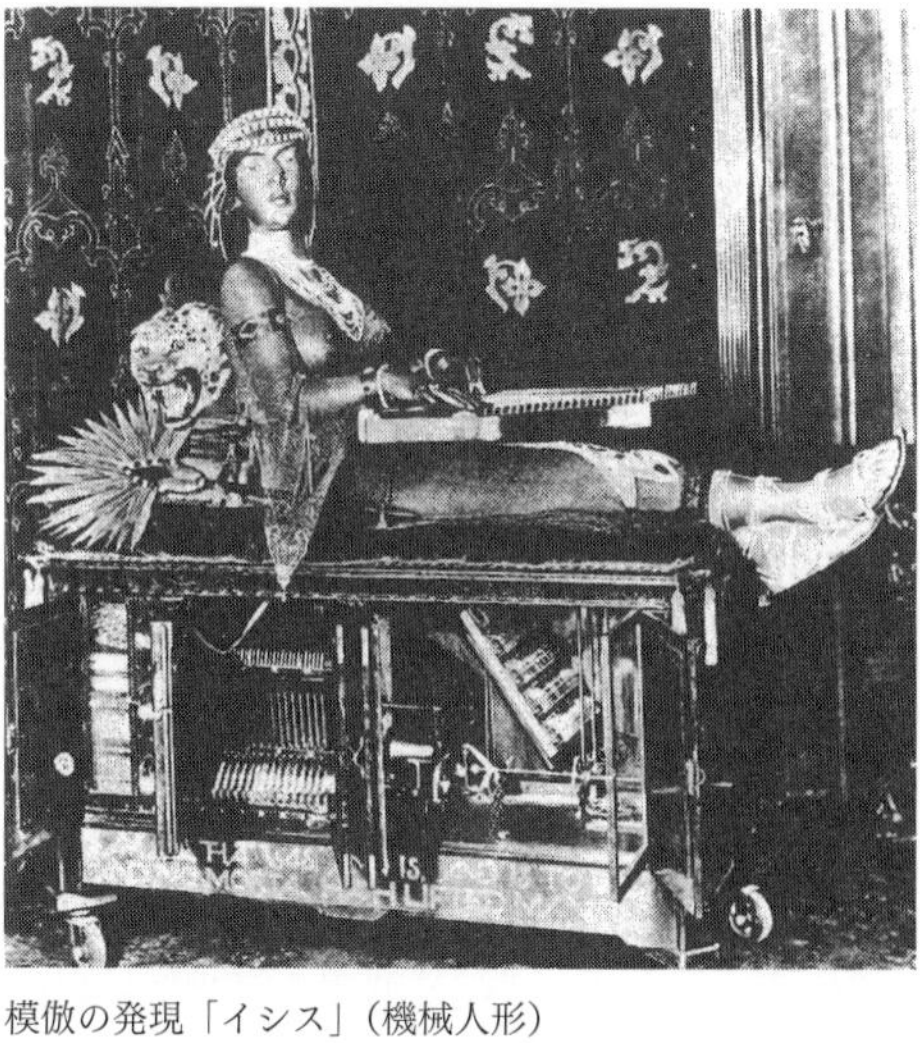

模倣の発現「イシス」(機械人形)

れていた。「字を書く子供」は机に向かい、五〇字ほどの手紙を書く少女である。「クラブサン奏者」は、ブフナー博士の記述によれば、オルガンのような楽器を演奏する、魅力的な若い女性である。彼女の胴体、頭、目、胸、肩、手、指は、レバーの複雑な動きによって作動し、レバーの一つ一つは、呼吸の動作を生み出したり、胸部を上下させたり、目を動かしたりする。そうすることで、彼女はあたかも手元を見て、それから、観客を見るような動きをとるのである。曲と曲との短い合間も、呼吸を続け、頭を動かし、はにかむように目を伏せる。「生き物の幻影はこのように完璧である」とブフナーは述べている。

父のジャケ・ドロー（一七二一―一七九〇）は、スペイン国王からマドリッドに招かれ、そこであやうく機械人形のために命を失いかけた。異端審問所は、彼が妖術を使っているとして告発したのである。このことは、文明（西欧文明――資本家階級による文明）は「模倣の組織化された制御による本来の模倣的行動」に取って代わった、とするホルクハイマーとアドルノによる中心的なテーマを想起させる。

> コントロールされない模倣は追放される。人間たちを天国から技術的進歩の軌道へと追いやった、燃える剣を手にした天使は、それ自身技術的進歩を象徴する姿なのだ。数千年来、支配者たちは、支配される大衆はもちろん彼ら自身の後継者からも、模倣的な生存様式へ帰る可能性をきびしく奪ってきたが、このきびしさこそ、宗教的な偶像禁止から始まって、役者やジプシーの社会的排斥を経て、子供たちが子供らしくあろうとする癖を改めさせようとする教育学に至るまで、文明の成立条件をなすものである。(7)

一方で、コントロールされた模倣は、社会化と規律のきわめて重要な構成要素であり、私たちが生きている世界史の時代においては、つまり、植民地主義が支配的な役割を果たしてきた世界史の時代においては、模倣はプリミティヴィズムと調和している。最後の機械人形は、二〇世紀にアメリカ人のセシル・ニクソンによって作られた。これはイシスと名づけられている――胸元をあらわにした黒い肌の女性で、ヒョウの毛皮やヒエログリフなどの「エジプトのモチーフ」で装飾された長椅子にもたれて楽器のチターを弾いている。制作には一二年を要し、一一八七個の歯車と二二三三個のその他の部品から成る装置を備えている。イシスは映画スタジオにセンセーションを巻き起こしたと言われており、アメリカの多くの町で披露された。気温が二六度を超えると、イシスは気温が下がるまでベールをはずした(8)。

トーキング・ドッグ、指紋採取、妖術

イシスがほぼ裸身であることに加え、上記のようにベールをはずす動作から、私たちは模倣が盛んなこの灼熱の地域の暑さを思い出す。さらにそれは、感覚の熱を思い出させ、その結果、私がホルクハイマーとアドルノを一部利用してこの本の中でずっと解明しようと苦心してきた、模倣がもつ織りあわされた二つの意味――類似と感覚性――を浮き彫りにする。類似と感覚性というこれら二つの側面は、「共感呪術」を「類似」の法則と「感染」の法則とに分けるフレイザーの古典的な区分と合致している。警察による指紋採取および妖術における足跡の使用のように、ヒズ・マスターズ・ヴォイスのトーキング・ドッグは、共感と感染を利用するだけでなく、それらを融合させる。接触(感染)によって、指は指紋(コピー)を残す。しかし、指紋は単なるコピーではない。指紋は、接触がおこな

われたという事実の証拠でもある――そしてそれは、捜査をおこなう警察と身元証明をおこなう国家による指紋の使用にとって、欠くことのできない二つの事実の組み合わせなのである。トーキング・ドッグもまた、感染と共感、感覚と類似を混ぜ合わせる。なぜなら、それが正確に認識されることができ――すなわち、跡としての印象を受け取ることができ――そして、事実に忠実なコピーとそうではないコピーを区別することができるのは、その異常なまでに敏感とされる感覚中枢のおかげだからである。ここでホルクハイマーとアドルノのニーチェによる文明に対する考え方の影響を受けたマルクス主義の変曲点は、人間を自身の中の動物性と敵対させ、その当然の帰結として、犬はいまや捜査

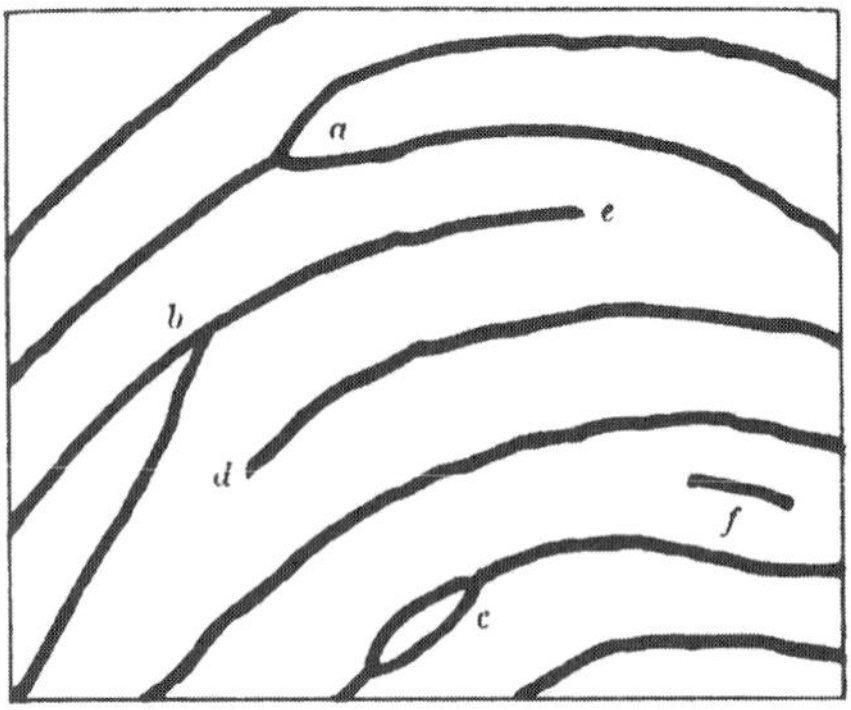

隆線の特異性（実物の約 8 倍大）

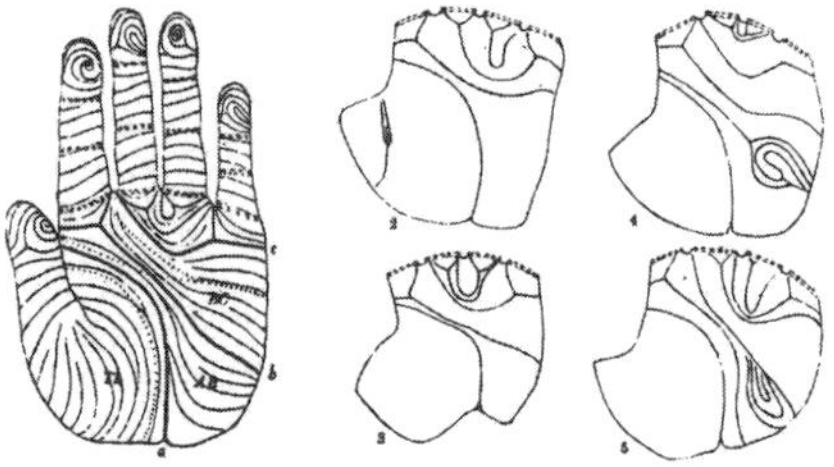

隆線の分類法と手のひらのしわ。「隆線としわ」（ゴルトンより）

される中で文明化された人間の下僕となる。それゆえ、犬は売られることになる、良質なコピーとして。足跡を使って類似と接触を結びつける妖術師の実践から、一九世紀終わりの国家による指紋の利用（およびカメラの利用）へと変換することで、この「模倣の組織化された制御」は比類のない完璧の域に達し、まさに模倣の能力の近代的再生に至ったのである。

近代国家が実践する指紋採取は、近代的植民地主義にすべてを負っている。年金受給者の死後にその本人になりすますのを防ぐための、一九世紀中頃の英国のインドへの植民地統治による「手形」の登録からそれは始まったからである。このような歴史の中で、植民地的分断を越えて、模倣と他者性

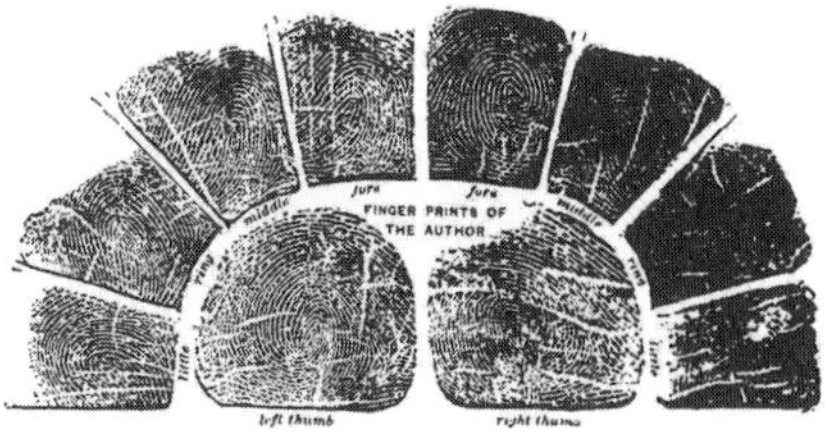

ゴルトンの著書『指紋』の扉

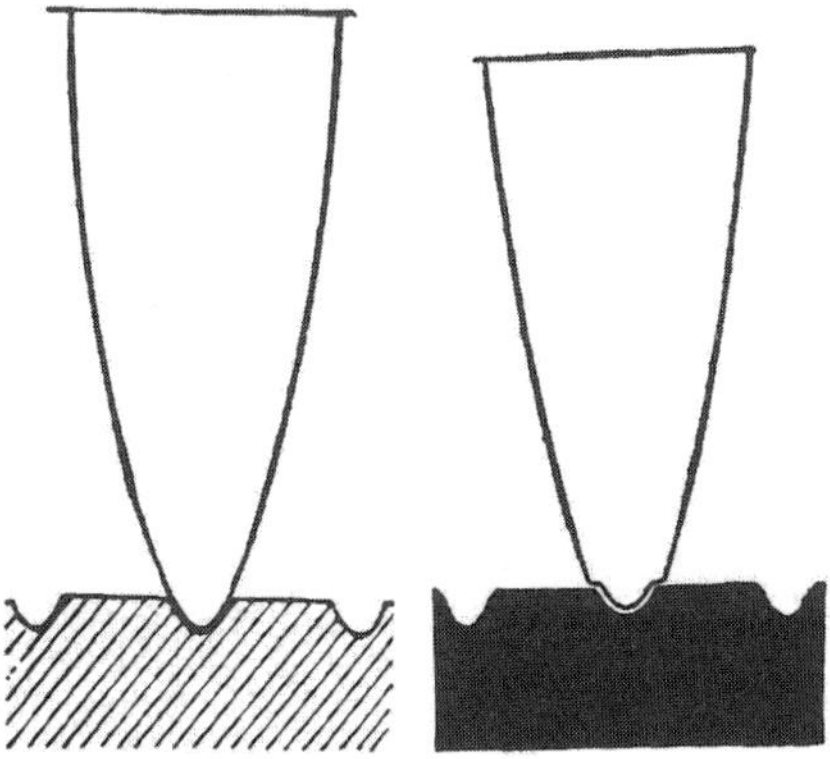

蓄音機の針先の断面図

の著しい矛盾や共謀に出くわす。たとえば、植民地統治は、大部分において読み書きのできない植民地社会で文書と署名に依存していた。また、行政官は、偽の署名を使った大規模な詐欺行為を恐れていた。さらに、英国の行政官は、インドの大衆の一人一人の顔を識別することができず、その他の個人の特性を見分けることができなかった（「彼らはみな同じように見える」）。最後に、指紋採取の発見における決定的な要素であるが、植民地官僚制によって近代化された妖術の一種として手と親指が使用されていた。

　指紋採取がもつ「科学的な」価値の発見につながったのは、この最後の特徴であった。チャールズ・ダーウィンのいとこで、英国学士院等の会員であり、国家監視における指紋採取の活用体系を確立したテクストである一八九二年出版の『指紋』の著者、高名なフランシス・ゴルトン卿によれば、ウィリアム・ハーシェル卿が彼に次のように伝えたという。「先住民の署名への信用を得るのはとても難しいので、手そのものの署名を使おうと考えた。その主なねらいは、署名をした男が自分の公的な行為を後日否定することができないように彼を怖がらせることであった」(9)（強調引用者）。さらに、科学、人種差別、国家官僚制度の演出、そして、先住民による関連した迷信の特質が目眩を起こさせるほどに混ぜ合わされて、目には見えない秘密の考えと密接に結びつけられたことは間違いない。それはアジアだけではなく英国でもそうであり、模倣と接触の両方の「呪術」と関連した(10)。

　トーキング・ドッグやヒズ・マスターズ・ヴォイスのロゴについて考えるべき模倣的特徴はまだある。その特徴とは、類似性と模型製作が、機械的な因果関係（指標記号）というまったく異なる法則と融合する点である。蓄音機の花びらのようなホーンは、犬とほぼ同じ大きさ、拡声器《ブル・ホーン》（名称に注目）と同じように、発声だけでなく耳の機能の模倣的な模型製作となっている。蓄音機の技術の中に隠れているのは、レコード盤の溝の高低差である。この物理的な刻み目は、録音され再生される音を模倣しているという点と対応している。最後に、犬がおこなっている興味深い模倣的なしぐさがある。犬は顔だけではなく身体もまた、いぶかしげな人間の心象を模倣している。この犬は忠実性を試されているとともに、少しばかり戸惑ってもいる。この「トーキング・ドッグ」以上に「人間らしい（もしくは、少なくとも擬人化された）」ものなどあるだろうか？　この犬の顔は、大女優ガルボと同様、二〇世紀の偉大な顔の一つなのである。

機械の中の動物

駆け引きがおこなわれていることがもっとも直接的にわかるのは、この絵が、模倣的複製の忠実度とヒズ・マスターズ・ヴォイスへの犬の忠実さを結びつけようとするときである。まさにこの巧妙な組み合わせを可能にする忠実な下僕のような猟犬というイメージをこの絵はもっている。しかし、このロゴの中では、お互いに依存していることを示唆しつつも、技術と呪術のあいだでは、絶え間なくかつ優柔不断におこなわれているせめぎ合いがあることにも気づかされる。というのも、その動物は技術的複製の忠実度を保証するものではあるが、一方で、見た目はいぶかしげに見えるだけではなく、実際には、だまされているようにも見えるからである。そこには本物の飼い主はおらず、飼い主の声のコピーだけが存在しているためである。複製の技術は犬に勝っているけれども、犬による検証を必要としているのである。

このロゴが一般には、耳をすましている犬（リスニング・ドッグ）ではなく「話し
ている犬（トーキング・ドッグ）」と呼ばれている事実から、奇妙にも整合性のある瞬間が生じる。画家のフランシス・バローが最初に意図したことではないという事実は別として、彼は一八九〇年代に、エジソンの

クナのモラ。RCAビクター社の「トーキング・ドッグ」（パーカー，ニール，1977年より）

蓄音機から流れる声（亡くなった飼い主の声？）を聞いたときの犬のいぶかしげな表情に心を動かされて（と彼は述べたと言われている）、亡き兄の犬ニッパーを描いた。この犬は言うまでもなく、話す犬にはなり得ない。話すという行為は、人間やビクター・トーキング・マシン社の機械だけのものだからである。この犬を「トーキング・ドッグ」と呼ぶということは、蓄音機を再生機から録音機に変えることであり、あるいは、犬が再生機と言葉を交わしていると見なすことになる。さらに、それだけではなく、蓄音機のもつ人間的な能力をこの猟犬に――いともやすやすと――呪術を使うかのように授けることでもある。しかしながら、動物から人への変容は、機械それ自体、すなわち、音声を模倣する機械によってのみもたらされるように思われる。（当時は新しかった）技術と動物のあいだ、機械とプリミティヴなもののあいだに差異を作り上げることは、電線と溝でできた蓄音機から模倣の能力を手に入れるために、プリミティヴが機械の中へと入っていくという興味深い結果を生んだ。そして、これこそがまさにクナのモラが私たちに示していることであり、二人の解説者は「付き人たちが大きな犬を喜ばせるために忙しく蓄音機を動かし続けている[11]」と記述している。

このクナの犬はたしかに可愛らしく、無数にあるコピーを生んだ複製された原画よりもさらに可愛らしい。この犬が喜んでいるかどうかは私にはわからないが、私にとっては疑いようもなくきわめて強い喜び――息をのみ、笑いがこぼれ、好奇心がかき立てられる――なのである。この注目すべきモラは、現代の西欧の鑑賞者（私を含めて）に喜びをもたらし、西欧の原画と並べて置かれるときはなおさらそうである。

どこからともなく現れるこの突然の笑い

なぜこの笑いが起きるのか？　間違いなくこれこそが、アリストテレスの喜びというものであり、模倣を観察することは楽しいという単純な（あまり単純ではないが）事実である。そして、それと同じくらいたしかなことであるが、この笑いの中には植民地主義者による支配の要素が存在する。私は、蔓延する未開性の暗示から模倣を引き離すことがいかに難しいかを、この本の至るところで長々と説明してきた。そのことと同じくらいまさにこの「可愛らしい」という言葉は示唆に富んでいる。しかし、どこからともなく現れるこの突然の笑いは、文化的なアイデンティティーにおける震えを表している可能性もある。それは、アイデンティティーの中だけではなく、存在そのものの確実性における震えでもある。これは、バタイユの笑いに似ている。平滑筋の感覚的な爆発が存在を消滅させるのと同時に、それは存在を構成する。これは、ベンヤミンの閃きである。類似性の特有の何かについて書くときのベンヤミンの閃き。「類似性を知覚するということは、いずれにせよ、一瞬の閃《ひらめ》きに結びついている。それはさっと過ぎ去る。これを再び手にすることはできるかもしれないが、他の知覚のようにしっかりととどめておくことは本来できない。類似性の知覚は、星の配置と同じように、束の間、眼前に現れ、そして過ぎ去ってゆく[12]」。

胸の上の西欧

民族誌によれば、クナの男たちが西欧風の外見をした治療用の木像を彫り、精霊とのやりとりを独占している一方で、クナの女たちは、公の場で顔を見せてもよいが口をきいてはならないとされている。女性たちは、クナの存在における視覚的なシニフィアンの絶対的な立場の役割を果たし、西欧のまなざしとクナの表現とが重なりあうモラの謎めいた壮麗さに身を包む。

モラ作りの技術は、おそらく、女性が男性にも女性にも同じように施していたボディーペインティングの技術のもつ長い伝統に由来するが、いまは廃れてしまっているとされる。けれども、じつに多くの点において、モラはこのボディーペインティングと異なっていることを、私たちはここで強調する必要がある。第一に、男の身体に関して、男たちは現在、西欧の衣服を着ていること。第二に、クナの存在における視覚的シニフィアンである女たちは、もはや、抽象的なデザインあるいは花や動物だけではなく、多くの場合、西欧風のデザインも胸の上につけていることである。たとえば、トーキング・ドッグやその他の消費者用の商品と類似したデザイン、広告、トレードマーク、大衆文化を代表する商品などがそのことを示している（第一世界のTシャツでこれが流行るずっと前のこと）。米国によって仲介された商品が、一九三〇年代から運河地帯で働くクナの男たちを通してクナ世界に入り込むようになると、彼らと米国との友好的な関係のおかげで、女たちの胸（と背中）は一種の商品カタログとなった——ここで私たちは、ノルデンショルド男爵とルベン・ペレスが一九三〇年代に、西欧の商品で溢れたクナの天国について言及したことを思い出すのがいいかもしれない。その中で述べられた、ヘビにかまれた傷やその他の共同体を脅かす危機に対する治療の一環として、精霊を解き

パーカー，ニール，1977年より

放つために、商品カタログから切り取られた絵を燃やす治療師にも注意を払いたい。
しかし、たとえ西欧の商品が先住民の想像をかきたてるとしても、そのような彼らの興奮はそれ以上にどれほど西欧の観察者たちの感情を高ぶらせることか！　モラに関して西欧の観察者たちをもっとも引きつけるものの一つが、モラが西欧のイメージに対して働きかける作用、とりわけ商品が表現するものの中の西欧に働きかける作用であることは明らかである。西欧の人々は一九五〇年代半ばのある時期に初めてモラと接した。そのブルックリン美術館の民芸品店での展示会に関して、アン・パーカーとエイボン・ニールは、まずデザインと色の抽象的な特徴を挙げる。次に、刺繍の技術。そして、

（……）愉快な内容——素朴な表現と裏腹の斬新なウィットとユーモア。目もくらむような抽象的なパターンの中に紛れ込んでいるのは、マディソン街からのイメージたち……いや、もっとすばらしいものである。

この初めての展示会にあった二つのデザインはとりわけ印象的である。美しい「ヒズ・マスターズ・ヴォイス」のトレードマークとウイスキーのボトルである。このボトルのカラフルなラベルは、繊細な針仕事によって、小さな文字に至るまで徹底して綿密に模倣されている。このほかに、タバコの〈クール〉の広告、原始的な飛行機、ギターを弾く雄鶏、おなじみの漫画のキャラクターがいくつか、それにみごとに表現された動植物があった。近代広告の粗野な視覚的攻撃によってあまりにも長いあいだ傷めつけられてきた目にとってはまさに祝宴であった。[13]

広告のこのような重要性は、パーカーとニールが以下のように続けて述べるときに再び示される。

「モラは多くのさまざまな理由で収集され称賛されてきた。しかし、広告の世界の絵文字のシンボルに基づいた作品こそが、もっとも洗練された収集家の多くを驚嘆させ楽しませてきた[14]」。

この筆者たちは、そのような楽しい驚きをなんとか説明しようとするのだが、無駄に終わっている。「文化適応するモラは、現代の偉大な模倣芸術だと考えられる」と彼女たちは述べる。「モラのデザインをその情報源と並べて眺めると、クナの人々による解釈の呪術を理解することができる」。しかし、この解釈の「呪術」――クナの呪術――に存在するものを通して考えるとなると、筆者たちは（教訓的な）形式主義に依存する。「嫌な部分は取り除かれ、デザインが重視されて、より良くするために新しいものがつねに加えられる。そして、形は小さくされたり広げられたりし、繰り返され、パターン化され、さまざまな方法で装飾される[15]」。

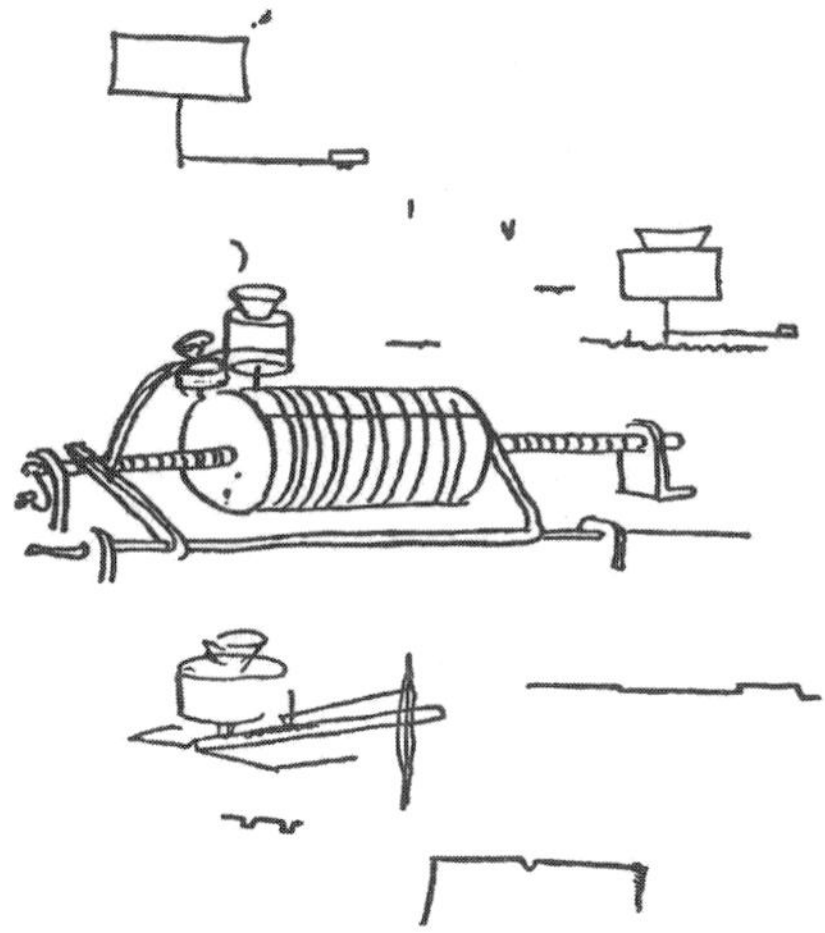

エジソンによる蓄音機の最初のスケッチ

型どおりの考察だからこそ、その他の観察結果を指摘できる。たとえば、モラのすべての余白を埋め尽くしているカラフルな縦線（ときには小さな三角形）は、幻覚を引き起こし、目を惑わせる効果がある。私が研究しているトーキング・ドッグのモラの表面全体も、このようなものに覆われている。中心にあるイメージを非常に複雑にしており、ある種の広告の形式はもちろん、一七世紀のバロック様式の詩と同様に、見る者は「理解する」よう努めなければならない。このことは、R

CAビクター社のトーキング・ドッグとモラの作品を比べてみると明らかである。RCAの犬を描いた画家――一九世紀末の英国の著名な写実主義者――は、感傷的で写実的なイメージにもかかわらず、自分の目の中できわめてわかりやすいイメージと捉えられるようにしようと努めた。大きな背景の漆黒は、イメージの中心を強調する働きをしているだけではなく、モラの背景とは対照的であることを強調している。モラの背景は正反対で、中心のイメージの中に流れ込もうとする。周縁部では目をじっとさせているのは難しく、イメージそのものをじっとさせておくのが難しい。大きな氾濫の中で、背景はイメージの中心と入れ替わる。[16] RCAビクター社のトーキング・ドッグが身体をこわばらせて身じろぎもせずにいるのに対して、クナの女たちが作る犬はいまにも話し出しそうである。身をこわばらせたイメージを中心に据えた漆黒は「世俗的啓示（照明）」を意味する目もくらむような色彩の無数の光線によって照らされている。

このことによって私たちは、広告の亡霊のような性質を考えるための型どおりの形式を越えていく――その広告は、商品の表象として、米国の文化的領域に「所属」している根源的なものとしてそれらの性質を表現し（たとえそれらが実際には台湾、日本、あるいはブラジルで製造されているとしても）、さらにその広告は、湿度の高いカリブの島で先住民の女たちによって縫われた複製品としてそれらの性質を表現する。パーカーとニールは、洞察に満ちた余談の中で、このようなモラの全体像は「私たち自身の大量生産に基づいた広告を重視する社会への壮大なパロディーのようである[17]」と述べている。しかしながら「呪術的」ではないにしても、少なくとも奇妙なほどの力をもつのは、モラという複製品の中に込められたクナの「解釈の呪術」ではなく、商品のイメージそのものがもつ呪術――クナのモラが模倣しているオリジナルのもつ呪術である。事実、パーカーとニールのような西欧の観察者たちが、記述し吸収しようと試みることの全体を支えているのは、言葉にはできない何かであり、力を孕み、彼らに力を与えてくれる何かをこれらのモラが引き出すという彼らの感覚なのである。しかし、商品のイメージから引き出される、この言葉にはできないが力を与えてくれるものとはいったい何なのか？　それはいかにして獲得されるのだろうか？

最近古びた物

先住民たちはみごとに模倣する。一八三二年の若きダーウィンは、浜辺中を歩き回り、歩き方や話し方や顔つきを観察して、そう述べた。しかし、二〇世紀後半に、商品としての事物が鏡の片面に取って代わった。鏡の片面は、ジグを踊って恐ろしいしかめ面をする英国海軍の水兵ではもはやなくなり、忠実な録音を販売する英国の犬を描いた静物画になった。実際に、商品経済は人を立ち退かせた。人を物に、そして、人を物のコピーにしたとは言わないまでも、いずれにしても人に取って代わったのである。物は、彼ら自身の生活の間で一気に広まり、絶えず後退していく失われた自然という藪の中で呼び覚まされる動物の生態によって一時的に命を吹き込まれた（ディズニーが私たちに教えたように）。近代性は、プリミティヴを一掃したと同時に、プリミティヴィズムを活性化させた。商品生産はこの撲滅の原動力であったが、近代性によるプリミティヴィズムが抑制不可能なエネルギーとともに表面化したのは、大衆文化における商品の表象においてであった。これは、複製の複製を使ってクナの女たちが西欧人の視点に合わせて引き出す、言葉では説明できない力のことなのか？　たしかにそれは直感的なものの結果であり、完全なる実体として感じられる喜びがもたらすさざ波のような揺れである。そこにおいては、西欧が作り出した模倣する機械は、熱帯地方の女性たちの手仕事によって模倣される。女性たちの手仕事は、西欧の機械によって獲得された視覚的無意識を解き放つためにアウラをもう一度込めるのである。なぜなら、伝統を守るのと同じ身ぶりで胸の上に西欧を縫いつけるこのつつましやかな女性たちによって生み出された模倣と他者性のもつアウラの輝き以上に、視覚的無意識の中に隠された直感性を強調し、誇張し、引き出すことのできるものなどないからである。ベンヤミンが述べていたように、模倣する機械によって生まれた視覚的無意識が白昼夢の領域であるとするなら、クナのトーキング・ドッグはその夢を目覚めさせる。クナのトーキング・ドッグは、実際に、後ろを振り返る――観察者の方を振り返り、ベンヤミンが「最近古びた物」として理論化したもの、つまり、時代遅れの流行がもつシュルレアリスト的な力の方をも振り返るのである。

ここで事実に基づくものを参照しよう。シュルレアリストたちがパリのフリーマーケットから感じていたよく知られた魅力と、それに付随する関心である。この関心は、当初チューリッヒのダダイストたちによる戦略として考えられた。彼らはたまたま見つけられた物、その中でも、栄光の日々が最近になって終わってしまった物――骨董品ではなく「近代的」だがもはや流行りではない物に関心をもった。つぎに、理論に基づくものを参照しよう。ベンヤミンがシュルレアリストたちの発見であると気づいたものに対する彼の思索と情熱である。シュルレアリストたちは次のような物を発見した。「〈古びたもの〉、つまり、鉄による最初の構成物、最初の工場、最初期の写真、廃れ始めた事物、グランドピアノ、五年前の服、流行《ヴォグ》からとり残され始めている優雅なレストランなどのうちに現れる革命的エネルギー」(18)。シュルレアリストたちは、こうした最近古びた事物の中に隠されていた「独特の気分」に気づいていた。彼らはこの「気分」を爆発にまで至らせることで自分たちの（のちに革新的なものになる）芸術の土台を作った。やがて「世俗的啓示」となり、ベンヤミンはそれを「唯物論的・人間学的な霊感」(19)と呼んだ。

クナの作ったモラにおける商品の展示は、第一世界に向けて「最近古びた物」を展示する、まさしく第三世界や第四世界のフリーマーケットではないのか？　パーカーとニールが言及した、目に対する影響としての驚嘆や歓喜や祝宴は、その中に隠されている「気分」の解放によってきらめく世俗的啓示の証しではないのか？

しかし、この「気分」とは何か、そしてそれはいかにして解放されるのだろうか？　その「気分」は、ある程度は、第三世界とその事物がグローバルな視点において永遠に「最近古びた物」であると一般的に考えられることによって作り出される。それらは、第一世界の二番煎じの貯蔵庫であり、以前の消費財への眠たげな記憶である。あらかじめ後進的であると見なされ、つねに後れを取っている第三世界は、最近古びた物の典型であり、クナのモラもその例外ではない。さらに言えば、この永久に時代遅れであるという性質は、実際に第三世界で製造された物だけに当てはまるのではなく、輸入され長年にわたって保持されてきた事物の方にさらに当てはまる——一九三〇年代および一九四〇年代の自動車、一九五〇年代の電話設備、戦前の〈シンガー〉ミシン、機械式のタイプライター、そのほかの永続的な後進と貧困のタイムワープの中で保持されてきた近代性の無数の遺物。もちろん、第一世界の廃棄物、汚染物質、たばこの広告、それに有害であることが明らかになったＤＤＴの空中散布などの技術は言うに及ばない。

ＲＣＡビクター社の蓄音機は、このタイムワープにおいて特権的な地位を占めている。なぜなら、最近古びた物とそれがもつ力のすばらしい実例となっており、すでに廃れてしまったかつての希望のみごとなうねりだからである。ＲＣＡビクター社の蓄音機は、最近古びた物の偉大な象徴の一つであり、神秘的な気分に覆われている。この気分は、往年の技術によって作られた商品の中に埋め込まれた亡霊の力について述べたシュルレアリストの洞察を証明している——近代性と資本主義的競争の核心は、進歩することによって技術と工業製品が廃れていくというところにある。

廃れかけるとは、死につつある商品の身体において未来と過去が出会うことである。歴史は精算のための媒体を必要とし、実体と状況の一時的な景観を必要とするから（そこでは、時間の経過が記録されるとともに、出来事の意味が記録される）、近代においては、新奇さに対する思いを客観化するそのような歴史の清算が備わっているものを具象化するのは商品なのである。

商品は時間としての歴史を評価する以上のことをおこなう。商品はまた、閉じ込められ固定化された歴史の出来事でもある。そこにおいて、文化的に洗練されたデザインの要求を満たすために、自然は文化となり、原材料は人間の労働や技術と結合した。このようにして、商品は過去と未来、自然と文化の交差点に立ち、誕生を死の底に沈めるために、ほとんど記号にも象徴にもならない。それに匹敵するほどの意味の経済と出費の実践を見い出せるのは、宗教と呪術の中だけである。商品にせよ物神にせよ、言葉には言い表せないほどの輝きでもって、物質はその指示対象に影響を及ぼし、構成する部分を満たすのである。

商品は、誠実な労働が、驚くほどの非物質的な効果をもたらす戦いの場である。商品は、自然を歴史化するのと同じように、歴史を自然に従わせる実行者でありその実行の場でもある。

言い換えれば、商品とは「第二の自然」を演出する――「第二の自然」を作るとともに壊すのである。

このことは、模倣の能力にとって、深い意味が隠されている。私は模倣の能力のことを、文化が第二の自然を作るために使用する自然であると定義してきた。というのも「最近古びた物」によって引き出された「呪術」が、第二の自然の創造や破壊のような演出を構成し、強調することによって達成された呪術であるとするならば、これは模倣が暴露され、模倣の過剰が氾濫する特権的な場でもある可能性が高いからである――プリミティヴィズムのグローバルな舞台において、第三世界・第四世界の女性たちの手仕事によって作りあげられたあの西欧の現れほど、それが当てはまる場所はない。

物神を守ること――世俗的啓示の創造における呪術と降霊術

流行とは、商品が廃れかけたときの性質が助長され儀式化されるときに起こる。流行は未来と過去を、緊張感をもって明確化し、誕生と死を快く迎え入れる。このことが、商品が亡霊のような性質を備えている一つの理由である。カール・マルクスは、商品の物神崇拝に関する著名なテクストの中で、非資本主義社会に目を向けるならば、商品のあらゆる「呪術と降霊術」は浪費されていると述べた。生産物は自由市場によって決定されず、したがって、商品の形態をとっていないからである。しかし、資本主義産業あるいは資本主義文化の周縁にありながらもその文化の影響を強く受け、さらに、その地域に根ざした呪術の伝統が強く残っている社会では、商品の呪術と降霊術は浪費されているというよりも、守られている。

ノルデンショルド男爵とルベン・ペレスが一九三八年に編纂したクナの民族誌で、クナの死者の国は白人の商品の魂が詰まっている世界で、その商品は先住民が引き継ぐことになっている――死んだときに（私が一〇章で記述したように）――と彼らは述べて、このことをはっきりと示している。クナの女性たちは、聖なるものや、男性の領域に近づくことが禁じられているので、「トーキング・ドッグ」のような生き生きとしたモラの形式の中で、この天国のようなイメージの死者の国を彼女たちの胸の上に飾ることによって理解する。したがって、女性たちが忙しく動かす手の中で、男性だけのものとされていた聖なる啓示は、世俗的な啓示となるのである。

ベンヤミンは、最近古びた物がまとう「気分」を解放するシュルレアリストのたくらみ（これはたくらみであって方法ではないと彼は主張する）、すなわち「歴史的なまなざしに代えて、政治的なまなざしを採用する」たくらみを伝えようとして、その気分を理解するためにじっくりと読む価値のあるギヨーム・アポリネール（一八八〇―一九一八）の作とされる一節を引用する。

墓よ開け、汝ら絵画館の死者たちよ、屏風の後ろ、宮殿や城や修道院の中にいる屍《しかばね》どもよ、ここに立っているのは鍵の管理人だ。あらゆる時代の鍵の束を手にしていて、どんなに頑丈な錠前も開けることができる。この人物は、お前たちを現代の世界の真っ只中に招き入れ、金の力で上品な暮らしをしている荷物運搬人や機械工のあいだに紛れこませ、騎士時代の甲冑《かっちゅう》のように美しい彼らの自動車に気持ちよく座らせ、国際列車の寝台車に寝かせ、今日でもなおもろもろの特権を誇っているあらゆる人々と溶接するのだ。だが文明は、こういった人々をあっさりと過去のものにしてしまうだろう。(20)

これらの鍵の束が表すのは、魂を解放するために商品カタログから破られた挿絵を燃やすクナの治療師たちの実践に相当するシュルレアリストたちの実践ではないのか？　つまり、モラを作るときのクナの女性による実践ではなく、むしろ、彼女たちを眺める西欧のまなざしを燃やすという実践ではないのだろうか？

第一六章　反射／省察

文明人にとってはなじみ深い事柄に対して子供のような無知な行動を見せる人々を観察することには、夢中にさせられるものがある。

――英国海軍軍艦ビーグル号フィッツ・ロイ艦長

クナの女性たちが作る「現存するもっとも重要なトレードマーク」の複製品に関するこれらの省察は、慣習の研究に対する再評価や慣れ親しんだものとの新しい関係性への道を示す。これは、第三世界や他の世界を対象とした新しい種類の人類学なのではなく、彼らの目や手仕事に映った西欧自身を対象とした斬新な人類学になるだろう(1)。それはいつ探求されてもおかしくない、機が熟した分野である。西欧が長いこと至るところで、目に見える形で普遍化され、さらにそれ以上にイメージにおいて普遍化されてきただけではなく、西欧それ自体が、もはや模倣する他者によって自信をもって解釈されることができる安定したアイデンティティーをもっていないと仮定するなら、まさにそう言えるだろう。したがって、それらの他者もまた、クナの精霊のように、固定化を免れる強力な能力をもっているということになる。

西欧についてのこれらの省察を「探究」と呼ぶことは、人類学的な研究課題が衰えぬままでいられる可能性を示唆している。つまり、研究対象を知性的に把握したいというこれまでと変わらぬ欲望をもち、「説得力のある説明」の謎に対するこれまでと変わらぬ欲望をそれはもち続ける。しかし、世界史は別のやり方で道筋を定めた。第一世界とその他の世界がいまや――性的、人種的、民族的、国家的なアイデンティティーの必要性についての自己意識と、このような状況でのジェットコースターのように起伏の激しい暴力と快楽について――あとは過剰しかないという程度まで、お互いの他者性を映し合い、連動し合い、決裂し合うときに、ものごとの把握はただふざけて真似をされるだけである。

把握することはもはや不可能なのである。他者の目や手仕事の中に映った西欧は、把握が必要とする安定性を徐々に弱らせる。あとに残るのは、それ自体が絶えず動いている不安定で落ち着かない解釈――私が他の場所で神経システムと呼んだもの――である。なぜならば、自らを解釈するとは、それ自体が研究対象の中に移植されることだからである。[2] 自己は、自らの意味が明らかにされ持続されるために対象となっている他者の中へと入っていく。

このような模倣による眩暈を、具体的な事例を通して説明していこう。また、私が明らかにしようとしている意図について強調しておきたい。それは、そのような省察によって明らかになる模倣の影響と他者性の影響が、省察の意味を理解しようとするまさにその行為を問題化してしまうというその方法についてである――なぜそれが社会的権力を魅了し、そして放出するのか、なぜそれが人類学者を丸裸にするのか、言い換えるならば、分析による防御というメタ言語を剥ぎ取り、文化的に慣れ親しんでいる強固な基盤を引き剥がすのかということである。さて、問題は、二〇世紀後半にありがちなアイデンティティーや他者性を作り上げる際の混乱に対してまったく異なる方法をさらに作り出すことではなく、「説明」を用いることによって、防御を目的として不慣れなものをさらにもう一つ割り当てることをいかにしてやめるかということである。というのも、自然界が真空を嫌うのと同じように、省察によって引き起こされた眩暈をもたらす文化的な空間は、私たちの多くが真空を意味で埋めたくなるようにさせ、それによって、混乱は鎮まるからである。この抗いがたい欲求を我慢するのは、けっして簡単なことではない。結局のところ、このようにして文化的因習は維持されている。しかし、あえて挑戦してみよう。そのような抗いがたい欲求の内部にある願望を見つけ出すことに。もう少しだけ身を任せて影響を受け、震える地勢のあらゆるところで起こる模倣と他者性の予期せぬ動きを、いつでも受け入れられるようにしておこう。たとえその動きが、最果ての場所にある、あらゆるものを飲み込むような無に到達するのだとしても。

白い男

ジュリア・ブラックバーンの著書『白い男——先住民たちの白人に対する最初の反応』（一九七九）には、ハーバート・コールが撮影したナイジェリアのイボランド北部にあるイボ・ムバリという神殿にある像など、植民地時代の人々や独立後の人々が作った、白人という現代における神聖な表象を写した印象的な写真が載っている。あるページには、「会社」で電話を操作している白人を模した、泥でできた彫像の写真がある。別のページには、眼鏡と探検帽をつけて地面から飛び出している白人の泥の像の写真があり、その右腕はどうどうと上げられ、左腕は彼が出現している土の骨組みのうえにゆったりと置かれている。(3) 私が思うに、それはひどい顔をしており、真に迫っているが、それでも生きてはおらず、眼鏡は視力の悪さを矯正していることを強調しており、下唇が突き出して口はわずかに開き、いばっていて少し不安そうではあるものの、自分の思い通りになるであろうことを知っている。太陽が昇るイメージと同じように、その像は沈んでいくようにも読み取れ、この世とあの世の狭間で固まって動けなくなっているようである。

私は彼が恐ろしい、このアフリカの白人が。彼は不安を誘い、私に尽きることのない疑問を抱かせる。この世界は、世俗的な力だけではなく、神聖な力としての存在を通して達成された白人性によって振るわれてきた支配だったのか(4)？　このことは、世界的な植民行為をおこなった白人性の構築について私に疑問を投げかけるとともに、霊妙な精神的行為をおこなった白人性の構築についても疑問を抱かせる。後者は、私の感覚では捉えられない力を含む精神的行為であるが、しかし、いまやこの奇妙な人工物によって私に映し出されるほどに、あまりにもその存在は明らかである。

私は儀式や信仰の「コンテクスト」はよく知らない。「先住民の視点」に立とうとする古い人類学が、このようなアフリカの白人を「説明」しては（排除し）、「アフリカ化」（「白人化」するのとは対照的に）しようとする社会的慣習もほとんどわからない。私がもっているのはイメージとその短い説明文だけであり、そしてそれは、私自身にとってぽっかりと口を開けた分析の対象なのである。というのも、大地を破裂させようとしている対象自体といま向き合っている西欧、まだよく理解していない西欧にそのイメージが与えている衝撃を成り立たせているのは、まさに可視性と不可視性の破砕面だからである。白人にとって、この顔を読み解くことは、他者が白人を読み解くように、自分自身と向き合うことを意味する。さらに「先住民の視点」は、いまや先住民が白人自身であるという事実の代わりにはけっしてなり得ず、そして、突然のことであり、悲痛なことでさえあるが、先住民の視点は無限であり、複雑であることが理解され始める、という事実の代わりにはけっしてなり得ないのである。観察者としての白人はここで、事実上、自分自身を問いただすことを、つまり、多くの自己や矛盾する自己から（部分的に）成り立っている他者を問いただすことを余儀なくされる。だが、そのような尋問がいかになされるべきか、またなされる可能性があるかに関する基本原則を私たちはまだもちあわせていない。このようなものが省察の結果である。残像に映った残像は手の届かない水平線

「地面から現れた白い男」（ベキ・アイメ・アラ）。イグボ・ムバリの神殿からのイメージ。写真はハーバート・M・コール，1967 年

へと徐々に遠ざかっていく。その水平線では「彼らの」アウラで満たされた崇拝物の静態的なあり方が「私たちの」古美術品になる――しかし少なくとも、ショックによって生じた危険な距離が消され、その土台が一掃されるまでは、である。そうやって向き合うことで、間違いなく自己満足がもたらされる。「彼らは私たちのことを神だと思っている」。しかし、神であることが問題にならないのは、それが過剰でない場合だけに限られる。結局のところ、誰にもわからないのだ――神として私たちのことをイメージするとき、彼らは私たちの力を奪い取っているかもしれないではないか？

ハウカ

彼は似ている。何かに似ているのではなく、ただ似ている。そして彼は、痙攣的な所有物である空間を作り出す。
――ロジェ・カイヨワ「擬態と伝説的精神衰弱」

ハウカ運動の参加者が、一九二〇年代後半にニジェールでフランス人に、そして一九三五年にアクラで英国人によって投獄されたこと（さらに、投獄にともなうあらゆること）、について考察していこう。一九二五年にソンガイの人々のあいだで始まり急速に広まったこの運動の参加者たちは、通常は、植民地行政官の精霊に、ダンスを通して憑依された。フランス人少佐の精霊がハウカの参加者たちに憑依した際は、少佐が最初に攻勢をかけて運動の創始者たちを投獄し、ハウカのようなものはいっさい存在しないと口にするまで彼らを繰り返し殴りつけた。こうして「邪悪な少佐」として神格化され、彼の精霊はもっとも暴力的な精霊の一つとしてハウカの神殿の一階に祀られるようになった。ソンガイの人々は、このように憑依されると、白人男性を（ときには彼らの妻も）模倣し、不思議な力を身につけた。こうして運動は拡大した――「フランスの権威に対する耐えられないほどの恥辱」と、ある学者はハウカのことを呼んだ。[5] このようにして、彼らは自分たちを殴りつけた男の力を身につけ、一方、フランス人（と先住民の首長たち）は次のようなことを発見した。

（……）あからさまな反逆の存在があり、社会的、政治的、宗教的秩序に公然と反旗を翻す構成員がいる社会だった。この点にこそ、私たちはハウカ運動のもっとも根源的な側面を見い出す。それは、フランス人が導入したシステムに対する完全なる拒絶なのである。[6]

彼らは明らかに反フランス的な、自分たち自身の集落まで作った。[7] ジャン・ルーシュは、ガーナで一九五七年に植民地政府が正式に消滅したことにともない、ハウカ運動は廃れたと述べている。「もはや植民地の力は存在しなかったし、クワメ・エンクルマという名のハウカもまったく存在しなかった」と語ったとされている。[8] ガーナにおける最後のハウカの精霊の一人は、米国が介入したベトナム戦争よりも前に起きたインドシナ戦争中に指揮官を務めていたあるフランス人大将であった。しかし、ポール・ストーラーは、ニジェールでは独立した後でもハウカ運動が根強く存在したことを知ることになった。その運動は、彼がヨーロッパの「力」と呼んだものが引き続き存在することへの反応であると考えた。植民地行政の時代よりも組織的ではないとしても、依然としてよく周知され――依然として非常に憑依されやすいものであった。[9] ストーラーは一九六九年からハウカ運動を体験していたが、ニジェールのアフリカ人たちにとって、ハウカは恐ろしいだけでなく愉快なものと考えられていることがわかった。というのは、ハウカ運動は身の毛もよだつようなものだと考えられてはいても、白人を真似てからかうものでもあったからである。「彼らはヨーロッパ人のやり方を猿まねしていた」とストーラーは述べる。「探検帽をかぶり、軍人用のステッキをもったハウカが、ピジンフランス語やピジン英語で自分の軍隊に話しかけるヨーロッパの軍隊の大将を演じるのを、私は何度も目にした(10)」。

しかし、機知と情熱をもって、意識的にヨーロッパ人を模倣する行為に加えて、身体にとりつく憑依もある――その憑依は模倣を可能にしているものではあるが、独特で、人を不安にさせるような身体への影響があるとともに、たいていの場合は意識の水面下で作用する。口から泡を吹き、目をむき、手足の動きがねじれ、痛みを感じなくなるのである。じつに奇妙な「ヨーロッパ人」。そして、これこそが間違いなく重要なのである――彼らが明らかにヨーロッパ人でありながら、明らかにヨーロッパ人ではないということが。重要なのは憑依される能力であり、あからさまな未開性とまではいわないまでも、ヨーロッパ人に対して、畏怖の念を起こさせるような他者を表す能力である。その能力は、ヨーロッパ人のアイデンティティーに成り代わることを可能にし、同時に、明確にかつ決然と、目を見開いたままヨーロッパ人のアイデンティティーから身を引き離して立つことを可能にする。模倣されているのは模倣そのものである――それは植民地という枠の中でおこなわれている。ブレヒトが述べていたように、役者が演ずるのを見ると、この模倣する能力はあらゆる特別な動きと同じようにあなたを驚かせる。

ジャン・ルーシュは、独立前の一九五三年に、ガーナでのハウカの精霊による憑依儀式をフィルムに収めた。これが著名な民族学的映画『狂気の主人公たち』となった。この映画の英語版についている、聞きとるのが難しいほどにザーザーと音がしている解説の中でルーシュは、ぼんやりとした動きしか見えずに、不規則に止まったり始まったりしている、「総督公邸」――黒と白に塗られた高さ六フィート〔約一八〇センチ〕の円錐形のシロアリの巣――の周りを行進し、足を踏み鳴らして歩きながら植民地将校を模倣している者について語る。映画が三分の二ほど進むと、非常に明快となる瞬間がやってくる――強力なハウカの精霊の模倣を吸収する瞬間が。この映画全体に「火をつける」ためにそのような模倣を活用するだけではなく、現代ヨーロッパでの模倣の能力を促進することとなった植民地がもたらしたものを提示することによって（と私は主張したいのであるが）模倣を活用する瞬間がやってくる。

ハウカの精霊に憑依された一人の男が、その日のハウカの憑依儀式で中心的な役割を担う総督の彫刻（ムバリの神殿にある白人に似た小さな像）の上で前かがみになり、卵を割る。総督の頭上で割れた卵は、白色と黄色の細い筋となって流れ落ちる。そこで突然フィルムはカットされ、私たちはそこから二時間ほどの距離にある植民地都市でおこなわれている大規模な軍事パレードへと運ばれる。映画は、通過する黒人軍隊を閲兵する白人総督の帽子についた黄色と白色の流れるような華やかな羽根飾りを、私たちに投げかける。ニューヨーク市にある大学の講堂でこの映画を見ている私たちは、息をのむ。この瞬間に解き放たれるとてつもなく強力な何かが、解釈を強く求めている。接近したり拡大したり、枠組みを設けたり合成したりしながら、視覚的無意識を模索する能力を備えたこの映画は、このような不意に並べられた場面の中に、模倣の呪術の横溢を作り出す。ここにおいて映画は、まさにその撮影という行為をおこなう際に、模倣の呪術的実践を借用し、モダニズムの内部にあるプリミティヴィズムを開花させることを可能にする。カメラと神々に憑依された者たちが出会うこの植民地世界で、近代の模倣する機械を用いることによって、西欧における模倣の能力の再生を私たちは現実のものとして指摘することができる。

数年後にルーシュが、アフリカでの三〇年にわたる研究をもとに、自分の映画撮影は呪術師がおこなう精霊の分身探しと同等のものである、と述べたのも驚くには当たらない[11]。

ガーナの英国当局はこの映画の上映を禁止した。理由は何か？　ルーシュによれば、当局は「総督の映像は、女王およびその権威を侮辱した」とのことであった[12]。しかし、侮辱とは何を指しているのだろうか？　それは、私が取り上げた、まさに合成による刺激的な瞬間であることがわかる。映画のもつ模倣の能力が、アフリカの憑依儀礼における模倣の能力と重なる場面である。ルーシュの説明によれば、それが侮辱とされたのは「本物の総督がかぶっている儀式用のヘルメットに垂れ下がった羽根飾りを模倣するようにして、総督を表象する彫像の頭上で卵が割れる様子を映し出したからであった[13]」。ハウカの参加者たちは、彼らの肉体に憑依した白人を模倣したとして一九三五年に投獄され、ルーシュの映画は、その模倣を模倣したとして一九五〇年代に上映を禁止された。

さらに、ルーシュ自身もこの作品を見せることを禁じた――少なくとも、作品の中でトランス状態になった様子を撮影された人々には。というのも、映画がスクリーンに映し出された途端、彼らは制御不能になり、ほとんど危険ともいえる状態のままトランス状態に陥ってしまったからである。「自分がトランス状態になっている映画をその本人に見せることは、一種の電気ショックのようなものだ[14]」とルーシュは述べた。この電気ショックを受けた男なら、模倣を模倣しないのではないか？（そして私たちはどうだろう。それを見ていて、いままで憑依されたことのない私たち。私たちはどうなるのか？　私たちはどうやってこの憑依された者のショックを免れるのか？）

二〇世紀半ばに、その男と映画撮影用のカメラがこのようにして奇妙な植民地的連動の中で出会ったことは、ベンヤミンによる模倣の能力の「歴史」を魅惑的に立証していることになるのではないか？――植民地主義という時代は、ハウカによって憑依されたような、模倣の能力をもつ者をもたらした。そこでは、少し変わった「弁証法的なイメージ」が、模倣の能力をもつ機械（映画撮影用カメラ）を手にした模倣的には不具な者と出会い、もう一方では、電気ショックを受けた者と出会う。彼は弁証法的にはアンチテーゼであり、見ることを禁止されている。

トロブリアンド諸島のクリケット

ルーシュの映画から一五年ほど後に、模倣を模倣するという映画の呪術が現れるまったく同じ瞬間が『トロブリアンド諸島のクリケット』で繰り返された。この映画では、ニューギニアの東沖合に位置するトロブリアンド諸島の男たちが、英国生まれのクリケットの試合を模倣し作り変える様子が描かれている。彼らは一九〇三年から宣教師に促されて、植民地になる前におこなっていた闘いをバットとボールによるクリケットの試合で代替するようになった。

クリケットがコピーされ、変容される仕方が数多くある（クナのモラのように）中で、とりわけ、この映画が模倣の能力を見事なまでにうまく暴いた方法がある。それは、チームがピンチに陥ったとき、チームのメンバーがファインプレーをしたとき、チームが競技場に入るときなど、試合全体を通して各所で披露される選手によるダンスである。トロブリアンド諸島のチームは、英国では通常は一一人であるのに対し、その四、五倍の人数がいる。半裸で肌の浅黒い筋骨隆々たる男たち全員が、羽根で身を飾り、パンダナスの葉と呪術用のハーブを手足に巻きつけて、いっせいに踊る。映画に録音された音声では、踊り手たちのビートの音が強調されている。浅黒い身体はココナツオイルで輝き、顔と身体はつやつやに塗られている。歌と興奮は「伝染しやすい」。集団による動きには暗示をかける力がある。男たちが踊ると、ナレーターの英国人人類学者がそれぞれの踊りが何を意味しているのかを説明する。どのようにして踊り手たちが（集団的な）身体を使って、マリノフスキーと彼の解説者たちの著述によって西欧で有名になったトロブリアンド諸島の偉大な呪術や隠喩を演じているかを、私たちは理解する。映画が捉えているのは、これらの踊りの多くは隠喩を演じることを通して、植民地支配の抑圧の再現をもたらしていることである。皮肉なことに、彼らは戦争を——正確にいえば第二次世界大戦を——模倣している。宣教師たちがトロブリアンド諸島のクリケットに替えようとした戦争である。そういうわけで、この映画には植民地主義に対する独創的な反応という副題がつけられている。踊り手たちが小気味よく動きを合わせているのを見ていると、やがて、映画は不意に白黒に切りかわる。その色彩の欠如は、黒人と白人による太平洋史へと入っていくことを表している。熱帯的な光景とかやぶき屋根を背景に、第二次世界大戦中のオーストラリア人兵士たちがライフル銃を肩にかつぎ、三列になり、円を描いて足早に行進する。フィルムは再びカットされ、光りかがやく踊り手たちの色彩のある場面に戻る。私がこの映画をどこで見るときも、カリフォルニア、テキサス、ニューヨーク市だけではなくアメリカ中西部でも、観客たちから微かだがはっきりと聞き取れるあえぎ声が聞こえる。そのあえぐような音に続き、小さな笑い声がさざ波のように広がる。魂は外へ向けて開放され、手に入れたという満足感に覆われる。私たちは「理解した」。アイディアを得た。さらに、アイディア以上のものを。あなたは、自分が驚くべき何かにまさに直面していると感じる。クナのモラとハウカの「総督」と同じように、模倣する肉体と模倣する機械のこのような相互作用によって、言葉では言い表せない何かが「引き出され」ている。

何度も繰り返し、映画はこの種の動きを作り出す。半裸で飛行機を模倣するクリケット選手たちの踊りの映像の合間に、島の飛行場の滑走路にとまっている第二次世界大戦時の米空軍爆撃機の白黒映像が差し込まれ、爆撃機が離陸すると、踊り手たちもまた大きな葉の束を振るわせて、いっせいに飛び立つ。米軍機の一つは「スクォーキング・ホーク」という名前である。西欧の観客に対してこの動きが成功を収めた理由はもちろん、文明化された成人期に対して、正反対ではあるが決定的な何かとしての野生性が加味されたことに大いに依存している。植民地主義に対する「独創的な」ものとして、英国のクリケットや宣教師が目的とするパロディーによって、英国の男性が人間形成のために古くからおこなってきた娯楽をひっくり返す。それが示しているのは、これらの驚くほど壮健な島の男たちの明らかな狡猾さ、大らかな無関心、そして「自然のもつ」力である。「しっかりやれ。しっかりやるんだ。正々堂々と試合をしろ」。雑誌の『ボーイズ・オウン・アニュアル』。そのような類いのもろもろ。それらに対するパロディーを成功に導いているのは、途方もない模倣であり、ただし、ある一定の限度を超えている模倣である。また、この映画が映し出しているその模倣がイートン校の運動場、つまり貴族のクリケット場などと対照的な未開の野生性と強く結びついているという事実である。おそらく、この点をもっとも簡潔に示している場面は（映画製作者がそのように促進しているように見える）、トロブリアンド諸島の重要人物らが、チーム人数を大幅に増やしたことや、踊りや呪術（闘いの呪術も大いに含まれている）がどの試合でも見られる特徴であると説明している場面だけではなく、規定されていたオーバーハンドでの投球、つまり英国での試合においては不可欠な要素をやめて、その代わりにやり投げの動作を取り入れたことを説明している場面である。そのため、彼らはウィケットのスタンプを英国でのやり方よりも近いところに置かなければならなかった。なぜなら――編集されたセリフが教えてくれるように――彼らのやり投げ式の投球は非常に正確だからである。大都市の中心部で「文明化された」試合を真剣に行っている選手たちのまっすぐに伸ばした「不自然な」腕の動きは、踊りながらの試合を真剣におこなっている「自然のままに」敏捷なやり投げをする島の男たちの「自然な」動きとは釣り合っていない――ポストモダンな第一世界の都市にいる北の観客たちは、私と同じように、それに強く惹かれる。文明と、文明のもとでおこなわれる身体をこわばらせるやり方は、抑圧された野生性の映画による解放に敗北するのである——模倣の能力それ自体を映画が模倣するということに関して、このことほど重要なものはない。

映画がそのような動きを、第二次世界大戦史にとって情報源となるようなイメージが詰まったアーカイブに加えるように、観客としての私たちは植民地史の中へと運ばれる——けれども、それは必ずしも映画製作者が意図するところではない。というのも「植民地史」のこのような白と黒の象徴によって、私たちはある種の模倣する機械の中に運ばれるからである。それは踊りそのものの中にある模倣だけでなく、映像の突然のカッティングに宿る力に特有の模倣である。足並みをそろえて円を描く白人兵士の隣や前や後ろに、彼らを模倣する黒人たちがおり、黒人たちはパンダナスの葉を揺らしている。それはまさに大地の振動である。クリケットの踊りの中で現れる呪術の詩学というトロブリアンド島民の偉大な伝統に映画が重なり合うことによって、さらに映画が、そのような伝統を映画それ自身の技術の中で模倣することによって、地面から飛び出すアフリカの白い男のように、突然飛び出してくるものは、模倣の模倣であり、自己言及的な模倣である。つまり、模倣の能力をもつ機械と模倣の能力をもつ踊る肉体との融合を通して、模倣自体に気づかされた模倣である。イメージは動いている肉体を飲み込み、模倣は触れられるものとなる——カイヨワが似ていることに関して描写した擬態と伝説的精神衰弱に関する論文の中の「何かに似ているのではなく、ただ似ている」[15]に、私たちはかつてないほどに近づく。ベンヤミンは同様の奇妙な現象を「類似性の理論」の中で表現したと私は考えている。「類似性を知覚するということは、いずれにせよ、一瞬の閃《ひらめ》きに結びついている」と彼は述べた。「それはさっと過ぎ去る。これを再び手にすることはできるかもしれないが、他の知覚のようにしっかりととどめておくことは本来できない。類似性の知覚は、星の配置と同じように、束の間、眼前に現れ、そして過ぎ去ってゆく」[16]。このような方法で、映画によって「捉えられ」、さっと過ぎ去ってゆくだけではあるが、踊るクリケット選手たちは模倣的本質を具現化したものとなる――スクリーンからあふれ出るものは、ポストコロニアルを生きる観客たちから言葉を奪い、彼らは空気を求めてあえぐようになる――模倣の過剰は、他者性の中にある模倣の循環を支配しようとするためのあらゆる可能性を求めるのと同時に、それを混乱させるのである。

メイド・イン・ザ・USA

そのような、求めると同時に混乱させるという行為は、解釈するうえにおいての錯乱した均衡状態を作り出す。模倣の能力を有する二〇世紀後半における非常に内省的な人類学は、未開社会を文明化する弁証法のもつ酩酊したような絶え間ない変動にかつてないほどにさらされているのである。その弁証法は「ファーストコンタクト」がまとうアウラによって巧みに固定された、他者性における安定したパターンの中にあり、自然と文化はそのときは融合されていた。他者の目の中にある西欧や他者の手仕事の中にある西欧に気づくこと、そして、他者が魅了されているものに魅了されることの不思議さに驚くことは、境界線のロジスティクスを捨て去ることである。さらにまた、「私たち」と「彼ら」という対立のない境界地帯、焦点が合ったりずれたりしながら浮遊する境界地帯における「セカンドコンタクト」の時代に入ることでもある。このような従来の構造の解体は、接触がもたらす真実を孕むいくつもの神話的な過去の中で、自然の働きを再配置することになる。安定したアイデンティティーの形成は自然に消滅して、やがて沈黙となるか、説明できない喜びによるあえぎ声となるか、あるいは、ぐるぐると回る混乱となる。それらは、弁証法的イメージの氾濫の中で「模倣の過剰」と私が呼ぶものが次第に強まる中で寄せ集まってくるのである。すでにそれとなく示してきた事例――

クナのトーキング・ドッグ、アフリカの白い男、ルーシュのハウカ、そしてトロブリアンド諸島のクリケット――に加えて、強力なイメージ、西欧を描いているパフォーマンスのタブローを付け足さなければならないと感じている。そのような描写を通して、私が「反転」とか「セカンドコンタクト」と呼ぶものによって、その強力なイメージが他者としての呪術を取り出しているのがわかるだろう。

これは、コロンビア西部にある私がよく知る農業関連産業の町で「代替医療をおこなっている」小さな病院で起きたことである。一九八一年に、私はその病院を訪れた。ある友人の母親が精神に異常をきたし、その病院で治療を受けたがっていたからである。彼女は都市部にある大きな州立病院にうんざりしていた。このアフリカ系アメリカ人の町は、一九世紀の奴隷制廃止以来、一九五〇年代までは比較的裕福なココア農家が住む地域であった。現在は、土地の独占や、州と準軍事組織による暴力、そして近代技術――農業や製薬に関するもの――が主要な役割を務めてきた「開発」という重荷に苛まれている。その小さな病院は神秘的な治療をおこなっていると噂されていたが、この町にできたばかりだったので、その治療の内容については誰もたしかなことはわからなかった。その町出身の友人とともに病院を訪れると、そこは三つの部屋がある建物だった。治療師は忙しくて会うことができなかったため、彼の助手の一人である、遠く離れた太平洋沿岸出身の黒人女性が私たちを案内してくれた。患者が数人床に寝かせられており、助手の女性は治療のために使うという特別な部屋に私たちを連れていった。そこは、私が南西部をあちこち放浪していたときに目にしたことのある、霊的な、シャーマニズム的な、あるいは民間療法的な空間とはまったく異なっていた。というのは、殺風景な実験室のようなその空間には、聖人や、ハーブの入った瓶や、火のついたろうそくは一つもなかったからである。それらの代わりに、目を引き、驚かされたのは、ひび割れた泥の壁に貼られた絵や写真であった。それらは医学誌から切り取られた広告であった。不思議な違和感をもたらしていたのは、そのおかれた状況であった。なにしろ、私は数年前に「本物」の病院で働いていたときに、これらと似た絵や写真を医学誌で見たことがあったからである。鮮やかな色合いで非常に精緻に描かれた妊娠後期の女性の身体の断面図があり、子宮の中で心地よさそうに身体を丸めた胎児が、椎骨の間膜と関節から成る格子に背中を押しつけていた。それは妊娠中に服用する鉄剤の広告であった。その隣にはもう一枚の切り取られた写真があり、ピンク色の二つの腎臓が黄緑色の手術用手袋に握られていて、切りとられた尿管から黄金色の尿のしずくが涙のように出てきていた——利尿薬の広告であった。メイド・イン・ザ・USA。透明なプラスチック製の点滴用の管とボトルが、モダニストの彫刻のように、ある一つの壁に沿ってらせんを描き、透明な電球に囲まれた板の中心に置かれた青色の白熱電球が、その部屋の装備を完璧にしていた。「じっと見つめないでください」私は祭壇か何かのようにその青い電球を見つめていたのである。「ガンになるかもしれませんから」。

そう言われたにもかかわらず、私は数年後の今もまだその残光である青い光の輪を見つめている。共感呪術の原理はいかにして、視覚的無意識を呼び起こし、ダーウィンの驚嘆からフレイザーを経由して、現代広告による呪術の流用をさらに一般の農民が流用するように戻ってきたのかを考えている。もし私がほとんど無言になっているとしたら、それはその光をあまりにも長いあいだ見過ぎてしまったためであり、販売や治療のために使われている、私の中を通り抜けるこの不思議な力をどうやって導けばいいのか、ただわからなかったためである。先住民の解説を鵜呑みにすることは、その解説の規範を破ることになるだろう。「じっと見つめないでください」というのが彼女の言った言葉である。西欧技術のパロディーの段階まで引き上げられた模倣であるこのすばらしいタブローを見ることとは（私からこの話を聞いたニューヨークにいる友人の多くが見たがったほどだ）、解像度なしに果てしなく反射する鏡の置かれた小部屋に入ることである。なぜなら、それは真に西欧のパロディーである一方で、それを作った者の観点から見れば明らかに意図されたものではないパロディーだからである。実際、それをパロディーと呼ぶことは、タブローそのものの中に埋めこまれた賃金労働者の生活世界を理解するために、残酷なパロディーを生み出すという深刻な危険を冒すことになるであろう。しかしながら、非意図的であるとはいえ、パロディーの力を否定することはできない。行動と反応の複雑な関係をさらに複雑にしているとしたら、パロディーを生み出すのはまさにその非意図性であるとさえ言うことができると私は思う、たとえ意図されないものがパロディーにはならないとしても。これはとてもあり得ないことである。しかし真実である。この不可能な真実は、重要な不可思議さを表象している。イメージと実践における文化を越えた結びつきが私たちの時代に入り込んでいるという不可思議さである。あるとき、北部の友人たちが青い電球の残光を見つめている私を見て、次のように私に伝える。抑圧されているがゆえにより強力に近代産業に利用されている呪術、つまり、ホルクハイマーとアドルノのいう「啓蒙の弁証法」によって論じられている呪術を引き出すのにその残光は役立っており、だからこそ私は、技術の大いなる明るい見通しの奥底に隠された第一世界の神秘主義が、第三世界によって暴露されているのを見つめ続けているのだ、と。しかし、この暴露のもつ力は、技術と産業と商業が「実際には」どのように機能しているのかを第三世界の作者たちが「誤解」していることによって決まる、と私は断言する。しかし、それでも、暴露は存在する。洞察のもつまさにその力は、彼らが犯す強力な過ち（私に言わせれば）に依拠している。それぞれが驚くほど「間違って」いながら、同時に驚くほど「正しい」状況で、反射がお互いに依存しているこの啓示的な鏡の小部屋は、いかにして存在しうるのだろうか？　その間違いこそが、正しさを生み出している。文化相対主義はここでは選択肢でないのは明らかである（「彼らの信じたいものを信じさせておきなさい、そして私たちは自分が信じたいものを信じよう」）。なぜなら、さまざまな反応はお互いに深く関係し合っているからである。すなわち、それぞれの反応は、それら「自身の文化的コンテクスト」と私たちがかつて呼んでいたものと「関係している」以上に、お互いに「関係している」からである。人類学的な「文脈づけ」や、その類いのより経験的な研究もまた、私たちを助けてはくれない。たとえ、技術的に複製されたイメージでできた世界のスクリーンに映る粉々に砕け散った他者性が放つ次々と流れ去ってゆくわずかな兆候以外に、もはや「コンテクスト」が存在しないという理由があるにせよ。この世界では、引用された発言や残像のようなわずかな兆候こそが、行為が存在する場所である。それは、未来に向かって大きく開かれつつも落ち着きを失った存在に投げつけられた他者性の衝動、ダダイスムのような衝動である。ピンク色の腎臓、緑色の手袋、土壁に這った冷たく輝く点滴用の管が作るこのタブローがもつ力の核心は、その意味（の兆し）、したがって力が、西欧から他者、模倣から他者性へと跳ねとび続け、解釈的な放出の一歩先が終わりなき流動性として考えられるしかないものの中へと再び戻ってくることである。実際、このタブローは著しく「コンテクストから外れて」おり、それゆえ、目が捉えたり頭が理解したりできる以上の速さで、模倣と他者性がいま高速にぐるぐる回っているという事実の典型として際立っている。このことは、立場を逆転させること、たとえば、第三世界と第一世界を逆にすること以上であるように、私には思われる。この回転は目眩を起こさせる。「ファーストコンタクト」とは対照的に、この種の「セカンドコンタクト」は、かつて存在していた幻のような可能性にすぎない境界線を定義するというその可能性自体をばらばらにする。境界線は溶解し、かつて分断されていた土地土地を覆うように拡大し、すべての土地は境界地帯となる。そこでは、視覚世界の観相学的な側面とともに他者性のイメージの領域が、北部の作家が有している話すための身体をばらばらの言葉へと分解してしまう。その言葉は、自己と他者の相互の権力という実体のない想像物にやたらと干渉するポストモダンな景観のうえにあるグロテスクな自傷の中でぶら下がっている。言葉が力を失い、流動が支配する場所がここであり、模倣の過剰がもつ力は、決定的な転機として、模倣の能力自体によって植民地がもたらしたものに存在している。

第一七章　ポストコロニアル時代の共感呪術

ある意味、共感のつながりに沿って流れているのは、移り変わる事物のイメージである。

――ユベール、モース『呪術の一般理論』

「ファーストコンタクト」以来、共感呪術のつながりはあらゆる世界を駆け巡り、そのつながりに沿って走るイメージの移り変わりは、実際、奇妙な歴史を生じてきた。その移り変わりや流出のすべてにおいて生まれる接触の残像に対して、いま、私たちがどのように反応するのか、そして、そのような私たちの反応はそれに先んじる反応の歴史によってどのように決定されるのかは、この最後の数ページを書くにあたりいろいろと思うところがある。みなさんが精読できるように私が収集してきた奇妙な歴史は、歴史であるのと同じくらい寓話であるけれども、つねに事実に基づいている。その寓話のような特質は、選ばれた題材によってもたらされるのと同じくらい、展開される論理からもたらされ、その論理は、自然と歴史のあいだで作用する双方向的関係に関して、この作品の冒頭においてかなりの不安とともになされた宣言によって決定された。今回の場合は、模倣の能力と植民地の歴史のあいだの関係であり、近代においてはその二つは分かちがたいものと見なすことができる。模倣の能力の介入なしに達成されるあらゆる表象的行為は存在し得ないことを考えるならば――文化が第二の自然を作り出すために使う特質――これはかなり重要な論点である。

しかし私の関心はまず、何かのコピーであるものに影響を与えるコピーのもつ力から始まった。いまもまだ私の関心はそこにある。これは呪術に対するプリミティヴィスト的な考え方であった。また、フレイザーの魅力的な特質も私を誘惑する。私の関心は、呪術に対する昔ながらの方法によるものではあるが、方法それ自体に適合された関心である。

奥底にあるものではなく表面が私を魅了してきた――イメージのもつ光沢や、概念と物事のあいだにある征服しがたいほどに不透明な状態。情熱は奥深くに存在するかもしれないが、しかし、行動は表面に継続的に存在していることに私は気づいた。精霊とは、複製品から噴出する呪術的なものの中にある物事のイメージであり、その精霊を解き放つことで解放された力が証明する外見という物神的な力の上に存在している。ポストモダンの条件と呼ばれてきたものを理解するのにとても有益なこのような証明のもつ力を有しているクナの民族誌に、私は感謝している。ポストモダンの条件とは、ほとんど誰もが認めているように、後期資本主義におけるイメージのつながりによる支配である。機械による複製と子宮による生殖に劣らず、自然の商品化は、力を身につけたり、力を消費したりするさまざまな方法で関連づけられる。

私が示してきた模倣の能力の歴史がもっている性質は、ベンヤミンが「弁証法的イメージ」と呼んだものの形式をとっている。自然を歴史化し、歴史を自然に従わせるという、双方向的な関係の要求をこれほどまでに満足させるものはない。また、文化は第二の自然を作り出すために自然を使うという模倣の能力の要求を満足させるものもない。このようにして、私が示してきた歴史は、時間とともに後方に、そして前方に、宙返りをする三部作であり、近代を推し進めるプロジェクトのための神話に関する過去を呼び起こす。「過去が現在によって触れられるためには、両者のあいだに連続性があってはならない」とベンヤミンは書いた。一九世紀半ば以降、模倣の能力をもつ機械は模倣の能力を生き返らせ、その結果、植民地での「ファーストコンタクト」（ティエラ・デル・フエゴの浜辺でのダーウィンのように）という神話上の基礎となる瞬間が、模倣と接触における新たな種類の共感呪術として、技術的に複製されたイメージとなった。やがて、二〇紀中葉に公的な植民地支配が最終的に終了し、西欧とその他の世界とのあいだに、文明とその他者とのあいだに根本的に異なる境界線が誕生したことにともない、接触に関しての反転のようなものである「セカンドコンタクト」が出現した。

この境界線は、南からの命がけの移民とともに、世界市場や多国籍企業によって無数の穴が開けられただけでなく、文化的な人工物としての境界線は無限に拡散された。その幻影のような現実がかつてないほど日に日に大きくなっていったのは「ファーストコンタクト」でも同じであった。いま、フィッツ・ロイの水夫は、実際にジグを踊っている。ベルリンの壁は粉々に砕ける。リオ・グランデ川沿いのフェンスはますます高くそびえ立つ。けれども、その境界線はますます非現実的になり、知覚しづらくなり、捉えにくくなっている。「セカンドコンタクト」によって解き放たれた力や境界線の不安定化という証拠を成り立たせているのは、自己はもはや他者と明確に切り離すことができないという事実である。というのは、いまや自己は、自らを明確にさせるために必要とされる他者の中に刻み込まれているからである。このことは、他者の身体や目や手仕事の中に現れる西欧を模倣した表現と影響し合うときに、模倣の能力を有する機械によって作り出される恐怖と喜びがあいまった感情のおもな原因となっている。

そのような相互作用は、模倣の過剰——模倣的な自己形成、を生み出す。模倣はそれ自体に向きを変え、模倣が植民地にもたらしたものを刺激する。その結果、現代においては、自然の能力としての模倣と歴史的産物としての模倣は、かつてないほどにお互いに依存し合っているのである。

私が提案してきたように、もし模倣を、文化が第二の自然を作り出すために使う自然なのだと考えることが有効なのであれば、いまの現状は、この名高い第二の自然は沈没しかかり、非常に不安定である。自然と文化のあいだ、本質主義と構築主義のあいだで右往左往しつつも――あらゆる場所で今日証明されているように、民族的な政治意識の高まりから人工的に作られたものの楽しみに至るまで、次々に新しいアイデンティティーが紡がれて実体となっている――模倣の能力は劇的に新しい可能性のすぐそばにいることに気づかされる。

けれども、あなた方に提示してきた感覚における特有の歴史は、時間を通してあちこちに跳びはね、スピリット化された材料を再び組み合わせること以外に、さらにもう一つのすばらしい点がある。それは、興味深い内なる緊張のことである。勇敢にも南方に向かって漕ぎ出した北方の作家たちは、どのように反応すべきかについて――どうあるべきか、と書いた方がいいかもしれない――「自分自身」と明らかに異なる人々がおこなう（受ける）スピリチュアルな治療に深く組み込まれた「自分自身」のイメージと直面して、頭を悩ませた。そのイメージとはクナの木像であった。思うに、人は当たり前のことはでき、人類学者がおこなうように「それらを分析する」ことはできるだろう。つまり、文脈を積みかさね、その後、余分なものを取り除くのである。しかし、それは言い逃れのように見えるし、肝心な部分を理解していないように思える。肝心な部分とは、自己を自己たらしめたものに関する決定的な何かが、研究対象の中、同様に、現実を変えるその力の中に巻き込まれ、危険にさらされたということである（この点がとても重要であるにもかかわらず、とても明らかであるために、完全に見逃され続けるだろうということを私は心配している。ここで作用している非常に大きな文化的抑圧が存在するに違いない）。

しかしながら、彫刻され、歌われる木像自体がそれほどまでに気になるのはどういう意味があり、また、木像を「ヨーロッパ人の型」に彫刻したのはなぜかが気になるのはどうしてだろう？　さらに、木像には内部の実体がもつ精霊の力があり、その外見の内側にある精霊がもつ外見の複製的な起源の「秘密」がある。それに気づくことに、どういうわけか、神秘的に巻き込まれてしまうのは、どうしてだろう？　そして、島の家の中でほこりをかぶっているこれらの目立つ木像の背後に、あるいは、病人のハンモックの下で治療師の傍らにどうどうと立っている、これら立派な木像の背後に、他者が出現する――ジャン・ルーシュの明滅するスクリーンでハウカに憑依された西アフリカ人たち、彼らの憑依に憑依されたルーシュ自身、戦いの呪術を踊るトロブリアンド諸島のクリケットの選手たち。そこでは、白黒の映像の中で空高く舞い上がるカモメとオーストラリア人兵士が、映画製作者によるモンタージュの呪術を通して、弁証法的イメージの閃きと、模倣の過剰のゆかいな浪費を作り出している。そうして、スクリーンがもつ可能性を滴らせ、追い出されるか取って代わられた「トーキング・ドッグ」は、「ヒズ・マスターズ・ヴォイス」を拡散し、それに共鳴し、反転させる……。

このようにして、私は迂回しながらも、これまでのページの中で、模倣されたものの中で提示されている実体に対する自分の反応について解明しようと試みてきた。民族誌を通して、また、映像や写真を通して、実際に、私という培われた存在を構成している私についての質問がなされたと感じている。おそらく「解明する」というのはここでは誤解を招く言葉であろう。その言葉は、いくらかの支配力を暗示しており、それは指示対象の領域の外に出るための呪術的な能力に依存している。「反応」という言葉はおそらくよりよい選択である。なぜなら、著者の自己は、模倣の震え（アドルノはこの言葉を使用した）がアイデンティティーを引き裂こうとし、呪術的に他者と結ばれた自己のつながりを急速に増殖することによる「外側の形」だからである。そのような他者はあまりにも近すぎてかすかに認識される程度であり、あまりにも自己が多すぎて他者性を満たす余裕がない。それぞれの自己は感覚の中に溶け込み、世界にあるいくつもの歴史が再編成されるにつれて、それぞれの感覚はそれら自身の理論家となる様相を見せる。このことは不均衡であるという問題にはならないし、または、中庸を見つけられないという問題でもない――それくらい単純ならいいのであるが。そうではなく、それは、かつては不可能であるように見えていたこと、つまり、まったく同一の時間に複数のさまざまな場所にいることの問題である――ここでいう「場所」は、存在がもつ豊穣な責任を引き受けており、その複数性は、そのようなものの永続的な移動性を担保している。模倣と他者性が何度もぐるぐると周回してアイデンティティーを探す行為は、次のような結論とともに、私たちの歴史をこの時点で収束させる。最終的には、いかなる総体的な意味においても、アイデンティティーのようなものは一つも存在しない――あるのはただ、古風な趣のある必需品の裂け目でくつろいでいる、存在しうる可能性のある憧れのキメラだけである――けれども、それにもかかわらず、外見の仮面は十二分に用をなす。その仮面は絶対に欠かせないものである。

模倣の過剰

捕らえられた猿が、文明化された人類の猿まねを猿まねする状況の中で、カフカは現代における模倣と他者性の閉ざされた循環に着目した。しかし、未開の人々や模倣のせいにされた植民地の野生は、飼い慣らされること以外の方法で機能することができたのである。その（閉ざされた）循環は、まさしくその野生によって破壊されたのだろう。そのようなわけで、カフカはこのようなことも書いている。

インディアンになりたい

ああ、インディアンになれたらなあ、取るものも取りあえず疾駆する馬にまたがり、斜めに空をつんざき、震える大地の上を、いくたびも小刻みに震え、やがては拍車を脱ぎすて、だって拍車は必要なかったんだ、やがては手綱を投げうち、だって手綱は必要なかったんだ、そして目の前の大地のきれいに刈り取られた原野が見えたかと思うと、もう馬の頸《くび》もなく、馬の頭もなくなってしまった。

抑圧されていない場所では、模倣の能力は、啓蒙による「文明化」のプロジェクトにおける抑圧の道具としての役割を果たすかもしれない。ホルクハイマーとアドルノは「模倣の組織化」という考え方を用いて、このことを強調した。しかし、アドルノは著作のかなりの部分を通して、模倣の能力は、感覚的なものとコピーを結びつける能力を使って、自由が商品化された実践である物神と神話からはっきりと決別するために必要な具体性の中へと侵入した、という考えをさらに強く強調した。

私が「模倣の過剰」と名づけたものは、まさにそのような可能性を表している——模倣の能力に関する反射的な気づきを生み出す過剰である。また、猿が自らの猿まねに対して感じている憂鬱な気づきと、インディアンとの同一化と同じように、野生自体への共感的な没頭のもつ野性的な奔放さ、この二つのあいだで揺れているカフカの絶望を再配置することを可能にする気づきである。歴史はいまや、模倣は模倣それ自体を目的としている、という認識を許しているように見える。模倣が実際に本物であるかのようにふるまうシニフィアンがあり、それを有する呪術的な力の中へと人を誘う。自然が歴史化されるのと同じくらい技巧が自然である、という了解のもとに異なった方法で生きるのである。ポストコロニアルの状態によって強化された、人間のもつ潜在的な可能性の一形態としての模倣の過剰は、歴史の主体あるいは客体としてではなく、その両方として、しかも、まったく同一の時間に、頭の中にある世界を生きるという絶好の機会をもたらす。また、模倣の過剰は、耐えがたい真実を理解するための道を開く。その真実とは、あまりにもひどく手に負えない現実や、操られるだけでなく操作可能な現実の根幹にある見せ掛けという真実である。模倣の過剰は、あらゆる時、あらゆる場所で、模倣に力を与えた当惑に関与している神聖なふるまいに向かっておこなわれる後方宙返りである——すなわち、あらゆる他者になるために、そして、そのようにイメージ化された現実とイメージをかみ合わせるために、その両者の役割を兼ねあわせ、永遠に兼ねあわせる力である。そのような過剰さは、かつては、預言者や呪術師の手中にあった。彼らは、他のイメージを生じさせるイメージを生み出し、次に、外見を表している実在に作用する他の精霊に影響を与えるための精霊を生み出した。さまざまな方法でさまざまな社会的地位についている私たちが、今日、この模倣の過剰によっていかに利用されているかは、おそらく今では、かなりの度合いで、選択の問題となっている。したがって、霊媒師やメディアが独占することはないだろう。民族やジェンダーや性に関する闘いが、このことを指し示しているように見える。そうであることを私はたしかに希望しているし、それどころか、他のどの方法よりも明らかな過剰の自然を作ることによって、また、束縛から解放された状態が、実際に作り上げられたような現実を生きることを可能にする活力に満ちた豊穣さに注意を向けることで、この本がそのような目的地に向かっていることを強く願っている。

原注

第一章　人は精霊をなんらかの方法で描写することによって自らを守る

（1）Nils Holmer and Henry Wassén, "The Complete Mu-Igala in Picture Writing: A Native Record of a Cuna Indian Medicine Song," *Etnologiska Studier* 21 (Göteborg, 1953). このテクストは、写真をつけずに、一九四八年同誌に初めて掲載された。

（2）T. W. Adorno, "A Portrait of Walter Benjamin," *Prisms*, trans. Samuel and Sherry Weber (Cambridge: MIT Press, 1981), p. 233.（T・W・アドルノ『プリズメン』渡辺祐邦・三原弟平訳、筑摩書房）Susan Buck-Morss, *The Origin of Negative Dialectics: Theodor W. Adorno, Walter Benjamin, and the Frankfurt Institute* (New York: Free Press, 1961), p. 86.

（3）Erland Nordenskiold, with Rubén Pérez, edited by Henry Wassén, *An Historical and Ethnological Survey of the Cuna Indians*, Comparative Ethnographical Studies 10 (Göteborg: Ethnografiska Museum, 1938). 続けてこの文献から引用した場合は、本文中に括弧書きでページ数を記載。

（4）David Stout, *San Blas Cuna Acculturation: An Introduction* (New York: Viking Fund Publications in Anthropology 9, 1947), pp. 103-104.

（5）Henry Wassén, "An Analogy Between a South American and Oceanic Myth Motif and Negro Influence in the Darién," *Etnologisker Studier* 10 (Göteborg, 1940). pp. 76, 79.

（6）試みに、次のように言ってもいいだろうか。かつては声音は頻繁に変化し、治療師と精霊が対話体でやりとりをする生き生きとした模倣であったものが、一九世紀後半あるいは二〇世紀初期のどこかで、どう聞いても歌い手の声が低音の一本調子からまったく変化しない儀式的な治療における木像の模倣になった、と。ただし、彫刻された木像は、クリストファー・コロンブスやオビエドが書いた、ヨーロッパによる征服初期のカリブ海の他地域における先住民の占いや呪術についての描写の中でも目立つ存在であることに注目しよう。また、運河建設に関心をもったフランスのコンソーシアムの出資を受け、一八六五年にダリエン地峡での学術探検を率いたリュシアン・ド・ピュイが、その探検の記録の中で、彼が物神と呼ぶものの存在に感銘を受けたと記していることにも注目したい（彼は次のように書いた。クナの人々は「異教徒であるが、自分の家につりさげた奇怪な物神が超自然的な影響力を有していると信じており、妙な姿をした木像に向かって恭しくお辞儀をし、ある種の木は聖なるものであると考えている（……）」）。

（7）　Norman Mcpherson Chapin, "Curing Among the San Blas Kuna of Panama," unpublished Ph.D. dissertation (Tucson: University of Arizona, 1983), pp. 93-95.「インディアンではない」というのは不正確である。というのは、私に確認できる限りでは、アフリカ系アメリカ人や黒人を表現したヌチュカナの木像は一つも存在しないからである。他方、チェーピン自身が指摘しているとおり（93）、悪霊のポニカナが人間の姿になるときは黒人になることが多い。クナの人々は明らかに黒人をひどく嫌っており、クナの人々を取り巻いているパナマ、カリブ海、ダリエン半島の人口の大半を黒人が占めていることは、ここで指摘されるべきである。

（8）　Leon S. De Smidt, *Among the San Blas Indians of Panama: Giving a Description of Their Manners, Customs, and Beliefs* (Troy, New York: 1948). チェーピン（一九八三年）、三五六―三五七頁で引用。

（9）　Gerardo Reichel-Dolmatoff, "Anthropomorphic Figurines from Colombia, Their Magic and Art," *Essays in Pre-Columbian Art and Archaeology*. Samuel K. Lothrop, ed. (Cambridge, Mass: Harvard University Press, 1961), pp. 240, 495.

（10）　Ibid., p. 240.

（11）　Stephanie Kane, "Emberá (Chocó) Village Formation: The Politics and Magic of Everyday Life in the Darién Forest," Unpublished Ph.D. dissertation (Austin: Department of Anthropology, University of Texas at Austin, 1986), p. 448.

（12）　Ibid., p. 449.

（13）　Stephanie Kane, "Surreal: Taboo and the Emberá-Gringa," p. 11.（アメリカ人類学会の第八七回大会［フェニックス、一九九〇］で発表された論文）

（14） Marcel Mauss and Henri Hubert, *A General Theory of Magic*, trans, R. Brain (New York: W. W. Norton, 1972). この作品はモースを著者として書籍の形態で出版されているが、『社会学年報』に掲載された原典である小論にはアンリ・ユベールとマルセル・モースの共著であることが明記されている。したがって私は、この作品は共著であると考えている。

（15） Kane, 1990, p. 17.

第二章　視覚世界における観相学の側面

（1） Susan Buck-Morss, *The Dialectics of Seeing: Walter Benjamin and the Arcades Project* (Cambridge, Mass: MIT Press, 1989), p. 267.（スーザン・バック＝モース『ベンヤミンとパサージュ論――見ることの弁証法』高井宏子訳、勁草書房）

（2） Yrjo Hirn, *Origins of Art* (London, 1900; reissued New York: Benjamin Bloom, 1971), p. 293.（イルジョー・ヒルン『芸術之起源』本間久雄訳、早稲田大学出版部）

（3） Karl Marx, *Capital: A Critique of Political Economy*, 1 (New York: International Publishers, 1967), p. 72.（カール・マルクス『資本論』マルクス＝エンゲルス全集刊行委員会訳、大月書店〔『資本論』は邦訳が複数出版されているため、そのうちの一つを記載する〕）

（4） Walter Benjamin, "Surrealism: The Last Snapshot of the European Intelligentsia," *Reflections*, ed. Peter Demetz, trans. E. Jephcott (New York: Harcourt Brace Jovanovich, 1978), pp, 177-92.（ヴァルター・ベンヤミン「シュルレアリスム」『ベンヤミン・コレクション1』浅井健二郎編訳、筑摩書房〔ベンヤミンの著作は邦訳が複数出版されているため、そのうちの一つを記載する。以下同〕）

（5） Walter Benjamin, "A Small History of Photography," *One-Way Street and Other Writings*, trans. E. Jephcott and K. Shorter (London: New Left Books, 1979), pp. 243-44.（ヴァルター・ベンヤミン「写真小史」『ベンヤミン・コレクション1』浅井健二郎編訳、筑摩書房）

（6） Walter Benjamin, "The Work of Art in the Age of Mechanical Reproduction," *Illuminations*, ed. Hannah Arendt, trans.

Harry Zohn (New York: Schocken, 1969), p. 238.（ヴァルター・ベンヤミン「複製技術時代の芸術作品」『ベンヤミン・コレクション１』浅井健二郎編訳、筑摩書房）

（7） Georges Duhamel, *Scenes de la vie future* (Paris: Mercure de France,1930)（ジョルジュ・デュアメル『未来　生活情景』中込純次訳、富美社）ベンヤミン「複製技術時代の芸術作品」二三八頁で引用。

（8） Benjamin, "The Work of Art in the Age of Mechanical Reproduction," p. 236.（ベンヤミン「複製技術時代の芸術作品」）

（9） Elaine Scarry, *The Body in Pain: The Making and Unmaking of the World* (New York: Oxford University Press, 1985).

（10） Benjamin, "The Work of Art in the Age of Mechanical Reproduction," p. 240.（ベンヤミン「複製技術時代の芸術作品」）

（11） Paul Virilio, *War and Cinema: The Logistics of Perception*, trans. P. Camiller (London: Verso, 1989), p. 11.（ポール・ヴィリリオ『戦争と映画——知覚の兵站術』石井直志・千葉文夫訳、平凡社）

（12） Ibid., p. 20.

（13） Sergei Eisenstein, "The Filmic Fourth Dimension," *Film Form: Essays in Film Theory*, trans. J. Leyda (New York: Harcourt Brace Jovanovich, 1949), p. 7.

（14） Eisenstein, "The Cinematographic Principle and the Ideogram," in ibid., p. 42.

（15） Theodor W. Adorno, "Transparencies on Film," *New German Critique* 24-25 (Fall-Winter 1981-82), p. 202.

（16） Georges Bataille, *Erotism: Death, and Sensuality*, trans. M. Dalwood (San Francisco: City Lights, 1986), pp, 37-38.（ジョルジュ・バタイユ『エロティシズム』酒井健訳、筑摩書房）

（17） Benjamin, "The Work of Art in the Age of Mechanical Reproduction," p. 223.（ベンヤミン「複製技術時代の芸術作品」）

（18） Ibid., p. 236.

第三章　空間から出るということ

（1）　Walter Benjamin, "On the Mimetic Faculty," *Reflections* ed. Peter Demetz, trans. E. Jephcott (New York: Harcourt Brace Jovanovich, 1979), p. 333.（ヴァルター・ベンヤミン「模倣の能力について」『ベンヤミン・アンソロジー』山口裕之訳、河出書房新社）

（2）　Roger Caillois, "Mimicry and Legendary Pychaesthenia," *October* 31 (Winter 1984), pp. 17-32.（ロジェ・カイヨワ「擬態と伝説的精神衰弱」『神話と人間』久米博訳、せりか書房）続けて引用した場合は、本文中に括弧書きでページ数を記載。最初に『ミノトール *Minotaure*』第七号（一九三五）四一—一〇頁に、「擬態と伝説的神経衰弱 Mimetisme et psychasthenie legendaire」として掲載された後、『神話と人間 *Le Mythe et l'homme* (Paris: Gallimard, 1938)』に再掲された。後にカイヨワはこの小論を強く批判していることに留意しよう。『遊びと人間 *Man, Play, and Games* (New York: Free Press, 1959, p. 178)』（多田道太郎・塚崎幹夫訳、講談社）の脚注の中で、カイヨワは次のように書いた。「残念ながらこの論文は、今日の私には空想に思える見方でその問題を扱っている。実際、私はもはや擬態を空間知覚の攪乱や無生物の状態への回帰としては捉えず、むしろ、この中で提示したように、昆虫の擬態はシミュレーションを行う人間の遊びに相当すると考えている」。しかしながら、カイヨワは続けて、この小論の中で使用した事例は「それにもかかわらず、まだ価値を失ってはいない」と述べている。

（3）　Gertrude Koch, "Mimesis and the Ban on Graven Images," p. 5. ニューヨーク大学映画学科で配布された、未発表の理学修士論文（一九九〇）。

（4）　Ibid.

（5）　Julia Kristeva, *Revolution in Poetic Language* (New York: Columbia University Press, 1984)（ジュリア・クリステヴァ『詩的言語の革命』原田邦夫訳、勁草書房）特に第一章「セミオティクとサンボリク」。

（6）　G.W.F. Hegel, *The Phenomenology of Mind*, trans. J.B. Baillie (New York and Evanston: Harper and Row, 1967), pp. 111, 112, 114.（G・W・F・ヘーゲル『精神現象学』田原八郎訳、北樹出版〔邦訳が複数出版されているため、そのうちの一つを記載する〕）

（7）　Miriam Hansen, "Benjamin, Cinema and Experience: The Blue Flower in the Land of Technology," *New German Critique* 40 (Winter 1987), pp. 179-224.〔ミリアム・ブラトゥ・ハンセン『映画と経験――クラカウアー、ベンヤミン、アドルノ』が法政大学出版局より出版されているが（竹峰義和・滝浪佑紀訳）、本論文と同一の内容であるかは不明〕

（8）　一九二四年七月七日付の書簡。*Briefe* (Frankfurt: 1966), p. 351.（ヴァルター・ベンヤミン『ヴァルター・ベンヤミン著作集一四　書簡Ⅰ　一九一〇―一九二八』野村修訳、晶文社）*Walter Benjamin: One Way Street and Other Writings* (New Left Books: London, 1979), p. 34 の「出版社による解説」の中での引用。〔「一方通行路」の邦訳は複数あり、該当の「出版社による解説」が含まれる書籍を底本としたものがどの邦訳であるかは未確認であるため、原文表記のままとした〕

（9）　Walter Benjamin, "One Way Street," *Reflections*, p. 68（ヴァルター・ベンヤミン「一方通行路」）「この植林は、皆さんで保護しましょう」の項。

（10）　Benjamin, *Briefe*,（ベンヤミン「書簡Ⅰ」）、ホフマンスタールへの書簡、一九二八年二月八日付。*Walter Benjamin: One Way Street and Other Writings* の「出版社による解説」の中での引用。この女性と詳細との関係における概念的な問題については、以下を参照。Naomi Schorr, *Reading in Detail: Aesthetics of the Feminine* (New York: Methuen, 1987).

（11）　Benjamin, "Surrealism," *Reflections*, p. 181.（ベンヤミン「シュルレアリスム」）

（12）　Benjamin, "Theses on the Philosophy of History," *Illuminations*, ed. H. Arendt, trans. Harry Zohn (New York: Schocken, 1969), p. 255.（ベンヤミン「歴史の概念について」『ベンヤミン・アンソロジー』山口裕之訳、河出書房新社）

（13）　Benjamin, "Doctrine of the Similar," trans. K. Tarnowski, *New German Critique* 17 (Spring, 1979), pp. 65-69.（ベンヤミン「類似性の理論」『ベンヤミン・アンソロジー』山口裕之訳、河出書房新社）

（14）　Benjamin, "The Storyteller," *Illuminations*, p. 103.（ベンヤミン「物語作者」『ヴァルター・ベンヤミン著作集七』高木久雄・佐藤康彦訳、晶文社）

（15）　Ibid.

（16）　Caillois, "Mimicry and Legendary Pychaesthenia," p. 31.（カイヨワ「擬態と伝説的精神衰弱」）

（17） Gustave Flaubert, *The Temptation of St. Antony*, trans. Kitty Mrosovsky (Harmondsworth: Penguin, 1983), p. 232.（ギュスターヴ・フローベール「聖アントワーヌの誘惑」『フローベール全集四』渡辺一夫訳、筑摩書房）

第四章　金枝篇

（1） G.W.F. Hegel, "Preface," *The Phenomenology of Mind*, trans. J.B. Baillie (New York and Evanston: Harper and Row, 1967), p. 94.（G・W・F・ヘーゲル『精神現象学』田原八郎訳、北樹出版〔邦訳が複数出版されているため、そのうちの一つを記載する〕）

（2） Max Horkheimer and T.W. Adorno, *Dialectic of Enlightenment* (New York: Continuum, 1987), p. 17.（マックス・ホルクハイマー、T・W・アドルノ『啓蒙の弁証法』徳永恂訳、岩波書店）

（3） したがって、アドルノの著作やフランクフルト学派における模倣の性質や機能が、私の知る限りでは綿密な研究の対象になっていないのは奇妙である。

（4） Horkheimer and Adorno, *Dialectic of Enlightenment*, p. 227.（ホルクハイマー、アドルノ『啓蒙の弁証法』）

（5） Sigmund Freud, *Jokes and Their Relation To The Unconscious*, *SE* vol. 8, p. 192.（ジークムント・フロイト「機知——その無意識との関係」『フロイト全集　第八巻』新宮一成・鷲田清一・道籏泰三・高田珠樹・須藤訓任編、岩波書店）〔「SE」は標準版フロイト全集（The Standard Edition of the Complete Psychological Works of Sigmund Freud）の略。岩波書店の『フロイト全集』はドイツ語版の全集を底本としている〕

（6） Frazer, *The Golden Bough, Part 1, The Magic Art and the Evolution of Kings*, 3rd edition (London: Macmillan, 1911), p. 52.（フレイザー『金枝篇——呪術と王の起源』神成利男・石塚正英訳、講談社〔邦訳が複数出版されているため、そのうちの一つを記載する〕）続けてこの文献から引用した場合は、本文中に括弧書きでページ数を記載。

（7） しかし、共感呪術についてのフレイザーの当初の議論は「魔除け」の分析に限定しており、そうすることでおそらく、扱われるテーマが呪術そのものよりも狭くなったことに注意すべきである。フレイザーはまた、根底にある思考の原理の分析と呪術の実践とを区別し、そのような実践は技術であり、習慣のようなものを意味していると見なしている。その実践において理論は潜在しており、はっきりとは述べられない。このことが、彼の分析における着想や個人的な理由の状態——呪術に関する「英国主知主義学派」（タイラーとフレイザー）の研究方法をごく狭めて定義したものとみなされる特徴——を、通常考えられるよりもずっと曖昧なものとし、一方で、遂行的で感覚的な研究方法に対して誘うように大きく扉を開くことになったのはたしかである。

（8）　タイラーやロバートソン・スミスらの見解を土台とするフレイザーの研究スタイルについては、メアリ・ダグラスの著書 *Purity and Danger* (Harmondsworth: Penguin, 1966)（『汚穢と禁忌』塚本利明訳、筑摩書房）二〇頁に出てくる率直な表現と比較されたい。「フレイザーには数多くの長所があった。しかし、その中に独自性はけっしてなかった」。

（9）　タイラーへの言及については、同氏の *Primitive Culture* (rpt. New York: Harper and Row, 1958)（『原始文化——神話・哲学・宗教・言語・芸能・風習に関する研究』比屋根安定訳、誠信書房）および E.E. Evans-Pritchard, "The Intellectualist (English) Interpretation of Magic," *The Bulletin of the Faculty of Arts* (Cairo: The University of Egypt), 1933（E・E・エヴァンズ＝プリチャード『呪術の（英語による）主知主義的解釈』）を参照。

（10）　ロマン・ヤコブソンによる隠喩と換喩の創意豊かな区別は、フレイザーが唱えたこれらの類似と接触の原理に負っている。ヤコブソンは小論 "Two Aspects of Language and Two Types of Aphasic Disturbances" (p. 113 in *Language in Literature*, eds. K. Pomorska and S. Rudy, Cambridge, Mass: Belknap, Harvard University Press, 1987)（「言語の二つの面と失語症の二つのタイプ」『ヤコブソン・セレクション』桑野隆・朝妻恵里子編訳、平凡社）の中で、「実に啓蒙的」だとしてフレイザーによる区別に言及し、類似／隠喩に関してはフロイトの夢の作業の機構における同一視と象徴化、接触／換喩に関しては圧縮と置き換えと並べて引用している。

（11）　E.B. Tylor, vol. 1 *Primitive Culture* (New York and Evanston: Harper and Row, 1958), pp. 116, 119.（E・B・タイラー『原始文化』）

（12）　S.J. Tambiah, "Form and Meaning of Magical Acts: A Point of View," *Modes of Thought*, ed. Robin Horton and Ruth Finnegan (London: Faber and Faber, 1973), p. 207.

（13）　E.E. Evans-Pritchard, *Witchcraft, Oracles, and Magic Among the Azande* (Oxford: Clarendon Press, 1937). G.E.R. Lloyd, *Polarity and Analogy: Two Types of Argumentation in Early Greek Thought* (Cambridge, England: University of Cambridge

Press, 1966).

（14）　Gerardo Reichel-Dolmatoff, “Anthropomorphic Figurines from Colombia: Their Magic and Art,” *Essays in Pre-Colombian Art and Archaeology*, ed. S. Lothrop (Cambridge, Mass: Harvard University Press, 1961), p. 232.

（15）　*Totem and Taboo: Some Points of Agreement between the Mental Lives of Savages and Neurotics*（一九一二年から一九一三年にかけて分冊で刊行）, *SE*, vol. 8（ジークムント・フロイト「トーテムとタブー」『フロイト全集　第一二巻』新宮一成・鷲田清一・道籏泰三・高田珠樹・須藤訓任編、岩波書店）の第三章「アニミズム・呪術・思考の万能 Animism, Magic, and the Omnipotence of Thoughts」で、フロイトの「思考の万能」の原理を参照のこと。フロイトは模倣呪術について述べる際に、たとえば、次のように書いている。「私たちが考えるべきは、未開人が自分の願望には力があると強く信じていたということ」(83) であり、その信念はあまりに強いため、表象によって「物事は、物事に関する考えよりも重要ではなくなる。したがって、後者に起こったことはすべて必然的に前者にも起こるのである」(85)。エミール・デュルケームの *The Elementary Forms of Religious Life* (trans. J. Swain, London: Allen and Unwin, 1915)（『宗教生活の原初形態』、古野清人訳、岩波文庫）における表象とトーテミズムに関する主要な主張の一つは、これと一致している。この点については、以下を参照。Michael Taussig, “Maleficum: State Fetishism” in *The Nervous System* (New York: Routledge, 1991), pp. 111-140.

（16）　Yrjo Hirn, *The Origins of Art* (first published in London, 1900; rpt. New York: Benjamin Bloom, 1971), p. 289.（イルジョー・ヒルン『芸術之起源』本間久雄訳、早稲田大学出版部）

（17）　Ibid., p. 290.

（18）　Marcel Mauss and Henri Hubert, *A General Theory of Magic*, trans. R. Brain, Norton (New York: Norton, 1972), p. 68.

（19）　Freud, *Totem and Taboo*, p. 79.（フロイト『トーテムとタブー』）

（20）　Mauss and Hubert, *A General Theory of Magic*, pp. 72-73.

（21）　Michael Taussig, *Shamanism, Colonialism, and the Wild Man: A Study in Terror and Healing* (Chicago: University of Chicago Press, 1987), pp. 393-467.

（22）　この点は、形式主義者が行う誤解されやすい区別にその根拠を提供しているように思える。形式主義者は「シャーマニズム」は魂が肉体から出ていくのに対し、「憑依」は一見逆のことが起きるとしている。つまり、肉体が外部の魂によって支配されるということである（一例として、Mircea Eliade, *Shamanism: Archaic Techniques of Ecstasy*, (Princeton: Princeton University Press, 1964), pp. 5-6)（ミルチア・エリアーデ『シャーマニズム』堀一郎訳、筑摩書房）を参照のこと)。

（23） Benjamin, "A Small History of Photography," *One-Way Street and Other Writings*, trans. E. Jephcott and K. Shorter (London: New Left Books, 1979), p. 243.（ヴァルター・ベンヤミン「写真小史」『ベンヤミン・コレクション1』浅井健二郎編訳、筑摩書房）ベンヤミンはさらに、二五六頁で、写真家を呪術師（腸卜師）の末裔と呼んでいる。

（24） Benjamin, "Surrealism: The Last Snapshot of the European Intelligentsia," *Reflections*, ed. Peter Demetz, trans. E. Jephcott (New York: Harcourt Brace Jovanovich, 1978), p. 192.（ヴァルター・ベンヤミン「シュルレアリスム」『ベンヤミン・コレクション1』浅井健二郎編訳、筑摩書房〔ベンヤミンの著作は邦訳が複数出版されているため、そのうちの一つを記載する〕）

第五章　黄金の軍隊

（1） 以下を参照。Michael Taussig, "The Old Soldier Remembers," in *Shamanism, Colonialism, and the Wild Man: A Study in Terror and Healing* (Chicago: University of Chicago Press, 1987), pp. 337-41.

（2） Ibid., pp. 3-135.

（3） Max Horkheimer and T.W. Adorno, *The Dialectic of Enlightenment* (New York: Continuum, 1987), p. 184.（マックス・ホルクハイマー、T・W・アドルノ『啓蒙の弁証法』徳永恂訳、岩波書店）

（4） Bronislaw Malinowski, *The Sexual Life of Savages (in North-Western Melanesia)*, (New York: Harcourt, Brace & World, 1929), p. 449.（ブロニスワフ・マリノフスキー『未開人の性生活』泉靖一・蒲生正男・島澄訳、新泉社）

（5） Horkheimer and Adorno, *Dialectic of Enlightenment*, p. 180.（ホルクハイマー、アドルノ『啓蒙の弁証法』）

（6） Ibid., p. 186.

（7） Harry Kessler, *The Diaries of a Cosmopolitan: Count Harry Kessler, 1918-1937*, trans. and ed. C. Kessler (London:

Weidenfeld and Nicolson), p. 284.（ハリー・ケスラー『ワイマル日記』松本道介訳、冨山房）

第六章　世界史の風を帆に受けて

（1）　Marcel Mauss and Henri Hubert, *A General Theory of Magic*, trans. R. Brain (New York: Norton, 1972), pp. 65-66.

（2）　当然、ティエラ・デル・フエゴでの「ファーストコンタクト」は、ダーウィンが訪れる数百年前に起きていた。たとえば、セルクナム・インディアンは、一五七九年にヨーロッパ人と、すなわち、スペイン人のペドロ・サルミエント・デ・ガンボアと初めて遭遇した、と記録されている。オランダ人指揮官のオリビエー・ヴァン・ノールトは、マゼラン海峡の諸島に一五九八年に上陸した。ハウシュ・インディアンは、一六一九年にノダル兄弟とファーストコンタクトをもった。ジェームズ・クック船長は、科学者や水夫らとともに、一七六九年にハウシュ・インディアンと出会った。以下を参照。Anne Chapman, *Drama and Power in a Hunting Society: The Selk'nam of Tierra del Fuego* (Cambridge, England: Cambridge University Press, 1982).

（3）　Charles Darwin, *Charles Darwin's Diary of the Voyage of H.M.S. "Beagle"* ed. Nora Barow (Cambridge, England: Cambridge University Press, 1934), p.118.（チャールズ・ダーウィン『新訳　ビーグル号航海記』荒俣宏訳、平凡社、三八二頁）続けてこの文献から引用した場合は、本文中に括弧書きでページ数を記載。〔ダーウィンの著書からの引用箇所については、平凡社の『新訳　ビーグル号航海記』（荒俣宏訳）を参考にした。本書の底本は、以下である。*Journal of Researches into the Natural History and Geology of the Countries Visited during the Voyage of H.M.S. Beagle round the World,* 2d ed. (London: Murray, 1845). ダーウィンは航海中の日誌を資料として、フィッツ・ロイによる海軍省への報告書の一部を執筆したが、このダーウィンの執筆部分が後に切り離され、一八三九年に単体の著書として出版された。その後いくつもの改訂版が刊行されている〕

（4）　Darwin, *Journal of Researches*... (New York: D. Appleton, 1896), p. 206. 続けてこの文献から引用した場合は、本文中に括弧書きでページ数を記載。

（5）　Darwin, *The Beagle Record*, ed. R.D. Keynes (Cambridge, England: Cambridge University Press, 1979).

（6）　Ibid., p. 96.

（7） Michael Leahy and Maurice Crain, *The Land That Time Forgot* (New York and London: Funk and Wagnalls, 1937), p. 48.
（8） Ibid., p.50.
（9） ガナナート・オベーセーカラが、私にこの可能性を指摘してくれた。
（10） Emile Durkheim, *The Elementary Forms of Religious Life*, trans. J.W. Swain (London: Allen and Unwin, 1915), p. 395.（エミール・デュルケム『宗教生活の原初形態』古野清人訳、岩波文庫）
（11） Ibid., p. 395.
（12） E. Lucas Bridges, *Uttermost Part of the Earth* (London: Hodder and Stoughton, 1951), p. 418.
（13） Martin Gusinde, *Los Indios de Tierra del Fuego*, 3 vols. (Buenos Aires: Centro de Ethnología Americana, 1982). また以下を参照。*The Yamana: The Life and Thought of the Water Nomads of Cape Horn*, trans. F. Shutze, 5 vols. (New Haven: Human Relations Area Files, 1961). および以下を参照。Anne Chapman, *Drama and Power in a Hunting Society*. ティエラ・デル・フエゴ島に関するこれらの記述と、男性の家に保管されている神聖な横笛を女性が目にすることを禁忌とし、それを避けるために女性に対する集団強姦を利用するという中央アマゾンに関する記述とを比較するには、以下を参照。Joan Bamberger, "The Myth of Matriarchy: Why Men Rule in Primitive Society," in *Women, Culture, and Society*, ed. M.D. Rosaldo and L. Lamphere (Stanford: Stanford University Press, 1974). また以下も参照。Thomas Gregor, *Anxious Pleasures: The Sexual Lives of Amazonian People* (Chicago: University of Chicago Press, 1985). オーストラリアについては、数ある資料の中から次の古典的名著を参照。Baldwin Spencer and F.J. Gillen, *The Native Tribes or Central Australia*, (first published in 1899; rpt. New York: Dover, 1968).〔スペンサー『濠洲原住民の研究』が一九四三年に有光社より出版されているが（田村秀文訳）、本書籍と同一の内容であるかは不明〕チュリンガとして知られる聖なる対象物について書かれた第五章は、次のように始まっている。「チュリンガとは、先住民のアランダの人々がある聖なる対象物につけた名前である。チュリンガを見ることは女性や儀式を受けていない男性にはけっして許されておらず、その禁を犯せば死刑、あるいは火箸で失明させられるといった非常に厳しい罰が科せられる」。
（14） Georges Bataille, *Erotism; Death and Sensuality*, trans. M. Dalwood (San Francisco: City Lights, 1986), p. 74.（ジョルジュ・バタイユ『エロティシズム』酒井健訳、筑摩書房）また、バタイユの以下も参照。*Lascaux, Or the Birth of Art*

(Switzerland: Skira, n.d. [1955?]).（『ラスコーの壁画』出口裕弘訳、二見書房）
（15）　以下より引用。Martin Gusinde, *The Yamana*, vol.1, p. 143. 続けてこの文献から引用した場合は、本文中に括弧書きでページ数を記載。

第七章　模倣の精神、贈与の精神

（1）　Charles Darwin, *Journal of Researches*... (New York: D. Appleton, 1896), p. 204. 続けてこの文献から引用した場合は、本文中に括弧書きでページ数を記載。
（2）　Charles Darwin, *The Beagle Record*..., ed. R.D. Keynes (Cambridge, England: Cambridge University Press, 1979), p. 106. 続けてこの文献から引用した場合は、本文中に括弧書きでページ数を記載。
（3）　哲学者のマイケル・ポラニーは、経験に基づいての反論がなかなかおこなわれないシステムとしての、科学と呪術の類似性を示すために、エヴァンズ＝プリチャードによるアザンデの人々の呪術に関する研究を用いている。そこで、次のようにウィリアム・ジェームズを引用している。「私たちは、自分の理解をはるかに超えた事柄、つまりその事柄のよりどころとなる概念やその事柄を測る基準をいっさい持っていない事柄については、好奇心を持ったり驚きを感じたりはしないものである」。ダーウィンが遭遇したフエゴ島民は、小舟には驚いたが、目のまえに停泊している大型船にはまったく注意を払わなかった、とジェームズは強調している。Michael Polanyi, *Personal Knowledge* (Chicago: University of Chicago Press, 1958), pp. 286-94.（マイケル・ポラニー『個人的知識——脱批判哲学をめざして』長尾史郎訳、ハーベスト社）
（4）　Martin Gusinde, *The Yamana: The Life and Thought of the Water Nomads of Cape Horn*, trans. F. Shutze, 5 vols. (New Haven: Human Relations Area Files, 1961), vol. 3, pp. 877-78. また、以下も参照。Georges Bataille, *The Accursed Share*, vol. 1 (New York: Zone, 1990).（ジョルジュ・バタイユ『呪われた部分』生田耕作訳、二見書房）
（5）　Gusinde, *The Yamana*, vol. 3, p. 857.
（6）　L.E. Elliot Joyce, "Introduction," Lionel Wafer, *A New Voyage and Description of the Isthmus of America* (rpt. Oxford: Haklut Society, 1933), p. lix.

（7）　Gusinde, *The Yamana*, vol. 1, pp. 92, 95.

（8）　Anne Chapman, *Drama and Power in a Hunting Society: The Selk'nam of Tierra del Fuego* (Cambridge, England: Cambridge University Press, 1982), p. 99.

（9）　つねに実際的なブレヒトが「アウラ」をアニミズムの一種とするベンヤミンの考えについて、一九三八年の日誌の中で辛辣な意見を述べている点に留意しよう。「ベンヤミンがここに来ている。……彼に言わせると、自分が見られていると感ずるひとは、背後から見られている場合でも、その視線に応答（！）する。見る相手から見返されることへの期待が、アウラを生む。アウラは最近では、礼拝的なものの解体とともに、解体しつつあるという。そのことをベンヤミンが発見したのは、映画の分析に際してだった。映画ではアウラは、芸術作品の複製が可能になったことによって、解体している。まったくの神秘論だ——神秘論に反対する態度をとっているにもかかわらず。このようなかたちに唯物論的歴史把握が翻案されるとは！　あんまりいただけそうにない」。以下の中での引用。Susan Buck-Morss, *The Origin of Negative Dialectics* (New York: Free Press, 1977), p. 149.

（10）　Karl Marx, *The Economic and Philosophic Manuscripts of 1844*, ed. D. Struik, trans. M. Milligan (New York: International Publishers, 1964), p. 139.（カール・マルクス『経済学・哲学草稿』長谷川宏訳、光文社）

（11）　Ibid. 強調はマルクスによる。

（12）　A・クルーゲは自身の作品が特集された*October* 46 (1988) の中の"On New German Cinema Art, Enlightenment and the Public Sphere"で、まさにこのように自分自身の映画の作り方をとらえている。

第八章　模倣の世界、目に見えない分身

（1）　Erland Nordenskiold and Rubén Pérez, ed. Henry Wassén, *An Historical and Ethnological Survey of the Cuna Indians*, Comparative Ethnographical Studies 10 (Göteborg: 1938), p. 355. この内容をフランツ・ボアズによる描写の穏やかさと比較し、新世界の名高い北西沿岸部のコスキモー・インディアンと比較してみよう。コスキモー・インディアンのあいだでは、ボアズが執筆した当時、重い病気は魂の喪失と関係していると一般的に考えられていた。ボアズは一八八六年の冬の儀式に関する長々とした描写の中に、魂を捕まえるための踊りをするコスキモーの人々について書いた段落

を一つ含めている。「その踊りの中で、魂はワシの綿毛でできた小さな球で表現されており、その球は一本の糸に結びつけられていた。その糸には、捕まえるために魂を差し出した男たちと同数の球が等距離に結びつけられていた」(Franz Boas, *Kwakiutl Ethnography*, ed. Helen Codere (Chicago: University of Chicago Press, 1966), p. 195)。さらに、以下に挙げられている魂の類似物についても考えてみよう。「魂には骨も血液もない。なぜなら、魂は煙や影のようなものだからである。魂は人の長い胴体であり、人間的な何か、人間の仮面であり、生きるための手段であり、鳥である」(Ibid., p. 169)。

（2） Norman Macpherson Chapin, "Curing Among the San Blas Kuna," unpublished Ph.D. dissertation (Tucson: University of Arizona, 1983), p. 75. 続けてこの文献から引用した場合は、本文中に括弧書きでページ数を記載。

（3） Nordenskiold and Pérez, *An Historical and Ethnological Survey of the Cuna Indians*, pp. 494-506.

（4） Ibid., p. 506. 強調引用者。

（5） Ibid., p. 506. 強調引用者。

（6） Jean Langdon, "The Siona Medical System: Beliefs and Behavior," unpublished Ph.D. dissertation (New Orleans: Tulane University, 1974), pp. 127-28.

（7） Nordenskiold and Pérez, *An Historical and Ethnological Survey*, p. 87. この部分を読むと、私は一七世紀の海賊で船医のウェイファーが書いたダリエン・インディアンの「奇術」の説明を思い出す。奇術師が、海賊たちの近い将来を占う前口上として、仕切られた空間の中で動物の音や声を真似る様子を模倣しようとしているという点において、注目に値する描写である。

　また、ノルデンショルドの弟子ヘンリ・ワッセンが記述した、クナの預言者ネレが数多くあるカルの一つに向かう旅のことも思い出す。カルはクナの安寧のために不可欠な霊的な要塞で、精霊が住んでいる（動物の精霊もいる）。預言者たちは木彫りの人形を引きつれて学習と指導の両方のためにそこを訪れなければならない。ワッセンの記録では、ネレは儀式に使うために特別なタバコを用意するとともに、シカを一頭狩り、老女に特別な泥の皿を作らせる。アプソケット（「対話者」で、治癒力のあるチャントの歌い手）をともなって、ネレは特別に建てられたスルバに入っていき、歌い手がそこで長い歌を歌うと、その歌の最中におもちゃのガラガラがスルバの真ん中でひとりでに動き出し、チ、チ、チという音を立て始める。そうしてガラガラは屋根までたどり着き、屋根から入ってきた風はガラガラの中を通ってプ、プ、プと話し、その風の中に、若い女が歌っている声を聞くことができた。このようにして、ネレとアプソケットはアチュという名の要塞を訪問した。彼らが正面扉にたどり着いたとき、スルバの中のガラガラがゆっくりとアラール、アラールという音を立て始めた。スルバの外にいた人々が何が起きているのかと入っていくと、ネレは腰まで舌が伸びた状態で死んでいた。

（８）　Joel Sherzer, *Kuna Ways of Speaking: An Ethnographic Perspective* (Austin: University of Texas Press, 1983), p. 215. Bronislaw Malinowski, *Argonauts of the Western Pacific* (New York: Dutton, 1961)（ブロニスワフ・マリノフスキー『西太平洋の遠洋航海者――メラネシアのニュー・ギニア諸島における、住民たちの事業と冒険の報告』増田義郎訳、講談社学術文庫）の「呪術における言葉」に関する章（451-52）で、マリノフスキーが書いている内容と比較してみよう。「再び、呪文の中に徹底して綿密にものごとを列挙する部分が現れ、暗唱者はカヌーの部品を一つずつ読み上げ、旅の展開を順々に追い、クラのさまざまな品物や貴重品を列挙し、人間の頭の部位名を挙げ、空飛ぶ魔女の出発地点と考えられている無数の場所の名前を唱えることを繰り返す。通常、このような数えあげは、神経質と言っていいほどの完璧さで懸命に行われる」（強調引用者）。〔『西太平洋の遠洋航海者』の講談社学術文庫版と中央公論社のいずれも編訳であり、原著の第一八章 "The Power of Words in Magic Some Linguistic Data" は省略されている〕

（９）　Claude Lévi-Strauss, "The Effectiveness of Symbols," pp. 181-201 in *Structural Anthropology* (New York: Doubleday, 1967), p. 188.

第九章　世界の起源

（１）　Erland Nordenskiold, Nele, Charles Slater, Charlie Nelson, and Other Cuna Indians, "Picture Writing And Other Documents," *Comparative Ethnological Studies*, vol. 7, part 2, p. 2.

（２）　Ibid., pp. 30-35.

（３）　Norman Macpherson Chapin, "Curing Among the San Blas Kuna of Panama," unpublished Ph.D. dissertation (Tucson:

University of Arizona 1983), pp. 64-65. この起源の物語は、一九四〇年代にこれが書き込まれた治療師のノートからチェーピンが写し取った。続けてチェーピンの論文から引用した場合は、本文中に括弧書きでページ数を記載。

（4） Joel Sherzer, *Kuna Ways of Speaking: An Ethnographic Perspective* (Austin: University of Texas Press, 1983). シャーザーはチャントの「イカール ikar」という形式について言及しているが、これはスウェーデンの人類学者たちが「イガラ Igala」と綴っているものである。

（5） Ibid., p. 121.

（6） *A General Theory of Magic*, trans. R. Brain (New York: Norton, 1972) の中で、モースとユベールは、呪術とはじつのところ「力」であり、ポリネシアのマナはその典型であると結論づけている。彼らはこれを呪術の理論にとって必要なものとは何かに対する回答、すなわち「コミュニティーの中で生きる人間の非知性的な心理学」（108）としている。

マナは距離を隔てながらも共感を引き起こすもの同士で作用する精神的行為と彼らは定義し、さらに「測定することができず、容易に伝染していくある種のエーテルで、自発的に拡散する」（112）と述べている。このように、自然に動きながら有効性を発揮する存在に対する人々の信仰、と彼らが呼ぶものを使って呪術を説明している。呪術は自らを撹拌する必要なしに流動的で可変的である。一〇年後、エミール・デュルケムは著書『宗教生活の原初形態 *The Elementary Forms of Religion*』(London: Allen and Unwin, 1915, first published in Paris in 1912) の中で、ほかならぬ「聖なるもの」という考え方にこれを拡張した。五〇年後、クロード・レヴィ＝ストロースは、モースの論文集（trans. F. Barker, London: Routledge and Kegan Paul, 1987)（『社会学と人類学』有地亨・伊藤昌司・山口俊夫訳、弘文堂）に寄せた序文の中で、呪術とマナを同一視するモースとユベールの主張を厳しく批判した。その理由は、マナは力ではなく、シニフィアンとシニフィエをまとめる（それゆえ、呪術である）機能を表す巨大な空虚であるとする記号論的主張によるものである。

（7） Michael Lambek, *Human Spirits: A Cultural Account of Trance in Mayotte* (Cambridge, England: Cambridge University Press, 1981), pp. 28-29.

（8） ウストゥポのサン・ブラス島の偉大な預言者ネレは、クナの人類学の運命だけでなく、一九二五年のパナマに対する蜂起の最中やそれ以後のクナの運命を形作るうえで非常に重要な役割を果たし、一時期、ゾウの悪霊ヌガルエチュルを師としていた。この精霊は、すべての精霊と同様に、人間の姿でも現れることができた（Nordenskiold and Pérez, p. 358)。アン・パーカーとエイボン・ニールは、著書 *Molas: Folk Art of the Cuna Indians* (Barre, Mass: Barre Publishing, 1977）の目次の反対側に、アップリケされたモラ式のゾウのみごとな白黒のイメージを載せている。彼女たちの説明書きには、このウストゥポのネレは一九三〇年代はじめにパナマ運河地帯を訪れ、巡業サーカスのゾウを見たときに「そのような動物がいるという理由をより簡単に理解させてくれるものがいる」と述べたと書かれている。

（9）　以下から借用。“Mitología Cuna: Los Kalu; según Alfonso Díaz Granados,” by Leonor Herrera and Marianne Cardale de Schrimpff, *Revista Colombiana de Antropología* 17 (1974), pp. 201-47.

（10）　フロイトの「隠蔽記憶」に関する論文の中の、夢や記憶における自己想像についての見解を参照のこと。フロイトはこれを、当初の印象はあとになって記憶を生じさせるが、彼の言葉によれば「作り直される」ことの証拠としている。*SE*, vol. 3, p. 321.（『フロイト全集　第三巻』新宮一成・鷲田清一・道籏泰三・高田珠樹・須藤訓任編、岩波書店）

（11）　Freud, “The Uncanny,” *SE*, vol. 17, p. 246（フロイト「不気味なもの」『フロイト全集　第一七巻』新宮一成・鷲田清一・道籏泰三・高田珠樹・須藤訓任編、岩波書店）

（12）　「けっして探求されることのない」という表現は、けっして理論化されないというだけではなく、けっして詳細に説明されないということも意味している——言い換えれば、抑圧の抑圧を意味しているのである。このことは、クナ文化の啓示的なしるしだけではなく、クナの民族誌の啓示的なしるしと私には思われる。

（13）　理論的には、すべてのものは、その魂に相当するような「起源の物語」をもっている。なぜなら、すべてのものはグレートマザーから生まれたからである。しかし、実際には、バルサやゲニパのような治癒力をもついくつかの精霊に関しては、わずか一握りの「起源の物語」しか存在しない。ムーなどの精霊世界の数人の有力者、そして、ヘビ、サソリ、ハチ、さらには（！）熱せられて白い光を発する鉄の棒のようなものである（Chapin, p. 191)。

（14）　Sherzer, *Kuna Ways of Speaking*, p. 29.

（15）　Nordenskiold and Pérez, pp. 370-71. ティエラ・デル・フエゴのヤマナとセルクナムの人々のあいだでおこなわれている模倣について先に論じた。その中で提起した「公然の秘密」に関する私の見解と比較してほしい。

（16）　フロイトにとって、現代のヨーロッパ文化における不気味なものがもつ意味の重要な部分は、薄気味の悪い何かがまさに進行中であるということである。それゆえ、彼の思索は、効力をもつ霊的な力やアニミズムの主張によってなされる役割に関係している。この意味において、不気味なものは、幽霊や化け物、精霊や呪術が力をもっていた、いわゆる古代やプリミティヴな時代における隠された存在の象徴であり、そういう時代がこの現代へと回帰することの脅威の象徴である。したがって、クナの人々のあいだでおこなわれている「呪術」が、このような西ヨーロッパの不気味さの感覚にも相当するだろうと論じることに妥当性はほとんどないが、それでもそのつながりは興味深いものである。

（17）　ジャック・デリダの『二重の会』は、この点をさまざまな方法で立証している。とりわけ、模倣的な分身の内部での空想の存在（新しい何かを創案するという意味で）に言及しながら、デリダはプラトンの『ソフィスト』でのミメーシスの三つの異なる意味を挙げる。デリダが「ミメーシスの二重の書き込み」と呼ぶ意味については、次のように書かれている。「しかし、とらえられる寸前で、ソフィストは代補的な分類によってまたもや捕獲を逃れる。この分類は、ものの真似の技術を消失点でようやく交わりそうな二形式に分ける。すなわち、忠実に複製する似姿を作る技術（eikastic）の側と、似姿を作る技術に見せかけ、忠実に見せかけるふりをして、見せかけ（幻影）で目をあざむく見かけだけを作る技術（fantastic）の側とに。この見せかけは「絵画において、さらにはまた物真似の技術のすべてにわたって、きわめて大きな部分を占めている」。以上は、哲学者という狩人にとってのアポリアであり、狩人は分岐の前に立ち尽くし、獲物（ソフィスト）を狩り続けることができない」。デリダの以下を参照。"The Double Session," *Disseminations* (Chicago: University of Chicago Press, 1981), p. 186.（「二重の会」『散種』藤本一勇・立花史・郷原佳以訳、法政大学出版局）

（18）　Jean Langdon, "The Siona Medical System: Beliefs and Behavior," Ph.D. dissertation (New Orleans: Tulane University, 1974), p. 113.

（19）　Ibid., pp. 131-32.

（20）　Ibid., p. 132.

（1）　パナマのボカス・デル・トロ県にあるユナイテッド・フルーツ・カンパニーのプランテーションにおいて、一九五〇年代以来のクナ・インディアンとグアイミ・インディアンの立場が近ごろ比較され、政治的にインディアン性のもつ優位という点が裏づけされている（ただし、このインディアン性の性質にジェンダーが明らかに反映されている点は見落とされている）。グアイミの人々はプランテーションおよびその周辺においてごみのように扱われ、極端に自滅的な言動でそれに対応しているのに対し、「クナの人々は自分たちの「インディアン性」を中心にして自意識的に組織化することにより、民族ヒエラルキーの中でみごとな上昇移動を果たしてきた」と、米国のある人類学者が近年指摘した。「これにより、クナの人々は、自分たちの「インディアン性」を最小限に抑制するのではなく際立たせることによって、アメリカ先住民に向けられた差別を乗り越えることができた」。P. Bourgeois, "Conjugated Oppression: Class and Ethnicity Among Guyami and Kuna Banana Workers," *American Ethnologist* 15 (1988), pp. 330, 334.

（2）　Erland Nordenskiold and Rubén Pérez, ed. Henry Wassén, *An Historical and Ethnological Survey of the Cuna Indians*, Comparative Ethnographical Studies 10 (Göteborg: Etnografiska Museum, 1938), p. 429. 続けて引用した場合は、本文中に括弧書きでページ数を記載。

（3）　Norman Macpherson Chapin, "Curing Among the San Blas Cuna of Panama," unpublished Ph.D. dissertation (Tucson: University of Arizona, 1983), pp. 113-14.

（4）　Erland Nordenskiold, Nele, Charles Slater, Charlie Nelson, and Other Cuna Indians, "Picture-Writing And Other Documents," *Comparative Ethnological Studies*, vol. 7, part 2 (1930), p. 10.

（5）　Joel Sherzer, *Kuna Ways of Speaking: An Ethnographic Perspective* (Austin: University of Texas Press, 1983), pp. 231-32.

（6）　Chapin, "Curing Among the San Blas Kuna," pp. 284, 290-91.

（7）　Sherzer, *Kuna Ways of Speaking*, pp. 135, 187.

（8）　Chapin, "Curing Among the San Blas Kuna," p. 293.

（9）　写真や記憶に関するこの点および関連事項については、レイチェル・ムーアと、ホリス・フランプトンによる写真のイメージに関する研究に対する彼女の解釈に負った。

(10)　Orlando W. Roberts, *Narrative of Voyages and Excursions on the East Coast and in the Interior of Central America; Describing a Journey Up the River San Juan, and Passage Across the Lake of Nicaragua to the City of Leon* (first published in 1827; rpt. Gainesville: University of Florida Press, 1965), pp. 35-36.

(11)　James Howe, *The Kuna Gathering: Contemporary Village Politics in Panama* (Austin: University of Texas Press, 1986), p. 14.

(12)　L.E. Elliot Joyce, "Introduction: Lionel Wafer and His Times," in *A New Voyage and Description of the Isthmus of America* by Lionel Wafer (Oxford: The Hakluyt Society, 1933), p. xi-lxvii.

(13)　David Stout, *San Blas Cuna Acculturation: An Introduction* (New York: Viking Fund Publications in Anthropology, 1947), p. 52.

(14)　Ibid., p. 92.

(15)　この言い回しは以下から引用。Haskin, *The Panama Canal* (Garden City, N.Y.: Doubleday, 1913).

(16)　一九二五年のクナの蜂起の経緯については、ジェームス・ハウの先行研究に負った。

第一一章　他者性の色彩

(1)　David Stout, *San Blas Cuna Acculturation: An Introduction* (New York: Viking Fund Publications in Anthropology, 1947), p. 58.

(2)　Ibid., p. 51.

(3)　ジェームス・ハウの研究は、クナの民族誌的・歴史的調査にもとづいているため、私の見解を裏づけるものとして引用できる。というのは、クナの人々のあからさまな反ニグロ感情に対して考えられる要因としての「希少資源」をめぐる経済的な競争を、ハウはきわめて明確に否定しているからである。しかしながら、私が言いたいのは、この議論に登場するまさにその用語が、作用しているカテゴリーである文化的構成に関する論点をうまく避ける「マーケット志向」に結びつけられており、それによって決定されているということである。人種と人種差別は、説明されるどころか「自然にある事実」として「希少資源」の資本主義パラダイムをさらに下支えする既定の事実となっている。ハウの以下を参照。"Native Rebellion and U.S. Intervention in Central America," *Cultural Survival Quarterly* 10:1 (1986), pp. 58-65. および以下も参照。"An Ideological Triangle: The Struggle Over San Blas Culture, 1915-1925," G. Urban and J. Sherzer, eds., *Nation-States and Indians in Latin America* (Austin: University of Texas Press, 1991), pp. 19-52.

(4) David McCullough, *The Path Between the Seas: The Creation of the Panama Canal, 1870-1914* (New York: Simon and Schuster, 1977), p. 557.(デーヴィッド・マカルー『海と海をつなぐ道――パナマ運河建設史』鈴木主税訳、フジ出版社)

(5) Michael Conniff の以下を参照。*Black Labor on A White Canal: Panama, 1904-1981* (Pittsburgh: University of Pittsburgh Press, 1985). この地道な研究は、一九一四年までの運河地帯における白人少数派のことを、「固く団結し、防衛的で、仲間内で結婚を繰り返し、地位に強い関心をもっている白人至上主義社会」であり、運河が完成した途端に、よりいっそう過酷なアパルトヘイト型の支配を確実なものにしようと躍起になった(51)と描写している。筆者は序文の中で次のように述べている。「金と銀による人種差別は、土地の慣習として正当化され、アメリカ人たちが望んだと思われる白人と黒人の分離を成し遂げた。運河責任者の中の米国南部出身者たちは、この制度をジム・クロウ体制の複製にする手助けをした。北部人たちは、ある観察者が指摘したとおり、すぐに黒人を憎むようになった。強い人種的敵対心が広まり、建設労働者用キャンプの劣悪な環境によって激化した。白人は黒人に辛くあたり、白人の子供は黒人の子供をいじめるようになった。生活環境における格差が、次世代の白人たちに、自分たちは黒人よりも優れているのだという考えを植えつけた。白人はそのとき――一九三〇年代――になってようやく、白人の南部人が自分たちの優位な地位を正当化するのに利用していた寛容な温情主義を黒人に対して見せるようになった。しかし、銀の労働者たちが米国市民でないという事実は、運河地帯における温情主義を公的なものとし続けた。西インド諸島民(運河での肉体労働の大半を担っていた)の子孫がパナマ社会に溶け込むと、人種間の堅苦しさは強まり、寛容さは弱まっていった。初期の金銀制度による単純な人種モデルは過去のものとなった」(8)――しかしながら、人種差別そのものが消滅したわけではない。その反対であった。コニフは次のように続ける。「一九七〇年代になっても、人種差別はあいかわらず運河での生活においてもっとも目立つ罪であった。管理者たちは人種差別をなくすために大いに尽力したが、それでも部外者から見ると、運河地帯は南北戦争以前の米国南部がよみがえったかのようであった」(157)。

（6）　Frederic J. Haskin, *The Panama Canal* (New York: Doubleday, 1913), p. 155. 本書の運河建設に関する章は、ジョージ・ゴーサルズ中佐がすべて目を通し承認している。運河は一九一四年に完成した。

（7）　運河建設の最後の数年間における総労働者数はおよそ四万五〇〇〇人から五万人にのぼった。北米白人は約六〇〇〇人で、そのうち約二五〇〇人が女や子供であった。一九一三年には金（米ドル）で給与を支払われている労働者は五三六二名おり、平均賃金は月あたり一五〇ドルであった。(McCullough, *Path Between the Seas*, p. 559)（マカルー『海と海をつなぐ道』）

（8）　Ibid., p. 576.

（9）　Haskin, *The Panama Canal*, pp. 159-60.

（10）　Ibid., p. 160.

（11）　以下より間接的に引用。McCullough, *Path Between the Seas*, p. 575.（マカルー『海と海をつなぐ道』）

（12）　Ibid., p. 575.

（13）　運河を掘るのではなく運河地帯の食堂で雇われることが、運河生活の初期のころからクナの男たちにとって重要な収入源であったようである。米領事館の職員たちは、クナの男たちとユナイテッド・フルーツなどの企業との集団労働協約の獲得や監督においてとりわけ重要な役割を担っていたが（以下を参照。P. Bourgeois, “Conjugated Oppression: Class and Ethnicity Among Guyami and Kuna Banana Workers,” *American Ethnologist* 15 (1988), pp. 328-48)、クナの人々は、運河地帯の役人やその妻の一部に対し、一種のユートピア的幻想や民族学の素人向け実験室を提供していたように思われる――運河が掘削されて以来、無数の北米人に提供してきたように。

（14）　Erland Nordenskiold and Rubén Pérez, ed. Henry Wassén, *An Historical and Ethnological Survey of the Cuna Indians*, Comparative Ethnographical Studies 10 (Göteborg: 1938), p. 5.

（15）　Chapin, p. 122.

（16）　Nordenskiold and Pérez, p. 4.

(17) 現代のクナの人々の解釈では、こうしたフランス人男性とクナの女性との結婚はそれほど幸福なものではなかったとされている。偉大な預言者であるカントゥレという名のネレが書いた『大洪水から現代までのクナ・インディアンの歴史』は、彼の秘書たちによってクナ語から翻訳され、ルベン・ペレスがイェーテボリに持っていった。その本では、クナの首長たちは政治的利点と引きかえに女性を差し出していたことを明らかにしている。そして、フランス人は女性の服装を変え、刑務所やダンスホールを建設しようとした結果、殺されなければならなかった。この記録は、一八世紀のフランス人と二〇世紀初期のパナマ人が少し混ざって書かれている。以下は、結婚に関する一節である。「スペイン人は金鉱を探し出し、採掘を行った。すると、先住民のあいだで内乱が勃発した。イコクリにはダダ・フランソアが幼い息子のミグアナと住んでおり、その向かい側にはダダ・トゥゲウアルポグアツが息子のマチ・カラとウアヌとともに住んでいた。ひとりのフランス人がやって来て、先住民たちの近くに家を建てた。ダダ・フランソアは、そのフランス人と結婚させるために自分の娘を差し出した。ダダ・フランソアとトゥゲウアルポグアツは、いまや有力者になった。なぜなら、彼らはこれらのフランス人たちにとっての首長となったからである」(ibid., p. 197)。

(18) Ibid., p. 34.

(19) James Howe, "Native Rebellion and U.S. Intervention in Central America," *Cultural Survival Quarterly* 10:1 (1986), p. 61.

(20) James Howe, *The Kuna Gathering: Contemporary Village Politics in Panama* (Austin: University of Texas Press, 1986), p. 54.

(21) Emile Durkheim, *The Elementary Forms of Religious Life*, trans. J.W. Swain (London: Allen and Unwin, 1915), pp. 455-56.(エミール・デュルケム『宗教生活の原初形態』古野清人訳、岩波文庫)

(22) Conniff, *Black Labor on a White Canal*, p. 43.(原注(5)に記載のもの)

(23) R.O. Marsh, *White Indians of Darien* (New York: Putnam's, 1934), p. 66. 続けてこの文献から引用した場合は、本文中に括弧書きでページ数を記載。

(24) Lionel Wafer, *A New Voyage and Description of the Isthmus of America* ed. G.P. Winship (New York: Burt Franklin, 1970; rpt. from the original edition of 1699), p. 338.

(25)　Ibid., p. 337.

(26)　Ibid., pp. 137-38.

(27)　デーヴィッド・マカルー『海と海をつなぐ道 *The Path Between the Seas*』の二〇頁によれば、三七〇名ではなく「一〇〇名近い将兵たち」であった。この中には、南北戦争中にマシュー・ブレイディの助手であったティモシー・H・オサリバンもいた。

第一二章　白いインディアンの捜索

(1)　R.O. Marsh, *White Indians of Darien* (New York: Putnam's, 1934), p. 136. 続けてこの文献から引用した場合は、本文中に括弧書きでページ数を記載。

(2)　結果的にそうなったように、白いインディアンたちはワシントンに連れていかれ、まずアルビノであると、次にアルビノではないと、そして「不完全な」あるいは「部分的な」アルビノであると宣告された。著書『ダリエンの白いインディアンたち』の中で、自分が発見した白いインディアンとアルビノを区別するのに苦心したマーシュは、生物学的であるのと同様に神話とも関連している謎に思いがけず足を踏み入れたのであるが、その謎の中では科学そのものがあらゆる人種差別的な幻想と色とりどりの隠喩の餌食となっていた。このことは、少なくとも一人の専門の遺伝学者によって白いインディアンを指すようになった「部分的な」あるいは「不完全な」アルビノというキーワードについて考えると明確になる。その著名な（優生学者で）遺伝学者のR・G・ハリスは、ロングアイランドのコールドスプリング港にある米国でもっとも優れた遺伝学研究所の研究者であり、一九二五年の蜂起の最中にマーシュの二度目の遠征に同行した。一九二六年に執筆した『アメリカン・ジャーナル・オブ・フィジカル・アンソロポロジー』の記事の中で次のように述べた。「白いインディアンは、ジョフロア・サン＝ティレールやピアソンらによって、不完全な、あるいは部分的な白皮症と名づけられた、白皮症の風貌をはっきりと呈している。これらの呼称が指すのは、皮膚、毛、眼のうち、いずれか二つ、あるいはその三つともが完全な白皮症の症状を示してはいないものの、それらのうち一つ、あるいは二つ以上において、少なくとも部分的に、色素がかなり欠損している状態である」(34)。

(3)　Norman Macpherson Chapin, "Curing Among the San Blas Kuna of Panama," unpublished Ph.D. dissertation (Tucson:

University of Arizona, 1983), p. 28, n. 8.

（4）　Erland Nordenskiold and Rubén Pérez, ed. Henry Wassén, *An Historical and Ethnological Survey of the Cuna Indians*, Comparative Ethnographical Studies 10 (Göteborg: 1938), p. 291.

（5）　Joel Sherzer, *Kuna Ways of Speaking: An Ethnographic Perspective* (Austin: University of Texas Press, 1983). 序文の一頁目。

（6）　ニューギニアでは、大渓谷が——時には金を産出する渓谷が——ほぼ同時期に、まさにこのような形で、同様に開拓者の勘と白人の科学とが分別をもって自己満足的に混ぜ合わされたことで「発見」された。以下を参照。Michael Leahy and M. Crain, *The Land That Time Forgot* (New York: Funk and Wagnalls, 1937)、および以下も参照。Edward Schieffelin and Robert Crittenden, *Like People You See In A Dream: First Contact in Six Papuan Societies* (Stanford: University of Stanford Press, 1991).

（7）　ハウ（一九八六）は、この英語で書かれた二五ページから成る文書を、「マーシュが書き起こして翻訳したものとされているが、明らかに彼が創作したものである」と述べている。

（8）　Ann Parker and Avon Neal, *Molas: Folk Art of the Cuna Indians* (Barre, Mass: Barre Publishing, 1977), p. 57.

（9）　Armando Réclus, Exploraciones a los Istmos de Panamá y Darién en 1876, 1877, y 1878 (Ciudad de Panamá: Publicaciones de la revista "Lotería" 1, 1958), p. 149. ルクリュは、地峡を横断するフランスの運河経路を決定してその地図を作製するための二度にわたる調査探検で技術師と隊長を務め、その後、一八八一年に始まったフランスによる運河建設の試みにおいては中心人物に、つまり総代理人になった。調査は杜撰で稚拙なものだったようである（以下を参照。David McCullough, *The Path Between the Seas: The Creation of the Panama Canal, 1870-1914* (New York: Simon and Schuster, 1977), pp. 62-63, 65, 131.（デーヴィッド・マカルー『海と海をつなぐ道——パナマ運河建設史』鈴木主税訳、フジ出版社））。

第一三章　女としてのアメリカ

（1）　Armando Réclus, *Exploraciones a los Istmos de Panamá y Darién en 1876, 1877, y 1878* (Ciudad de Panamá:

Publicaciones de la revista "Lotería" 1, 1958), p. 20. ルクリュ大尉の仕事は、ダリエンを横断する運河開通の可能性を一八七六年に調査することであり、この任務に彼が費やした時間はたった一八日間であった。一八八一年にフランス運河会社が本格的に操業を開始したとき、ルクリュは同社の総代理人であった。以下を参照。McCullough, *The Path Between the Seas: The Creation of the Panama Canal* (New York: Simon and Schuster, 1977), pp. 62-63, 131.（マカルー『海と海をつなぐ道――パナマ運河建設史』鈴木主税訳、フジ出版社）黄熱病とマラリアの死亡率は非常に高く、管理者にも労働者にも同様に襲いかかった。労働者の大部分は西インド諸島から採用されていた。一八八一年からの八年間に死亡した労働者は、公式な統計データによると一万九〇〇〇人であるが、一〇万人とする非公式データもある。以下を参照。Lancelot S. Lewis, *The West Indian in Panama: Black Labor in Panama, 1850-1914* (Washington: University Press of America, 1980), pp. 23-24.

（2） Kathleen Romoli, *Balboa of Darién: Discoverer of the Pacific* (Garden City, N.Y.: Doubleday, 1953), p. 107. ただし、ロモリが書いているのは「クエヴァン」と呼ばれる人々についてであり、さらに、彼らは悠久の時と人々の無数の移動を通じて、クナと呼ばれる人々とは明らかに別個の種族になるであろうとロモリは主張しているため、地峡の肉欲的な女性たちに関するこれらの描写をクナ女性の植民地的系図に加えることに、私たちは慎重を期する必要がある。

（3） Ibid., p. 1.

（4） Orlando W. Roberts, *Narrative of Voyages and Excursions on the East Coast and in the Interior of Central America...* (Gainesville: University of Florida, 1953), p. 43.

（5） Ibid., pp. 43-44.

（6） Ibid., p. 44.

（7） Dina Sherzer and Joel Sherzer, "Mormaknamaloe: The Cuna Mola," in P. Young and J. Howe, eds., *Ritual and Symbol in Native Central America* (Eugene: University of Oregon Anthropological Papers 9, 1976), p. 31. この点については以下を参照。Stout, *San Blas Acculturation: An Introduction* (New York: Viking Fund Publications in Anthropology 9, 1947).

（8） Sherzer and Sherzer, "Mormaknamaloe...," p. 31.

（9） Joel Sherzer, *Kuna Ways of Speaking: An Ethnographic Perspective* (Austin: University of Texas Press, 1983), p. 73.

(10)　Sherzer and Sherzer, "Mormaknamaloe...," p. 31.

(11)　James Howe, *The Kuna Gathering: Contemporary Village Politics in Panama* (Austin: University of Texas Press, 1986), p. 37.

(12)　Sherzer, *Kuna Ways of Speaking*, pp. 75-76.

(13)　Ibid., p. 73.

(14)　一九三〇年代以来、パナマの米領事館は、運河地帯や米軍におけるクナの人々の季節労働促進において、豊富な経験を積んできた。以下を参照。Bourgeois, "Conjugated Oppression: Class and Ethnicity among Guyami and Kuna Banana Workers," *American Ethnologist*, 15 (1988), pp. 328-48.

(15)　Ann Parker and Avon Neal, *Molas: Folk Art of the Cuna Indians* (Barre, Mass: Barre Publishing, 1977), p. 171.

(16)　内側の実体としてのその木がもつスピリット的な力の代わりである、木像のヨーロッパ風の外側の形態や外見に与えられた力を否定することは、クナの「自民族中心主義」やこのような婉曲表現によって暗示されるあらゆるものと完全に一致する。というのも、自民族中心主義そのものが、鏡としての白人の世界の力を土台としている一方で、そのような依存はぬぐい去らなければならないからである。それゆえ、内側の実体を支えるために外側の形態がもつ（非）重要性――必要性――が生じる。

(17)　Erland Nordenskiold and Rubén Pérez, ed. Henry Wassén, *An Historical and Ethnological Survey of the Cuna Indians*, Comparative Ethnographical Studies, 10 (Göteborg, 1938), p. 448.

(18)　Ibid., p. 449.

(19)　Nils M. Holmer and S. Henry Wassén, "Nia Ikala: canto mágico para curar la locura," *Etnologisker Studier 23* (Göteborg, 1958). この一風変わったやり方は、著者らがいくつかの重要なクナのテクストについて習慣的に用いたものであり、男爵の場合と同様に、実際のフィールドワークはほとんど行われていなかったと思われるため、また、実施された内容が近代の科学的水準を満たしていなかったと判断されたために、当然のことながら批判されてきた。しかしながら、科学を実践する方法は一つだけではないし、これらの初期のやり方にも評価すべきところは大いにある。さらに重要なことに、私が知っているこれ以外に翻訳出版されたニア・イカラは、カルロ・セヴェーリが『アメリンディア』第八巻（一九八三）、一一九―八〇頁で発表した“Los Pueblos del camino de la locura”（『狂気の道の人々』）のみである。これがホルマーらのニア・イカラに匹敵するとは私にはとても思えない。ましてや、忠実な書き起こしや翻訳における転載可能な水準にはない。ニアが引きおこす病を扱うことを総体的なねらいとしているのは同じとはいえ、多くの点において明らかに別の歌だからである。

セヴェーリの歌とスウェーデン人研究者たちの歌とのあいだの数多くの違いの中で、セヴェーリ版には、歌い手が木像を用意する部分や一節がいっさい含まれていないというのが、私が分析をしているときに気になった点である。方法論の問題については――ここでいう方法論には、民族に関する／記録《エスノ・グラフィー》の実施だけでなく、筆致も含まれなければならないが――私が目にしたことのあるクナについてのあらゆる民族学的な出版物の方法論の中で、ノルデンショルドとペレス（一九三八）の方法論は、ジョージ・マーカスとD・クッシュマンによる民族誌に対する反論（『テクストとしての民族誌』一九八二、『アニュアル・レビュー・オブ・アンソロポロジー』第一一巻、一九八二、二五―六九頁）をほぼ圧倒していることに注目すべきである。このことは、そのような初期に行われた研究と、本一冊分にもなるごく最近のもっとも洗練されたクナ研究と比較するとき、とくに注目に値する。近年の研究は、一九三八年のノルデンショルド、ペレス、ワッセンによるテクストと違い、下記の六点を行っている。（一）自己批判をし過ぎずに、まとまったわかりやすい記録の作成に努める。（二）科学の体裁で提示するために、文化的に支えるものとして三人称の語りを使用する。（三）「全体像」の例示になるように、個人の名前や特徴は伏せる。（四）調査の背景は、前書きか後書きに委ねる。（五）奇抜なもの、特異なものを削除する。（六）専門用語を使用する。私は、ノルデンショルドとペレスのテクストは、一方において、これらの基準を満たしていると考える。また、彼らのテクストは、クナという人たちにもっとも近い民族誌的なリアリズムの見解になっているのではないか。

ノルデンショルドが早くも一九三〇年に、クナの人々が自らの名義で作成したクナ語のテクストをイェーテボリ民族博物館の定期刊行物の中で発表していたことに着目するのも妥当である。私の知る限り、米国あるいはヨーロッパの人類学者で、この「言葉に表す」という行為を再現した者は誰もいない。「言葉」に与えられたものは、一般に展示され、容易に「歌」であると見なされた。

（20）　ギリェルモ・アヤンスは、「ここで木像の魂がやってくる」と解説している。以下を参照。Henry Wassén, “New

Cuna Indian Myths According to Guillermo Hayans," *Ethnologisker Studier* 20 (Göteborg: Ethnografiska Museum, 1992), pp.85-106.

（21）　ホルマーとワッセンのテクストにどんな間違いや誤解があろうとも、西欧の男性の衣服に相当の重きが置かれていることをさらに裏づけるものとして、このテクストを引用することは筋が通っているように思われる。とりわけ、これが死者の魂のための歌に関するノルデンショルドとペレスによる初期のテクストによって補強されているだけでなく、各方面からの指摘とも共鳴しているからである。もちろん、この特有の歌の言葉が実現しているものは、あからさまな男根崇拝がそれに先だって出てこようと出てこまいと、白人（の外側の形態）を真似することに関連した模倣の呪術的な力として、男性の衣服がもっている意味を要約し凝縮しているように見える最高の成果のひとつである。

第一四章　蓄音機

（1）　R.O. Marsh, *White Indians of Darien* (New York: Putnam's, 1934), p. 147.

（2）　Ibid., p. 81.

（3）　Roland Gelatt, *The Fabulous Phonograph: From Edison to Stereo* (New York: Appleton-Century, 1954), p. 69.（ローランド・ジェラット『レコードの歴史――エディソンからビートルズまで』石坂範一郎訳、音楽之友社）Marsh, *White Indians*, p. 122.

（4）　James Howe, "An Ideological Triangle: The Struggle Over San Blas Culture, 1915-25," in G. Urban and J. Sherzer, eds., *Nation-States and Indians in Latin America* (Austin: University of Texas, 1991).

（5）　Erland Nordenskiold and Rubén Pérez, ed. Henry Wassén, *An Historical and Ethnological Survey of the Cuna Indians*, Comparative Ethnographical Studies 10 (Göteborg, 1938), p. 221.

（6）　Ales Hrdlicka, "The Indians of Panama: Their Physical Relation to the Mayas," *American Journal of Physical Anthropology* 9: 1 (1926), p. 1.

（7）　Frances Hubbard Flaherty, *The Odyssey of a Film-Maker: Robert Flaherty's Story* (Putney, Vermont: Threshold Books, 1984), p. 58.（フランシス・ハッバード・フラハティ『ある映画作家の旅――ロバート・フラハティ物語』小川紳介訳、

みすず書房）このくだりに出てくる「神秘的な参入」は、啓蒙モデルに対する「プリミティヴ」な認識論についてリュシアン・レヴィ＝ブリュールが唱えた物議を醸すことの多い理論を指している。

（8）Flaherty, *The Odyssey of a Film-Maker*, p. 18.（フラハティ『ある映画作家の旅』）

（9）Bob Connolly and Robin Anderson, *First Contact* (New York: Viking, 1987), p. 164. 本書は以下を引用している。Michael Leahy and Maurice Crain, *The Land that Time Forgot* (New York and London: Funk and Wagnalls, 1937).

（10）Gellat, *The Fabulous Phonograph*, p. 25.（ジェラット『レコードの歴史』）

（11）Ibid., p. 27.

（12）Ibid., p. 102. マーシュの最初の遠征に同行した、パテ社のニュース映画の写真家がいた。以下を参照。James Howe, "Native Rebellion and U.S. Intervention in Central America: The Implications of the Cuna Case for the Miskito," *Cultural Survival Quarterly* 10: 1 (1986), pp. 59-65.

（13）Gellat, *The Fabulous Phonograph*, p. 22.（ジェラット『レコードの歴史』）

第一五章　ヒズ・マスターズ・ヴォイス

（1）Ann Parker and Avon Neal, *Molas: Folk Art of the Cuna Indians* (Barre, Mass: Barre Publishing, 1977) には、この「ヒズ・マスターズ・ヴォイス」は一九三〇年代にモラのデザインに使われるようになり、一九五〇年代にもっとも広く複製されたと書かれている（241）。人気については、著者らによると、あらゆるモラの中でも特に長い期間人気を博したという。

（2）Oliver Read and M.L. Welch, *From Tin Foil to Stereo: Evolution of the Phonograph* (Indianapolis: Bobbs Merrill, 1976), p. 134.

（3）トロブリアンド民族誌学の権威B・マリノフスキーと比較してみよう。マリノフスキーは著書『珊瑚礁の菜園とその呪術 *Coral Gardens and Their Magic*』(vol. 2, pp. 236-37, first published 1934, rpt. Bloomington: Indiana Univ. Press, 1965）の中で、広告は現代における言葉の呪術がもっとも豊富な領域であると考察した。広告は、トロブリアンド諸島の愛や美や菜園の呪術と多くの点でまったく同一とまではいかないまでも、それらに似ていると主張した。また、現代政治の雄弁術を呪術として考えるよう訴えた。しかしながら、トロブリアンドの呪術と現代ヨーロッパの広告と政治の雄弁術のあいだの類似点を強調するとき、マリノフスキーは西欧における科学の神話や啓蒙の神話がもつ特異な重要性、つまり、呪術の文化の上に、そしてそれゆえに広告や政治などにおけるその機能や能力や力の上にまったく違う光を投げかけている神話がもつ特異な重要性を見逃していた。ベンヤミンのいう、アスファルトの上で広告の文字を映して「火のように輝いている水溜まり」の概念は、まさにこの主張の正しさを立証している。それは、マリノフスキーが述べていたように、雄弁術の普遍性に関する問題ではなく、都会のアスファルトの上の電光文字と水溜まりを使って火を生み出す現代性の中の（による）神話的な力の復活に関する問題である。

（4） Walter Benjamin, "One-Way Street," in *Reflections* (New York: Harcourt Brace Jovanovich, 1978), p. 86.（ヴァルター・ベンヤミン「一方通行路」『ベンヤミン・コレクション三』浅井健二郎編訳、筑摩書房）

（5） Robert Rosenblum, *The Dog in Art: From Rococo to Post-Modernism* (London: John Murray, 1987).

（6） Julia Blackburn, *The White Man: The First Responses of Aboriginal Peoples to the White Man* (London: Orbis, 1979), p. 52.

（7） Max Horkheimer and T.W. Adorno, Dialectic of Enlightenment (New York: Continuum, 1987), pp. 180-81.（マックス・ホルクハイマー、T・W・アドルノ『啓蒙の弁証法』徳永恂訳、岩波書店）

（8） Alexander Buchner, *Mechanical Musical Instruments*, trans. I. Urwin (Westport, Conn.: Greenwood Press, 1978).

（9） Francis Galton, *Finger Prints* (1892, rpt. New York: DaCapo Press, 1965), pp. 27-28. 加えて、『ネイチャー』第二三巻（一八八〇年一一月二五日）七六頁の「編集者への書簡」の中のW・J・ハーシェルによる手紙と、『アニュアル・レポート・オブ・ザ・スミソニアン・インスティテューション』（一九一二）六三一―五二頁のベルトルト・ラウファー「指紋システムの歴史」も参照のこと。ラウファーの報告書を読むと、指紋採取は米国ではまず、囚人とアメリカ先住民を対象として始まったことがわかる。

（10） この一九世紀中葉のイギリス帝国による発見に関連した、日本と中国における指紋と掌紋の長い歴史や活用や重要性についての議論に私は行きあたった。日本の現代作家で技術者として教育を受けたミヤモト・ユウスケは、指紋を使って性格や運勢を読む科学的なシステムを考案した。「私たちは現代人であるから、自分の運命をつまびらかに研究すべきである」と彼は書き、さらに続けて、指紋は「自分自身についての純粋で汚れのない真実である。指紋はあなたが人生で担うべき役割を告げ、あなたの行く末を占ってくれる」と述べている。

（11）　Parker and Neal, *Molas*, p. 241.

（12）　W. Benjamin, “Doctrine of the Similar,” trans. K. Tarnowski, in *New German Critique* 17 (Spring, 1979), pp. 65-69; p. 66. 一九三三年初頭にベルリンで執筆された。（ヴァルター・ベンヤミン「類似性の理論」『ベンヤミン・アンソロジー』山口裕之訳、河出書房新社〔ベンヤミンの著作は邦訳が複数出版されているため、そのうちの一つを記載する〕）

（13）　Parker and Neal, *Molas*, p. 14.「私たちはすぐに、モラは現代で作られているもっとも刺激的で重要な芸術形態の一つだという結論に達した」（15）とこの著者らは記している。

（14）　Ibid., p. 219.

（15）　Ibid., p. 43.

（16）　また、黒白の複製では、モラのこの表面全体を覆っている縦線が色彩に富んでいることが実証できないという点は、心にとどめられるべきである。

（17）　Ibid., p. 219.

（18）　Walter Benjamin, “Surrealism: The Last Snapshot of the European Intelligentsia,” *Reflections* (New York: Harcourt Brace Jovanovich, 1978), p. 181.（ヴァルター・ベンヤミン「シュルレアリスム」『ベンヤミン・コレクション1』浅井健二郎編訳、筑摩書房〔ベンヤミンの著作は邦訳が複数出版されているため、そのうちの一つを記載する〕）

（19）　Ibid., p. 179.

（20）　Ibid., p. 182.

第一六章　反射／省察

（1）　ユリウス・リップスはドイツからの難民で、著書『未開人の報復 *The Savage Hits Back*』（New Hyde Park, N. Y.: University Books, 1966）の中で、このような省察のさまざまな事例を数多くまとめ、B・マリノフスキーが興味深い序文を寄せている。以下も参照。Julia Blackburn, *The White Man: The First Responses of Aboriginal Peoples to the White*

Man (London: Orbis, 1979).

（2）　Michael Taussig, "Why the Nervous System?" *The Nervous System* (New York: Routledge, 1992), pp. 1-10.

（3）　これらの写真は、H・コールによって撮影されたもの。一九六九年の『アフリカン・アーツ』に掲載されたイボ・ムバリの儀式に関するコールの三本の論文の中で、芸術作品としてまず発表された。

（4）　Henri Junod, *Life of a South African Tribe*, vol. 1 (New Hyde Park, NY: University Books, 1962), p. 473 の戦争に関する記述と比較しよう。

（5）　Paul Stoller, *Fusion of the Worlds: An Ethnography of Possession Among the Songhay of Niger* (Chicago: University of Chicago Press, 1989), p. 152.

（6）　Finn Fugelstad, "Les Hauka," *Cahiers D'Etudes Africanes*, 58 (1975), pp. 203-16. Paul Stoller, "Horrific Comedy: Cultural Resistance and the Hauka Movement in Niger," *Ethos* 12:2 (1984), pp. 165-88 の中での引用。

（7）　Stoller, *Fusion of the Worlds*, p. 152.

（8）　Toby Alice Volkman, *Films from D.E.R*. (1982), p. 13.

（9）　ストーラーは、一九六九年から一九八一年のあいだにニジェールで行った人類学的なフィールドワークを、論文「ぞっとするようなコメディー Horrific Comedy」の論拠としている。彼の著書『世界の融合 *Fusion of the Worlds*』第一号の第七章も参照のこと。

（10）　Stoller, "Horrific Comedy," p. 167.

（11）　Jean Rouch, "On the Vicissitudes of the Self: The Possessed Dancer, The Magician, The Sorcerer, The Filmmaker, and The Ethnographer," *Studies in the Anthropology of Visual Communication*, 15:1 (1978), 2-8, p. 8.

（12）　Jean Rouch, "Jean Rouch Talks About His Films to John Marshall and John W. Adams (Sept. 14th and 15th, 1977)," *American Anthropologist*, 80 (1976), p. 1009.

（13）　Jean Rouch, "Our Totemic Ancestors and Crazed Masters," *Senri Ethnological Studies*, 24 (1988), pp. 225-38. 引用部分は二三二頁に記載あり。

（14）　Ibid. アルフレッド・メトローの著書『ハイチのブードゥー *Voodoo in Haiti*』(New York: Oxford University Press,

1959, p. 138）の以下のくだりと比較しよう。「歌は、あるいは太鼓の音による事例はもっと多いが、ある特定の対象者には拒否しがたい影響力をもっている。オウンガン（ブードゥーの祭司）のトゥリウスは、パリでのオーディションの最中、自分が執りおこなった儀式を録音したテープを聞いていたとき、その「生演奏」の録音の中で彼が憑依されたまさにその瞬間に、突然めまいに襲われた。その直後、パリのステージで踊っていたというのに、彼は神ダンバラにすっかり「支配されて」しまい、仲間たちは大いに腹を立てた」。

（15）　Roger Caillois, "Mimicry and Legendary Psychaesthenia," *October* 31 (Winter, 1984), p. 30.（ロジェ・カイヨワ「擬態と伝説的精神衰弱」『神話と人間』久米博訳、せりか書房）

（16）　Walter Benjamin, "Doctrine of the Similar," trans. K. Tarnowski, *New German Critique* 17 (Spring, 1979), p. 66.（ヴァルター・ベンヤミン「類似性の理論」『ベンヤミン・アンソロジー』山口裕之訳、河出書房新社）

参考文献

Adorno, Theodor W. "A Portrait of Walter Benjamin." *Prisms*. Transl. Samuel and Sherry Weber, Cambridge: MIT Press, 1981, pp. 227-42.（T・W・アドルノ『プリズメン』渡辺祐邦・三原弟平訳、筑摩書房）

Adorno, Theodor W. "Transparencies on Film." *New German Critique*, 24-25: (Fall-Winter, 1981-82), pp. 199-205.

Arendt, Hannah. "Introduction." *Illuminations*, New York: Schocken, 1969, pp. 1-55.

Bamberger, Joan. "The Myth of Matriarchy: Why Men Rule in Primitive Society." *Women, Culture and Society*, ed. M.Z. Rosaldo and L. Lamphere. Stanford: Stanford University Press, 1974.

Bataille, Georges. *Erotism: Death and Sensuality*. Transl. Mary Dalwood. San Francisco: City Lights, 1986.（ジョルジュ・バタイユ『エロティシズム』酒井健訳、筑摩書房）

Bataille, Georges. *The Accursed Share: An Essay on General Economy*, Vol. 1. Transl. Robert Hurley. New York: Zone Books, 1988.（ジョルジュ・バタイユ『呪われた部分』生田耕作訳、二見書房）

Benjamin, Walter. "Doctrine of the Similar." (Composed in Berlin early 1933). Transl. Knut Tarnowski, *New German Critique* 17 (Spring, 1979), pp. 65-69.（ヴァルター・ベンヤミン「類似性の理論」『ベンヤミン・アンソロジー』山口裕之訳、河出書房新社）

Benjamin, Walter. "One-Way Street," and "A Small History of Photography." *One-Way Street and Other Writings*. Transl. Edward

Jephcott and K. Shorter, London: New Left Books, 1979, pp. 45-106 and pp. 240-57.（ヴァルター・ベンヤミン「一方通行路」『ベンヤミン・コレクション三』および「写真小史」『ベンヤミン・コレクション一』浅井健二郎編訳、筑摩書房）

Benjamin, Walter. "Surrealism: The Last Snapshot of the European Intelligentsia." *Reflections*, New York: Harcourt Brace Jovanovich, 1978, pp. 177-92.（ヴァルター・ベンヤミン「シュルレアリスム」『ベンヤミン・コレクション一』浅井健二郎編訳、筑摩書房）

Benjamin, Walter. "The Storyteller," "The Work of Art in the Age of Mechanical Reproduction," and "Theses on the Philosophy of History." *Illuminations*. Ed. Hannah Arendt. Transl. Harry Zohn, New York: Schocken, 1969, pp. 83-109, pp. 217-51, and pp. 253-64.（ヴァルター・ベンヤミン「物語作者」『ヴァルター・ベンヤミン著作集七』高木久雄・佐藤康彦訳、晶文社。「複製技術時代の芸術作品」『ベンヤミン・コレクション一』浅井健二郎編訳、筑摩書房。「歴史の概念について」『ベンヤミン・アンソロジー』山口裕之訳、河出書房新社）

Benjamin, Walter. "Theoretics of Knowledge: Theory of Progress." *The Philosophical Forum*, 15:1-2, (Fall/ Winter, 1983-84) pp. 1-39. "Konvolut N" of *Das Passagen-Werk*. vol. 2, Frankfurt-am-Main: Suhrkamp Verlag, 1982, pp. 570-611（「断章N」『パサージュ論　第三巻』今村仁司・三島憲一訳、岩波書店）からの翻訳。

Blackburn, Julia. *The White Man: The First Responses of Aboriginal Peoples to the White Man*. London: Orbis, 1979.

Boas, Franz. *Kwakiutl Ethnography*. Ed. Helen Codere. Chicago: University of Chicago Press, 1966.

Bourgeois, P. "Conjugated Oppression: Class and Ethnicity among Guyami and Kuna Banana Workers." *American Ethnologist*, 15 (1988), pp. 328-48.

Bridges, E. Lucas. *Uttermost Part of the Earth*. London: Hodder and Stoughton, 1951.

Buchner, Alexander. *Mechanical Musical Instruments*. Transl. Iris Urwin. Westport, Conn.: Greenwood Press, 1978.

Buck-Morss, Susan. *The Dialectics of Seeing: Walter Benjamin and the Arcades Project*. Cambridge, Massachusetts: MIT Press, 1989.（スーザン・バック＝モース『ベンヤミンとパサージュ論——見ることの弁証法』高井宏子訳、勁草書房）

Buck-Morss, Susan. *The Origin of Negative Dialectics: Theodor W. Adorno, Walter Benjamin, and the Frankfurt Institute*. New

York: Free Press, 1977.

Caillois, Roger. *Man, Play, and Games*. Transl. Meyer Barash. New York: Free Press, 1961.（ロジェ・カイヨワ『遊びと人間』多田道太郎・塚崎幹夫訳、講談社）

Caillois, Roger. "Mimicry and Legendary Psychasthenia," Transl. John Shepley. *October,* 31 (Winter, 1984), pp. 17-32.（ロジェ・カイヨワ「擬態と伝説的精神衰弱」『神話と人間』久米博訳、せりか書房）

Chapin, Norman Macpherson. "Curing Among the San Blas Kuna of Panama." Unpublished Ph.D. dissertation, Tucson: University of Arizona, 1983.

Chapman, Anne. *Drama and Power in a Hunting Society: The Selk'nam of Tierra del Fuego*. Cambridge: Cambridge University Press, 1982.

Clastres, Pierre. *Society Against the State*. Transl. Robert Hurley. New York: Urizen Books, 1977.（ピエール・クラストル『国家に抗する社会――政治人類学研究』渡辺公三訳、水声社）

Cole, Herbert M. "Art as a Verb in Iboland," *African Arts*.3:1 (Autumn, 1969), pp. 34-41, 88.

Conniff, Michael L. *Black Labor on A White Canal: Panama, 1904-1981*. Pittsburgh: University of Pittsburgh Press, 1985.

Connolly, Bob and Robin Anderson. *First Contact*. New York: Viking, 1987.

Cook, James. *Captain Cook's Journal During His First Voyage Round the World Made in H.M. 'Endeavour' 1768-71*. Ed. Captain W.J.L. Wharton. London: Elliot Stock, 1893.（ジェームズ・クック『太平洋探検』増田義郎訳、岩波書店〔本書は以下を底本とした抄訳。"The journals of Captain James Cook on his voyages of discovery"〕）

Darwin, Charles. *The Autobiography of Charles Darwin, and Selected Letters*. Ed. Francis Darwin (first published New York: D. Appleton, 1892). Rpt. New York: Dover, 1958.（フランシス・ダーウィン『チャールズ・ダーウィン――自叙伝宗教観及び其追憶』小泉丹訳、岩波書店〔自叙伝と書簡をまとめた作品であることから邦訳版であると判断したが、同一の内容であるかは不明〕）

Darwin, Charles. *The Beagle Record: Selections from the Original Pictorial Records and Written Accounts of the Voyage of the H.M.S. Beagle*. Ed. Richard Darwin Keynes. Cambridge: Cambridge University Press, 1979.

Darwin, Charles. *Charles Darwin's Diary of the Voyage of H.M.S. Beagle*. Ed. Nora Barow. Cambridge: Cambridge University Press, 1934.

Darwin, Charles. *Journal of researches into the natural history and geology of the countries visited during the voyage of H.M.S. Beagle round the world, under the command of Capt. Fitz Roy, R.N.* New York: D. Appleton, 1896.（チャールズ・ダーウィン『新訳　ビーグル号航海記』荒俣宏訳、平凡社）

Derrida, Jacques. "The Double Session." *Dissemination*. Transl. Barbara Johnson, Chicago: University of Chicago Press, 1981, pp. 173-286.（ジャック・デリダ「二重の会」『散種』藤本一勇・立花史・郷原佳以訳、法政大学出版局）

De Smidt, Leon S. *Among the San Blas Indians of Panama: Giving a Description of Their Manners, Customs, and Beliefs*. Troy, New York.

Duhamel, Georges. *Scènes de la Vie Future*. Paris: Mercure de France, 1930.（ジョルジュ・デュアメル『未来　生活　情景』中込純次訳、富美社）

Durkheim, Emile. *The Elementary Forms of Religious Life*. Transl. J.W. Swain, London: Allen and Unwin, 1915.（エミール・デュルケーム『宗教生活の原初形態』古野清人訳、岩波文庫）

Durkheim, Emile. *Suicide: A Study in Sociology*. London: Routledge, 1952.（エミール・デュルケーム『自殺論』宮島喬訳、中央公論社）

Eisenstein, Sergei. *Film Form: Essays in Film Theory*. Ed. and transl. Jay Leyda. New York: Harcourt Brace Jovanovich, 1949.

Eliade, Mircea. *Shamanism: Archaic Techniques of Ecstasy*. Princeton: Princeton University Press, 1964.（ミルチア・エリアーデ『シャーマニズム』堀一郎訳、筑摩書房）

Evans-Pritchard, E.E. "The Intellectualist (English) Interpretation of Magic." *The Bulletin of the Faculty of Arts*, 1:2, (1933). Cairo: University of Egypt.

Fitz Roy, Robert. *Narration of the Surveying Voyages of His Majesty's Ships 'Adventurer' and 'Beagle' Between the Years 1826 and 1836*. Vol. 2. London: Henry Colburn, 1839.

Flaherty, Frances Hubbard. *Robert Flaherty, The Odyssey of a Film-Maker: Robert Flaherty's Story*. Putney, Vermont: Threshold

Books, 1984.（フランシス・ハッバード・フラハティ『ある映画作家の旅――ロバート・フラハティ物語』小川紳介訳、みすず書房）

Flaubert, Gustave. *The Temptation of Saint Anthony*. Trans. with Introduction and Notes by Kitty Mrosovsky. Harmondsworth: Penguin, 1980.（ギュスターヴ・フローベール「聖アントワーヌの誘惑」『フローベール全集四』渡辺一夫訳、筑摩書房）

Frazer, Sir James George. *The Golden Bough: A Study in Magic and Religion*. 3rd edition, Part I, Volume 1, 1911.（J・G・フレイザー『金枝篇――呪術と王の起源』神成利男・石塚正英訳、講談社）

Freud, Sigmund. ジークムント・フロイトの著書の版については、*SE*〔The Standard Edition of the Complete Psychological Works of Sigmund Freud, 標準版フロイト全集〕の項を参照のこと。

Freud, Sigmund. *Jokes and Their Relation To The Unconscious* (first published 1905). *SE*, Vol. 8.（ジークムント・フロイト「機知――その無意識との関係」『フロイト全集　第八巻』新宮一成・鷲田清一・道籏泰三・高田珠樹・須藤訓任編、岩波書店）

Freud, Sigmund. “Screen Memories” (first published 1899), *SE*, Vol. 3, pp. 303-22.（ジークムント・フロイト「隠蔽記憶について」『フロイト著作集　第六巻』井上恒郎・小此木啓吾他訳、人文書院）

Freud, Sigmund. *Totem and Taboo: Some Points of Agreement Between the Mental Lives of Savages and Neurotics* (first published 1913-14). *SE*, Vol. 13, pp. ix-162.（ジークムント・フロイト「トーテムとタブー」『フロイト全集　第一二巻』新宮一成・鷲田清一・道籏泰三・高田珠樹・須藤訓任編、岩波書店）

Freud, Sigmund. “The Uncanny” (first published 1919). *SE*, vol. 17, pp. 217-52.（ジークムント・フロイト「不気味なもの」『フロイト全集　第一七巻』新宮一成・鷲田清一・道籏泰三・高田珠樹・須藤訓任編、岩波書店）

Fugelstad, Finn. “Les Hauka,” *Cahiers D’Etudes Africaines*, 58 (1975): pp. 203-16.

Galton, Francis. *Finger Prints* (first published 1892). New York: DaCapo Press, 1965.

Gelatt, Roland. *The Fabulous Phonograph: From Edison to Stereo*. New York: Appleton-Century, 1954.（ローランド・ジェラット『レコードの歴史――エディソンからビートルズまで』石坂範一郎訳、音楽之友社）

Gregor, Thomas. "Men's House," *Anxious Pleasures: The Sexual Lives of an Amazonian People,* Chicago and London: University of Chicago Press, 1985, pp. 92-115.

Gusinde, Martín. *Los indios de Tierra del Fuego*. 3 vols. Buenos Aires: Centro Argentino de Etnología Americana, 1982.

Gusinde, Martín. *The Yamana: The Life and Thought of the Water Nomads of Cape Horn*. Transl. Frieda Shutze. 5 vols. New Haven: Human Relations Area Files, 1961.

Hansen, Miriam. "Benjamin, Cinema and Experience: The Blue Flower in the Land of Technology," *New German Critique,* 40 (Winter, 1987), pp. 179-224.〔ミリアム・ブラトゥ・ハンセン『映画と経験――クラカウアー、ベンヤミン、アドルノ』(竹峰義和・滝浪佑紀訳)が法政大学出版局より出版されているが、本論文と同一の内容であるかは不明〕

Harris, R.G. "The San Blas Indians," *American Journal of Physical Anthropology*, 9: 1 (1926), pp. 17-58.

Haskin, Frederic J. *The Panama Canal*. Garden City, NY: Doubleday, 1913.

Hegel, G.W.F. *The Phenomenology of Mind*. Transl. J.B. Baillie. New York and Evanston: Harper and Row, 1967.(G・W・F・ヘーゲル『精神現象学』田原八郎訳、北樹出版)

Herrera, Leonor and de Schrimpff, Marianne Cardale. "Mitología Cuna: los Kalu (según Alfonso Díaz Granados," *Revista Colombiana de antropología,* 17 (1974), pp. 201-47.

Herschel, W.J. "Letter to the Editor." *Nature*, 23 (Nov. 23, 1880), p. 76.

Hirn, Yrjo. *The Origins of Art* (first published in London, 1900). Reprt. New York: Benjamin Bloom, 1971.(イルジョー・ヒルン『芸術之起源』本間久雄訳、早稲田大学出版部)

Holmer, Nils and Henry Wassén. *The Complete Mu-Igala in Picture Writing: A Native Record of a Cuna Indian Medicine Song*. Etnologiska Studier 21. Göteborg: Etnografiska Museum, 1953.

Holmer, Nils and Henry Wassén. *Nia-Ikala: Canto mágico para curar la locura*. Etnologiska Studier 23. Göteborg: Etnografiska Museum, 1958.

Horkheimer, Max and Adorno, Theodor W. *The Dialectic of Enlightenment*. Transl. John Cumming. New York: Continuum, 1987.(マックス・ホルクハイマー、T・W・アドルノ『啓蒙の弁証法』徳永恂訳、岩波書店)

Howe, James. "An Ideological Triangle: The Struggle over San Blas Culture, 1915-25." Greg Urban and Joel Sherzer, eds., *Nation-States and Indians in Latin America*. Austin: University of Texas Press, 1991, pp. 19-52.

Howe, James. *The Kuna Gathering: Contemporary Village Politics in Panama*. Austin: University of Texas Press, 1986.

Howe, James. "Native Rebellion and U.S. Intervention in Central America: The Implications of the Kuna Case for the Miskito." *Cultural Survival Quarterly*, 10: 1 (1986), pp. 59-65.

Hrdlicka, Ales. "The Indians of Panama: Their Physical Relation to the Mayas." *American Journal of Physical Anthropology,* 9:1 (1926), pp. 1-15.

Hubert, Henri（ユベール、アンリ）についてはMauss, M.（モース、M）の項を参照のこと。

Hurston, Zora Neale. *The Sanctified Church*. Berkeley: Turtle Island, 1983.

Jakobson, Roman. "Two Aspects of Language and Two Types of Aphasic Disturbances," *Language in Literature*, Ed. K. Pomorska and S. Rudy. Cambridge, Massachusetts: Belknap, Harvard University Press, 1987, pp. 95-119.（ロマン・ヤコブソン「言語の二つの面と失語症の二つのタイプ」『ヤコブソン・セレクション』桑野隆・朝妻恵里子編訳、平凡社）

Joyce, L.E. Elliot. "Introduction: Lionel Wafer and His Times." Lionel Wafer, *A New Voyage and Description of the Isthmus of America*. Oxford: The Hakluyt Society, 1933.

Junod, Henri. *The Life of a South African Tribe*. 2 Vols. New Hyde Park, New York: University Books, 1962.

Kane, Stephanie. "Emberá (Chocó) Village Formation: The Politics and Magic of Everyday Life in the Darién Forest," Unpublished Ph.D. dissertation, Department of Anthropology, University of Texas (Austin), 1986.

Kane, Stephanie. "Surreal: Taboo and the Embera-Gringa." アメリカ人類学会の第八七回大会（アリゾナ州フェニックス、一九九〇）で発表された論文。

Kessler, Harry. *The Diaries of a Cosmopolitan: Count Harry Kessler, 1913-1937*. Transl. and ed. Charles Kessler. London: Weidenfeld and Nicolson, 1971.（ハリー・ケスラー『ワイマル日記』松本道介訳、冨山房）

Kluge, Alexander. "On New German Cinema, Art, Enlightenment and the Public Sphere: An Interview With Alexander Kluge," *October*, 46 (1988), pp. 23-59.

Koch, Gertrude. "Mimesis and the Ban on Graven Images." ニューヨーク大学映画学科で配布された、未発表の理学修士論文（一九九〇）。

Kristeva. Julia. *Revolution in Poetic Language*. New York: Columbia University Press, 1984.（ジュリア・クリステヴァ『詩的言語の革命』原田邦夫訳、勁草書房）

Lambek, Michael. *Human Spirits: A Cultural Account of Trance in Mayotte*. Cambridge, London, New York: Cambridge University Press, 1981.

Langdon, Jean. "The Siona Medical System: Beliefs and Behavior." Ph.D. dissertation, New Orleans, Tulane University, 1974.

Laufer, Berthold. "History of the Finger Print System." *Annual Report of the Smithsonian Institution*, 1912, pp. 631-52.

Leahy, Michael and M. Crain. *The Land That Time Forgot*. New York and London: Funk and Wagnalls, 1937.

Lévi-Strauss, Claude. *Introduction to the Work of Marcel Mauss*. Transl. Felicity Baker. London: Routledge and Kegan Paul, 1987.（クロード・レヴィ＝ストロース「序文」、マルセル・モース『社会学と人類学』有地亨・伊藤昌司・山口俊夫訳、弘文堂）

Lévi-Strauss, Claude. *Structural Anthropology*. Transl. Claire Jacobson. Garden City, NY: Doubleday, 1967.（クロード・レヴィ＝ストロース『構造人類学』荒川幾男他訳、みすず書房）

Lewis, Lancelot S. *The West Indian in Panama: Black Labour in Panama, 1850-1914*. Washington, D.C.: University Press of America, 1980.

Lips, Julius E. *The Savage Hits Back*. Introduction by Bronislaw Malinowski. New Hyde Park, NY: University Books, 1966.

Malinowski, Bronislaw. *Argonauts of the Western Pacific*. New York: Dutton, 1961.（ブロニスワフ・マリノフスキー『西太平洋の遠洋航海者――メラネシアのニュー・ギニア諸島における、住民たちの事業と冒険の報告』増田義郎訳、講談社学術文庫）

Malinowski, Bronislaw. *Coral Gardens and Their Magic*. Vol. 2 (first published 1934). Bloomington: Indiana University Press, 1965.

Malinowski, Bronislaw. *The Sexual Life of Savages (in North-Western Melanesia)*. New York: Harcourt, Brace & World, 1929.（ブ

ロニスワフ・マリノフスキー『未開人の性生活』泉靖一・蒲生正男・島澄訳、新泉社）
Marcus, George and D. Cushman. "Ethnographies As Texts." *Annual Review of Anthropology*, 11 (1982), pp. 25-69.
Marsh, R.O. *White Indians of Darien*. New York: Putnam's, 1934.
Marx, Karl. *Capital: A Critique of Political Economy*, vol. 1. New York: International Publishers, 1967.（カール・マルクス『資本論』マルクス＝エンゲルス全集刊行委員会訳、大月書店）
Marx, Karl. *The Economic and Philosophic Manuscripts of 1844*. Ed. and with an introduction by Dirk Struik. Transl. Martin Milligan. New York: International Publishers, 1964.（カール・マルクス『経済学・哲学草稿』長谷川宏訳、光文社）
McCullough, David. *The Path Between the Seas: The Creation of the Panama Canal, 1870-1914*. New York: Simon and Schuster, 1977.（デーヴィッド・マカルー『海と海をつなぐ道——パナマ運河建設史』鈴木主税訳、フジ出版社）
Mauss, Marcel and Henri Hubert, *A General Theory of Magic*. Transl. Robert Brain. New York: W. W. Norton, 1972.
Métraux, Alfred. *Voodoo in Haiti*. Transl. H. Charteris. New York: Oxford University Press, 1959.
Nele, Charles Slater, Charlie Nelson and other Cuna Indians. *Picture Writing and Other Documents*, Comparative Ethnological Studies, no. 7, part 2. Göteborg: 1930.
Nietzsche, Friedrich. *On the Genealogy of Morals*. Ed. Walter Kaufmann, transl. Walter Kaufmann and R.J. Hollingdale. New York: Vintage, 1989.（フリードリヒ・ニーチェ『道徳の系譜学』中山元訳、光文社）
Nordenskiold, Erland, with Rubén Pérez Kantule. *An Historical and Ethnologic Study of the Cuna Indians*. Ed. Henry Wassén. Comparative Ethnological Studies, no. 10. Göteborg: Etnografiska Museum, 1938.
Nordenskiold, Erland（ノルデンショルド、エルラント）については Nele（ネレ）の項を参照のこと。
Parker, Ann and Avon Neal. *Molas: Folk Art of the Cuna Indians,* Barre, Massachusetts: Barre Publishing, 1977.
Polanyi, Michael. *Personal Knowledge*. Chicago: University of Chicago Press, 1958.（マイケル・ポランニー『個人的知識——脱批判哲学をめざして』長尾史郎訳、ハーベスト社）
Puydt, Lucien de. "Account of Scientific Explorations in the Isthmus of Darien in 1861 and 1865," *The Journal of the Royal Geographical Society*, 38 (London, 1868), pp. 69-110.

Read, Oliver and M.L. Welch. *From Tin Foil to Stereo: Evolution of the Phonograph*. Indianapolis: Bobbs-Merrill, 1976.

Réclus, Armando. Exploraciones a los Istmos de Panamá y Darién en 1876, 1877, y 1878. [From the Madrid Publication, 1881.] Ciudad de Panamá: Publicaciones de la revista "Lotería" 1 (1958).

Reichel-Dolmatoff, Gerardo. "Anthropomorphic Figurines from Colombia, Their Magic and Art." In *Essays in Pre-Columbian Art and Archaeology*, Ed. Samuel K. Lothrop. Cambridge, Massachusetts: Harvard University Press, 1961.

Roberts, Orlando W. *Narrative of Voyages and Excursions on the East Coast and in the Interior of Central America: Describing a Journey Up the River San Juan, and Passage Across the Lake of Nicaragua to the City of Leon* (first published in 1827). Gainesville: University of Florida Press, 1965.

Romoli, Kathleen. *Balboa of Darien: Discoverer of the Pacific*. Garden City, NY: Doubleday, 1953.

Rosenblum, Robert. *The Dog in Art: From Rococo to Post-Modernism*. London: John Murray, 1989.

Rouch, Jean. "Jean Rouch Talks About His Films to John Marshall and John W. Adams (Sept. 14th and 15th, 1977)." *American Anthropologist*, 80 (1978).

Rouch, Jean. "On the Vicissitudes of the Self: the Possessed Dancer, the Magician, the Sorcerer, the Filmmaker, and the Ethnographer." *Studies in the Anthropology of Visual Communication*, 5 (Fall, 1978), pp. 2-8.

Rouch, Jean. "Our Totemic Ancestors and Crazed Masters." *Senri Ethnological Studies*, 24 (1988), pp. 225-38.

Scarry, Elaine. *The Body in Pain: The Making and Unmaking of the World*. New York: Oxford University Press, 1985.

Schieffelin, Edward and Robert Crittenden. *Like People You See in a Dream: First Contact in Six Papuan Societies*. Stanford: Stanford University Press, 1991.

Schorr, Naomi. *Reading in Detail: Aesthetics of the Feminine*. New York: Methuen, 1987.

SE: Standard Edition of the Complete Psychological Works of Sigmund Freud. 24 vols. Ed. James Strachey. London: The Hogarth Press and the Institute of Psycho-Analysis, 1960-74. 〔フロイトの著作の邦訳としては、ドイツ語版全集を底本とした岩波書店の『フロイト全集』や人文書院の『フロイト著作集』等がある〕

Severi, Carlo. "Le chemin des métamorphoses: une modèle de connaissance de la folie dans un chant chamanique cuna." *RES* 3

(Spring, 1983), pp. 33-67.

Severi, Carlo. “Image d’értanger.” *RES* 1 (Spring, 1981), pp. 88-94.

Severi, Carlo. “The invisible path: ritual representation of suffering in cuna traditional thought.” *RES* 14 (Autumn, 1987), pp. 66-85.

Severi, Carlo. “Los pueblos del camino de la locura: canto chamanistico de la tradición cuna.” *Amerindia*, 8 (1983), pp. 129-80.

Sherzer, Dina and Joel Sherzer. “Mormaknamaloe: The Cuna Mola.” In Philip Young and James Howe (eds.), *Ritual and Symbol in Native Central America*. Eugene: University of Oregon Anthropological Papers, 9. (1976), pp. 21-42.

Sherzer, Joel. *Kuna Ways of Speaking: An Ethnographic Perspective*. Austin: University of Texas Press, 1983.

Spencer, Baldwin and Gillen, F.J. *The Native Tribes of Central Australia* (first published in 1899). Rpt. New York: Dover, 1968.〔スペンサー『濠洲原住民の研究』（田村秀文訳）が一九四三年に有光社より出版されているが、本書籍と同一の内容であるかは不明〕

Stoller, Paul. “Horrific Comedy: Cultural Resistance and the Hauka Movement in Niger.” *Ethos*, 12: 2 (1984), pp. 165-188.

Stoller, Paul. *Fusion of the Worlds: An Ethnography of Possession Among the Songhay of Niger*. Chicago: University of Chicago Press, 1989.

Stout, David. *San Blas Acculturation: An Introduction*. New York: Viking Fund Publications in Anthropology, 9. New York: 1947.

Tambiah, S.J. “Form and Meaning of Magical Acts: A Point of View,” *Modes of Thought*, Ed. Robin Horton and Ruth Finnegan. London: Faber and Faber, 1973.

Taussig, Michael. “Maleficium: State Fetishism,” *The Nervous System*. New York: Routledge, 1991.

Taussig, Michael. *Shamanism, Colonialism, and the Wild Man: A Study in Terror and Healing*. Chicago: University of Chicago Press, 1987.

Turner, Victor. “A Ndembu Doctor in Practice.” *The Forest of Symbols*, Ithaca and London: Cornell University Press, 1967.

Tylor, E.B. *Primitive Culture* (first published 1871). New York: Harper & Row, 1958.（E・B・タイラー『原始文化――神話・哲学・宗教・言語・芸能・風習に関する研究』比屋根安定訳、誠信書房）

Virilio, Paul. *War and Cinema: The Logistics of Perception*, Transl. Patrick Camiller. London: Verso, 1989.

Wafer, Lionel. *A New Voyage and Description of the Isthmus of America* (first published 1699). New York: Burt Franklin, 1970.

Wassén, Henry. "An Analogy Between a South American and Oceanic Myth Motif and Negro Influence in Darién," *Etnologiska Studier*, 10. Göteborg: Etnografiska Museum, 1940.

Wassén, Henry. "New Cuna Indian Myths According to Guillermo Hayans." *Etnologiska Studier*, 10. Göteborg: Etnografiska Museum, 1952.

訳者あとがき

本書は、Michael Taussig, *Mimesis and Alterity: A Particular History of the Senses*, Routledge, 1993 の全訳である。著者のマイケル・タウシグは、ドイツ系およびユダヤ系チェコ人の両親のもと、一九四〇年にオーストラリアで生まれた。シドニー大学で医学を学び、ロンドン・スクール・オブ・エコノミクスで人類学の博士号を取得している。

この本でタウシグは、ベンヤミンの模倣論を手がかりに、近代的思考に対する大胆で独創的な捉え直しを試みている。それは、近代化にともない模倣することの喜びを抑圧してきた人間が、模倣の能力を再び手にすることはできるのか、という問いかけである。「模倣の能力」とは、タウシグによれば「文化が第二の自然を作るために使う性質であり、コピーをし、真似をし、模型を作り、違いを探索し、他者へと変容し、他者になる能力」である。この「第二の自然」とまで呼ばれる能力は、明確に区切られてきた「自然／文明」という二項対立に割り込むようにして広大な未知の世界を渉猟し、近代社会の中で安定を保ってきた構造に揺さぶりをかける。

タウシグは、本書のタイトルの一部にある「ミメーシス（模倣）」をいくつかの言葉のバリエーションによって書き分けている。自然と文明の関係を語るうえで長い歴史を背景にもつ「ミメーシス」をいかにして現代に甦らせるかという取り組みをそこに見ることができる。この言葉に限らず、それぞれの言葉に込められた意味をどのように解釈して日本語へと移し替えるかは、訳者として非常にやりがいがあると同時に、幾度となく立ち止まることを余儀なくさせた。英語と日本語の単語が一対一に対応しないことは言うまでもないとしても、本書では、各々の単語に担わされる「イメージ」(この言葉にもまた多くのニュアンスが乗せられている)が文章の中で複雑にぶつかり合うことによって、新たな「現実性」が作り出される。近代に染まった私たちの五感ではもはや掬えない「何か」を、意匠を凝らした言葉を駆使してタウシグは提示しようとするのである。

副題の「感覚における特有の歴史」は、ベンヤミンもまた言及しているように、抽象的な意味での「感覚」を対象としたものではなく、人間の五感すべてを射程に入れた具体的で直接的な感覚である。触覚、聴覚、視覚、嗅覚、味覚を併せもった模倣は、本書でも頻繁に登場する「魂」や「精霊」を現実に引き寄せる力を身につける。擬態や複製、コピーやミラーリング、もの真似や模倣を通して人は五感を混ぜ合わせ、モノを含めた外部の環境に無意識の中で溶け込むことができるからである。逆に、模倣の能力を抑圧して自己と他者の間に境界線を引こうとするならば、五感もまた単純化され鈍化され、それにともなって私たちは異なる世界を感じながら生きることになるだろう。

このような、いつか失われてしまった感覚を取り戻すためにタウシグは、文化人類学や哲学、精神分析学などの既成の学問分野のディシプリンを飛び越え、科学的理性やエビデンスを脇に置き、ある意味で単純化されてしまった目の前の現実を再び「事象そのもの」の中で生き直そうとする。境界線に縁取られた確固たる「自分」が存在すると思い込むことで「他者」を創造し、そのような自己と他者の関係の中で構築される論理ではなく、ときに、前近代的、霊的、非論理的、病的などと呼ばれることになった事象を通すことによって、他者は新たな相貌をもって現れることを示そうとする。そうして、自らの中に他者を見出し、あるいは、他者の中に自らを見出すときにかすかに現れる原初的な感覚へと私たちを導くのである。

タウシグは、近代化とともに捨象されたものを、ロジックを組み直すことによって明らかにしようとするのではなく、言葉よりもはるかに饒舌な「モノ」や「出来事」を俎上に乗せ、可能な限りそれら自身に語らせてゆく。それらを理解するために持ち出されるフレイザーは「未開」の人々が生きる論理としての共感呪術を、類感呪術（模倣の法則）と感染呪術（接触の法則）に分けて論じていた。タウシグもそれに倣っている。多くの具体例が本書でも述べられている。とはいえ、私たちは「ロジック」として「理解する」ことはできても、そのように「感じる」ことができなくなっており、この本を理解することの困難さはまさにそこにある。批評という行為は対象との間に必然的に距離を作ることになるが、ここではそのような空間はもはや存在しないものとして扱われる。タウシグの特異な文体はその現れでもある。

模倣の能力を維持している未開の人々と西欧文明との邂逅にまつわる出来事はとりわけ詳細に語られる。他者の他者性を自己のうちに認めることになる印象的な場面である。他者を異質なものとして忌避することで自らの文化を守る、という発想はそこにはない。そこにあるのは、他者ではなく「他者性」を見ようとするパースペクティヴである。主体と客体、自我と他者、精神と身体のような二項対立に支えられてきた論理を模倣によって組み替えるためにその概念は持ち出される。肝要なのは、模倣された対象と模倣物はけっして同一ではない、ということである。「他者」そのものではなく「他者性」であることによって、自己と他者の間の境界線は溶解し、人間と自然の間での境界線は多孔的になる。両者の間には無限の往還行為が成立するのである。

模倣の能力は、いままで見えなかったものを見るために着目されただけではなく、本書の冒頭から登場する「治療用の木像」のように「人はなぜ治癒するのか」というきわめて根源的で現実的で実利的な問題をも投げかけている、と私には思われる。心身におけるさまざまな疾患や失調は、タウシグの言う「第二の自然」という領域を私たちが捨ててしまった結果なのではないだろうか。例えば、ダーウィンに対して「進化」論という一面的なベクトルしか持たない目には、彼が残した詳細な記述の中に「未開人」がもつ優れた模倣の能力は浮上しない。これと同じように、ダーウィンと同時代を生きたナイチンゲールもまた、前近代と近代のはざまで近代的なものを抽出した立役者という側面だけが評価されている一人である。曰く、近代看護の創始者。しかし、前近代と近代の過渡期において科学と宗教を巡る彼女の膨大な記述をただ、近代的な側面のみに着目して評価することは、人間の治癒にとって不可欠な思想を見過ごしている可能性がある。「模倣の能力」と「他者性」を通していま新たな感覚を携えた私たちは、過去や未来の人々を新たな景観の中で眺めることができるはずだ。人間に本来的に備わっている模倣という能力をいかに生かすべきか、という視点を導入することの意義は、多岐に渡る分野で再検討されることになるだろう。

翻訳は、浜松で活躍されている「つばめ翻訳」の菊地清香さんに下訳をお願いした。チカーノ研究を通して知り合った彼女のプロの翻訳者としての力量と細やかな心遣いがなければ、本書の出版はさらに遅れたに違いない。この場を借りて感謝したい。また、さまざまな学問領域において新たな可能性を切り開く力を有したこのような画期的な本に携わらせてくれたすべての人、とりわけ、編集を担当していただいた水声社の後藤亨真氏には、心からの感謝を捧げたい。

井村俊義

二〇一八年五月

著者／訳者について――

マイケル・タウシグ（Michael Taussig）　一九四〇年、オーストラリアのシドニーに生まれる。シドニー大学で医学を学び、ロンドン・スクール・オブ・エコノミクスで人類学の博士号を取得。現在、コロンビア大学教授。主な著書に『ラテンアメリカの悪魔と商品の物神崇拝』（未訳、一九八〇年）、『シャーマニズム、植民地主義、ワイルドマン』（未訳、一九八六年）、『ヴァルター・ベンヤミンの墓標』（金子遊＋井上里＋水野友美子訳、水声社、二〇一六年）などがある。

＊

井村俊義（いむらとしよし）　一九六四年、長野県に生まれる。慶應義塾大学文学部・法学部卒業。名古屋大学大学院博士課程国際言語文化研究科満期退学。元長野県看護大学教員。主な著書に、『アメリカン・ロードの物語学』（共著、金星堂、二〇一五年）、『第二次世界大戦の遺産』（共著、大学教育出版会、二〇一五年）、『チカーノとは何か――境界線の詩学』（水声社、二〇一九年）などがある。

装幀――宗利淳一

模倣と他者性――感覚における特有の歴史

二〇一八年六月三〇日第一版第一刷発行　二〇二五年六月二〇日第一版第二刷発行

著者――マイケル・タウシグ

訳者――井村俊義

発行者――鈴木宏

発行所――株式会社水声社

東京都文京区小石川二―七―五　郵便番号一一二―〇〇〇二

電話〇三―三八一八―六〇四〇　FAX〇三―三八一八―二四三七

［**編集部**］横浜市港北区新吉田東一―七七―一七　郵便番号二二三―〇〇五八

電話〇四五―七一七―五三五六　FAX〇四五―七一七―五三五七

郵便振替〇〇一八〇―四―六五四一〇〇

URL : http://www.suiseisha.net

印刷・製本――ディグ

ISBN978-4-8010-0349-1